JN337029

植民地教育政策の研究

【朝鮮・一九〇五―一九一一】

佐藤由美著

龍溪書舎

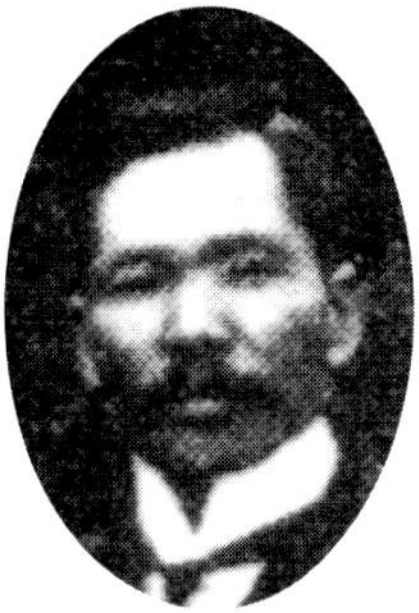

三土　忠造

幣原　　坦

隈本　繁吉

俵　　孫一

関屋貞三郎

小田　省吾

日本人学務官僚

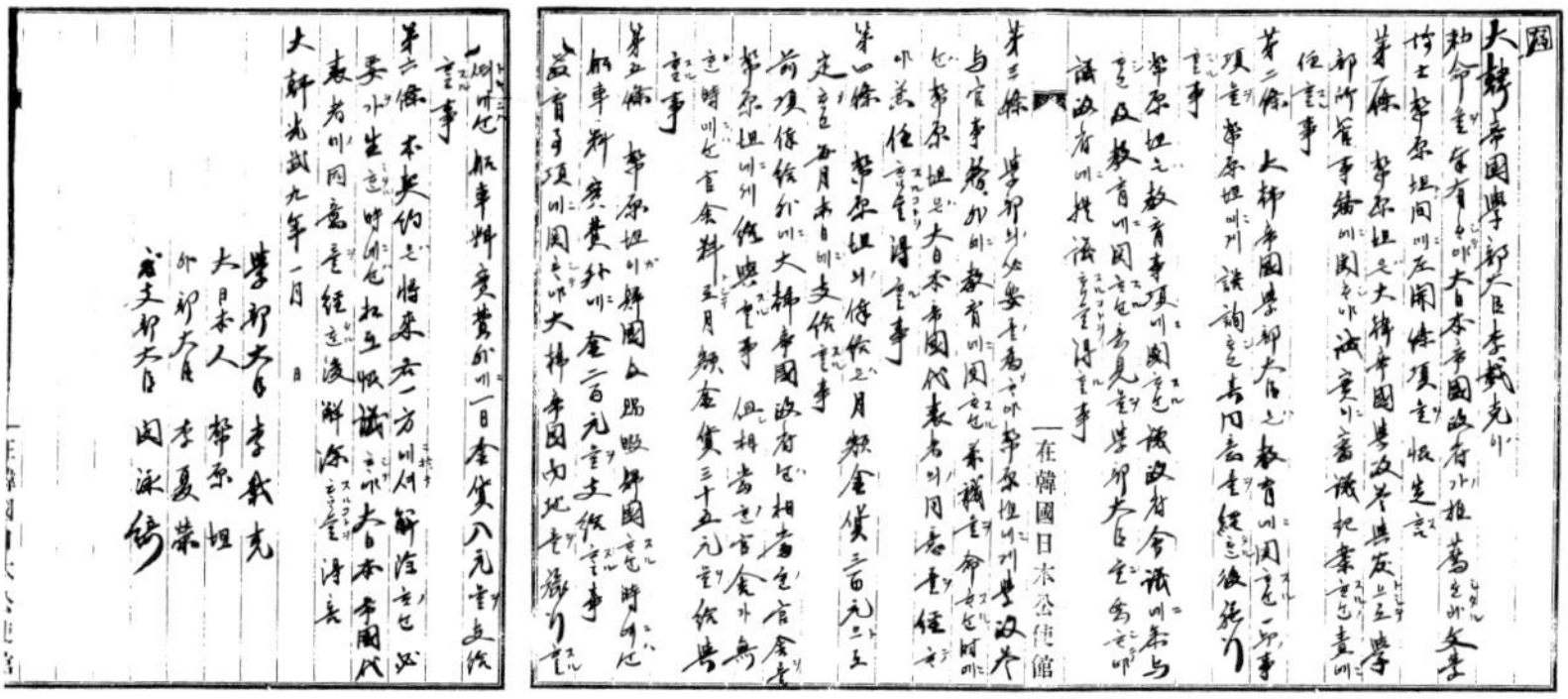

契　約　書

請書

機密送第七號ヲ以テ御内訓ノ旨正ニ諒承仕候也

明治三十八年三月三日

韓國學政參與官文學博士　幣原坦

外務大臣男爵小村壽太郎殿

内　訓　書

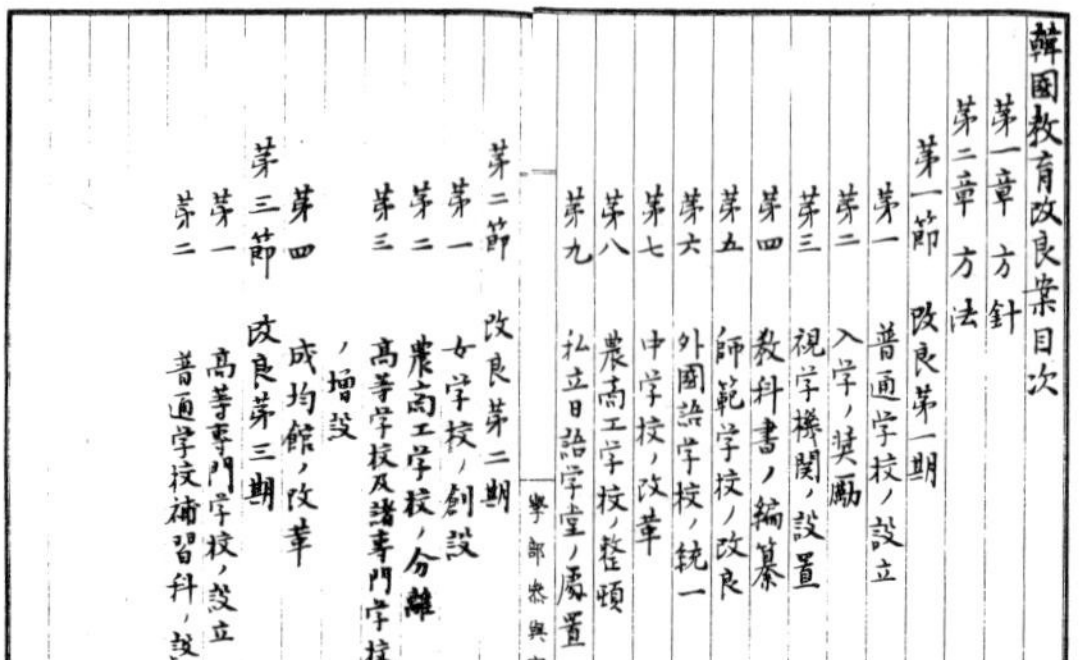
韓國教育改良案目次

第一章　方針

第二章　方法

第一節　改良第一期

第一　普通学校ノ設立

第二　入学ノ奨勵

第三　視学機關ノ設置

第四　教科書ノ編纂

第五　師範学校ノ改良

第六　外國語学校ノ統一

第七　中学校ノ改革

第八　農商工学校ノ整頓

第九　私立日語学堂ノ處置

第二節　改良第二期

第一　女学校ノ創設

第二　農商工学校ノ分離

第三　高等学校及諸專門学校ノ増設

第四　成均館ノ改革

第三節　改良第三期

第一　高等專門学校ノ設立

第二　普通学校補習科ノ設置

學部參與官房

韓国教育改良案

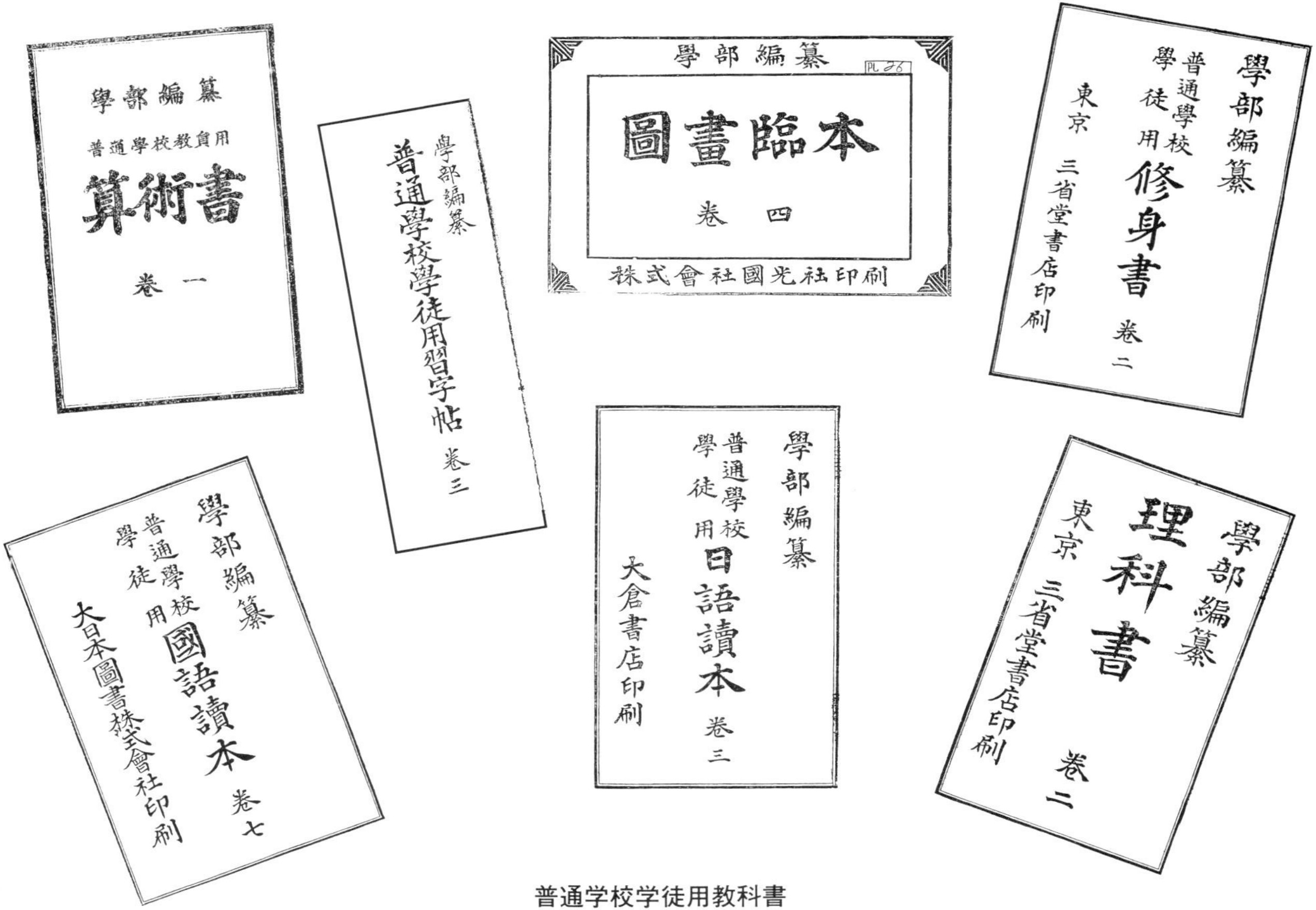
學部編纂
普通學校教育用
算術書
卷一
學部編纂
普通學校學徒用習字帖
卷三
學部編纂
圖畫臨本
卷四
株式會社國光社印刷
學部編纂
普通學校學徒用
修身書
卷二
東京三省堂書店印刷
學部編纂
普通學校學徒用
國語讀本
卷七
大日本圖書株式會社印刷
學部編纂
普通學校學徒用
日語讀本
卷三
大倉書店印刷
學部編纂
理科書
卷二
東京三省堂書店印刷

普通学校学徒用教科書

官公立普通学校教監会議（1908年７月）

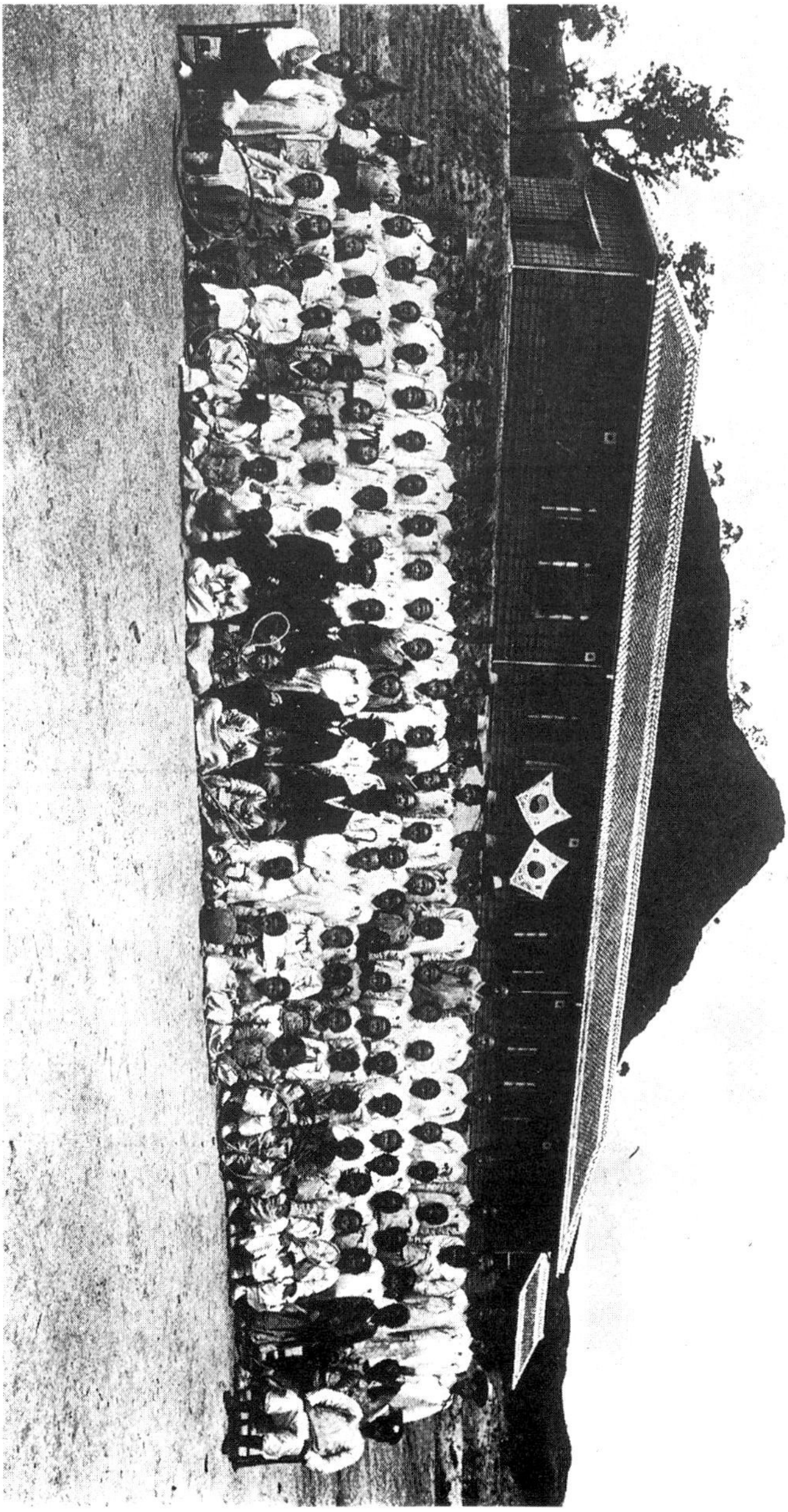

春川公立普通学校の校舎と学徒

春川実業学校の校舎（上）と授業風景（下）

寺内総督の学校視察

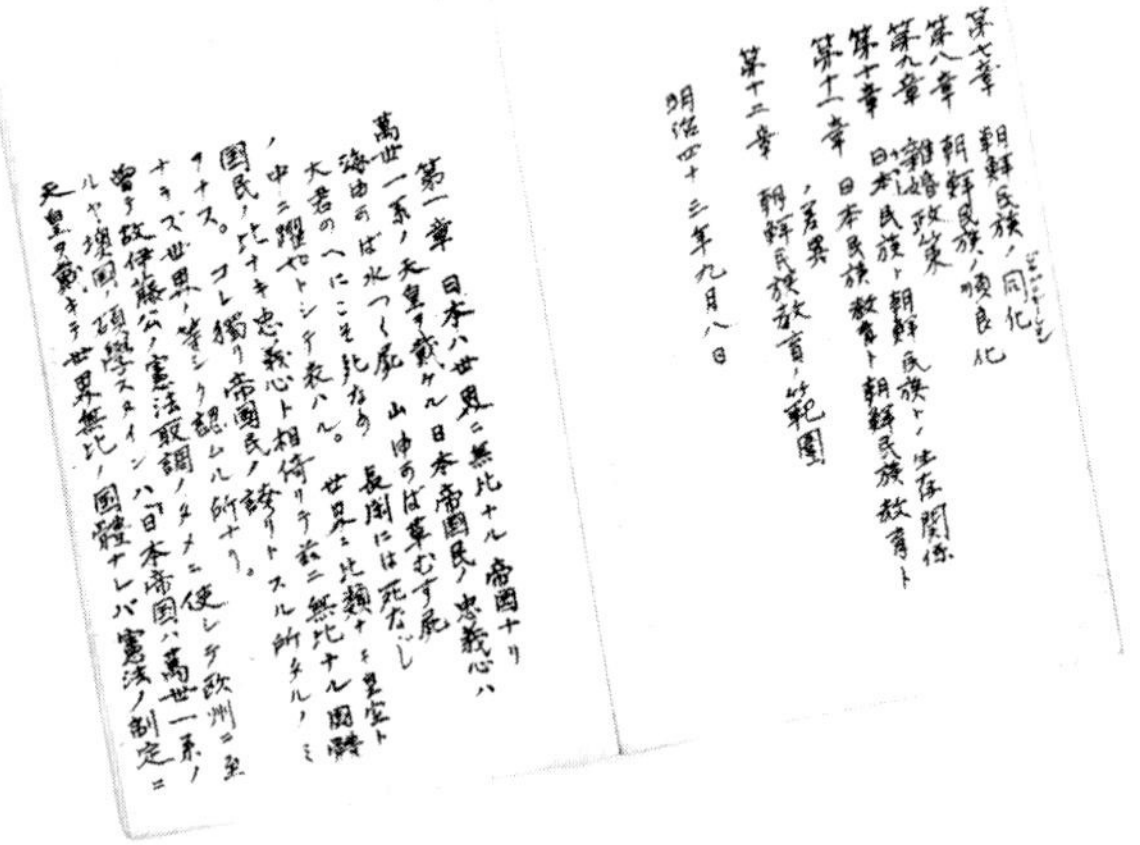

第七章 朝鮮民族ノ同化
第八章 朝鮮民族ノ順良化
第九章 雑婚政策
第十章 日本民族ト朝鮮民族トノ生存関係
第十一章 日本民族教育ト朝鮮民族教育トノ差異
第十二章 朝鮮民族教育ノ範圍
明治四十三年九月八日

第一章 日本ハ世界ニ無比ナル帝國ナリ
萬世一系ノ天皇ヲ戴ケル日本帝國民ノ忠義心ハ
海ゆかば水つく屍 山ゆかば草むす屍
大君のへにこそ死なめ 長閑には死なじ
ノ中ニ躍如トシテ表ハル。世界ニ比類ナキ皇室ト
國民トノ比ナキ忠義心ト相倚リテ茲ニ無比ナル國體
ヲナス。コレ獨リ帝國民ノ誇リトスル所タルノミ
ナラズ世界ノ等シク認ムル所ナリ。
曽テ故伊藤公ノ憲法取調ノタメニ使シテ欧州ニ至
ルヤ墺國ノ碩學スタイン ハ「日本帝國ハ萬世一系ノ
天皇ヲ戴キテ世界無比ノ國體ナレバ憲法ノ制定ニ

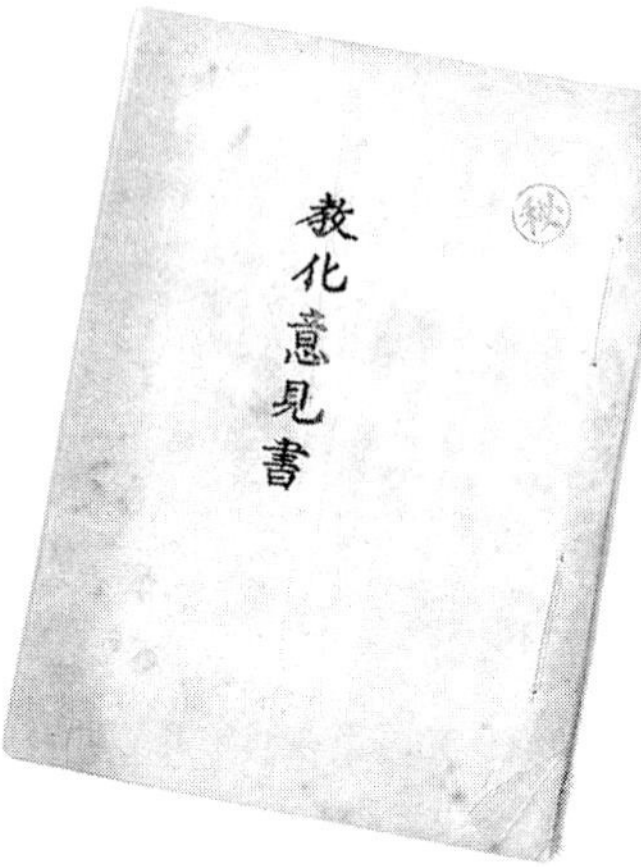

秘
教化意見書

秘
學制案修正要點

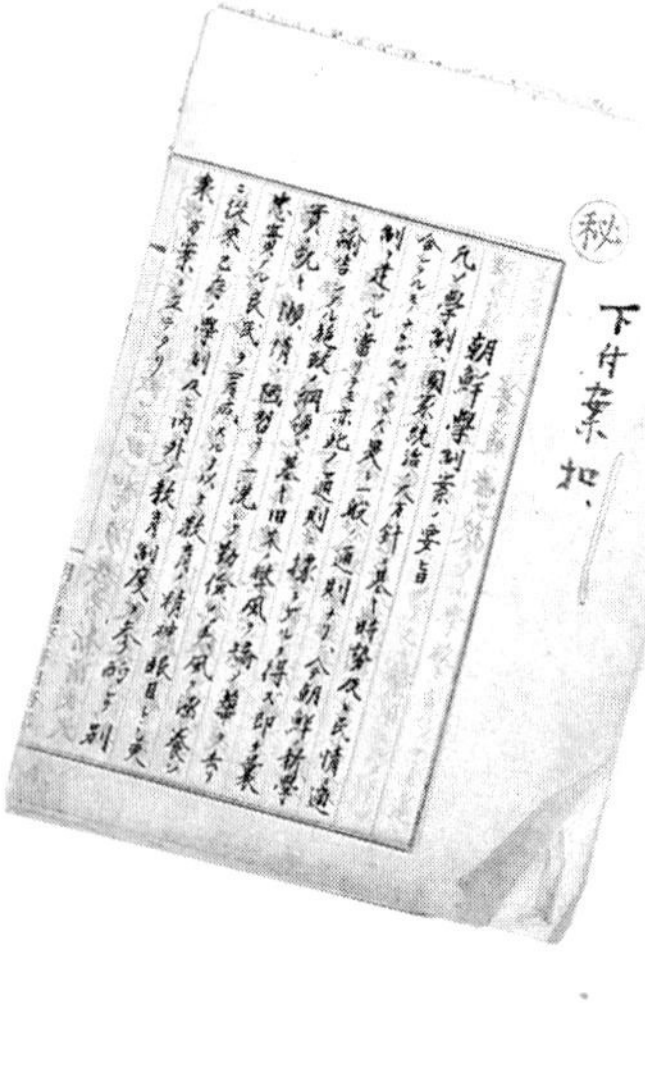

秘
下付案
朝鮮學制案ノ要旨

教化意見書と朝鮮教育令草案

まえがき

本書は、博士論文「明治期日本の対韓教育政策に関する研究【1895—1911】—日本人学務官僚の活動を中心に—」（青山学院大学、一九九四年）と、日本学術振興会特別研究員の採用期間（一九九六年一月〜一九九八年一二月）に取り組んだ「第一次朝鮮教育令の制定過程に関する研究」の成果を合わせて編んだものである。研究の課題・内容・方法や刊行の経緯については序のなかで詳述する。

本書刊行に当っては平成十一年度文部省科学研究費補助金「研究成果公開促進費」の助成を受けた。また、本書が刊行されるまでには、大変多くの方々にお世話になった。ここに謝意を捧げたい。

青山学院大学大学院在籍時の指導教授は、木下法也先生、木下政久先生、大曽根良衛先生である。教育史を担当された久木幸男先生、佐藤秀夫先生からも研究の場をご紹介いただいたり、研究上の相談にのっていただいた。韓国での資料調査の際には、李淑子先生にお世話になった。

阿部洋先生には、修士論文の作成から今日に至るまで、貴重な資料の提供や数多くの助言、ご指導をいただいている。阿部先生を研究代表とする近代アジア教育史研究会の『近代日本のアジア教育認識・目録篇』、『同・資料篇［韓国の部］—所収記事目録・解題—』（龍渓書舎）の編纂作業を通じても多くの知見を得ることができた。

本書で使用した口絵写真や雑誌記事はこの共同研究の所産である。

学振特別研究員の採用期間は、国立教育研究所で渡部宗助先生にご指導をいただいた。この期間は、科研費の助成を受けたために、国内、及び韓国での資料調査に出かけることができた。各機関の担当者の方々にも親切に対応していただき感謝している。また、資料調査及び整理にあたっては、川戸志乃さん、梶間みどりさん、酒勾康裕さん、木村花織さんにお手伝いいただいた。

校正など本書の仕上げの段階では、高野邦夫先生に助けていただいた。

これまで研究を続けて来れたのは、さまざまな場面で、さまざまなかたちでの励ましを受けてきたからに他ならない。ここで、ひとりひとりのお名前をあげるとすれば数頁に及んでしまうので、これから直接、感謝の気持ちを伝えに歩きたいと思っている。

最後になるが、本書の出版をお引き受けいただいた龍渓書舎の北村正光社長に感謝申し上げる。

凡　例

一、朝鮮の国号は、一八九七年一〇月一二日に「朝鮮」から「大韓帝国」（略称「韓国」）となり、韓国併合の一九一〇年八月二九日、再び日本の植民地下で「朝鮮」となる。したがって、本著が対象とした一九〇五年から一九一一年までの国号は、大部分が「韓国」ということになる。本書では、日本が韓国の外交権を奪い、顧問政治を開始した時点から、植民地化への歩みが始まったと解釈し、タイトルでも「朝鮮」を用いているが、目次及び本文中では、「韓国政府」や「朝鮮民衆」といった具合に両者が混用されることになることを予めお断りしておきたい。

二、年号は、基本的には西暦を用いている。日本または朝鮮の年号との対応は次のとおりである。

一九〇五年―明治三八年―光武九年
一九〇六年―明治三九年―光武一〇年
一九〇七年―明治四〇年―光武一一年／隆熙元年（八月二日～）
一九〇八年―明治四一年―隆熙二年
一九〇九年―明治四二年―隆熙三年
一九一〇年―明治四三年―隆熙四年（韓国併合時まで）

一九一一年―明治四四年

三、本書でいう学務官僚とは、第一次日韓協約の締結以後、韓国政府に招聘され、日本政府や統監府（第二次日韓協約の締結により一九〇六年二月一日開庁）との連絡のもと、学部（日本の文部省に相当）において教育近代化に向けての諸政策に参画した日本人官僚（韓国併合後は、朝鮮総督府学務局の官僚）のことを指している。また、広義には、普通学校（初等教育機関）の「教監」（日本人教員）、中学校、外国語学校、師範学校などの「学監」（日本人教員）もこれに含めている。

四、法令名や本来ならカギ括弧を付すべき歴史的な固有名詞については、煩雑さを避けるために各章節の初出の際にカギ括弧を付すことにし、後は省略した。

五、学校令等教育関係の法令は、『教育法規抄』（学部、一九〇九年）及び旧『韓国』・『朝鮮総督府官報』（復刻版、亜細亜文化社、一九七三年・一九八五年）から引用しており、翻訳は特に断わりのない限り筆者に依る。外交関係の法令は、外務省編『日本外交年表竝主要文書一八四〇―一九四五』上、（原書房、一九六五年）、及び市川正明編『韓国併合史料』（原書房、一九七八年）に依った。

六、引用文中の旧漢字は新漢字に改め、仮名遣いは歴史的仮名遣いのママとした。また、引用文中の傍線、丸括弧内の注記は筆者によるものである。

七、本書では、渡部学・阿部洋編『日本植民地教育政策史料集成（朝鮮篇）』、（龍溪書舎、一九九一年）に収録されている史料を多用しているが、出典を示す場合には、『史料集成』と略記し、巻数を記した。

目次

図表目次

口絵写真出典一覧（頁順）

一、日本人学務官僚

幣原　坦　「文学博士幣原坦君」『韓半島』二巻二号、明治三九年五月、写真銅版、（国会図書館所

蔵）

三土　忠造「統監官邸に於ける韓国普通教育者」『教育界』六巻九号、明治四〇年七月三日、写真銅版、（早稲田大学中央図書館所蔵）

俵　孫一「統監官邸に於ける韓国普通教育者」『教育界』六巻九号、明治四〇年七月三日、写真銅版、（早稲田大学中央図書館所蔵）

隈本　繁吉「文部視学官隈本繁吉君」『日本之小学教師』四巻三九号、明治三五年三月一二日、肖像、（国会図書館所蔵）

小田　省吾「大学を開設するまで」、『朝鮮地方行政』三巻四号、大正一三年四月、（国会図書館所蔵）

関屋貞三郎（関屋友彦氏所蔵）

二、学政参与官幣原坦の契約書、内訓書及び韓国教育改良案

「韓国ニ於テ学部顧問傭聘並ニ学政改革一件　附学部所管学校教員ノ傭聘並ニ農事施政ニ関スル件自明治三八年一月至明治三八年一二月」（外務省外交資料館所蔵）

三、普通学校教科用図書

理科書巻二　（大韓民国国立中央図書館所蔵）

国語読本巻七　（松本中央図書館内旧開智学校資料収蔵庫所蔵）

日語読本巻三　（大韓民国国立中央図書館所蔵）

修身書巻二　『韓国開化期教科書叢書　修身倫理』（復刻版）、亜細亜文化社、一九七七年

図画臨本巻四　（大韓民国国立中央図書館所蔵）

習字帖巻三　（大韓民国国立中央図書館所蔵）
算術書巻一　（大韓民国国立中央図書館所蔵）
四、官公立普通学校教監
「韓国官公立普通学校教監会議記念撮影」『教育界』七巻一二号、明治四一年一〇月三日、写真銅版、（早稲田大学中央図書館所蔵）
五、春川公立普通学校の校舎と学徒
「韓国江原道春川普通学校教官及児童」『教育界』七巻一二号、明治四一年一〇月三日、写真銅版、（早稲田大学中央図書館所蔵）
六、春川実業学校の校舎と授業風景「春川実業学校」『朝鮮農会報』六巻一一号、明治四四年一一月二五日、口絵、（国会図書館所蔵）
「江原道春川実業学校ノ養蚕」『朝鮮農会報』六巻九号、明治四四年九月二五日、口絵、（国会図書館所蔵）
七、寺内総督の学校視察
「寺内総督と鮮人男生徒・女生徒」『朝鮮及満洲』五四号、明治四五年七月一日、口絵、（早稲田大学中央図書館所蔵）
八、教化意見書と朝鮮教育令草案
教化意見書　（阿部洋氏所蔵）
朝鮮学制案ノ要旨　（阿部洋氏所蔵）

序

一、研究の課題と方法　―本書が目指したもの―

本書は、植民地朝鮮に対する日本の初期の教育政策を、学務官僚の活動を軸に明らかにしたものである。初期というのは、日本人の教育顧問官が韓国政府入りする一九〇五年（明治三八・光武九）二月から、「朝鮮教育令」が制定される一九一一年（明治四四）八月までの六年半を指している。この期間は、「顧問政治」の開始（「第一次日韓協約」一九〇四年八月）にはじまり、「保護国」化（「第二次日韓協約」一九〇五年一一月）、「次官政治」の開始（「第三次日韓協約」一九〇七年七月）、さらには「併合」（「韓国併合ニ関スル条約」一九一〇年八月）へと日韓関係が激変する時期に当たっている。これは、日本の側からみれば、植民地統治に向けての支配体制構築の過程であり、韓国の側からみれば、近代化に向けての諸政策が日本の支配に搦め取られていく過程であった。

同時期を扱った単著の先行研究には、尹健次『朝鮮近代教育の思想と運動』（東京大学出版会、一九八二年）と、金泰勲『近代日韓教育関係史研究序説』（雄山閣、一九九六年）がある。前者は、一八六〇年代から三・一独立運動のあった一九一九年までを対象に、朝鮮における近代教育の導入を思想史的な側面から丹念に検証した研究である。在日朝鮮人研究者である著者は、単に日本の植民地支配を批判するにとどまらず、朝鮮民衆の近代教育思想の形成過程やそれに基く教育救国運動の在り方に対しても踏み込んだ批判を行なっている。後者は、日本在住の韓国人研究者によるもので、一八七六年の開国から一九一〇年の韓国併合までを対象に、韓国政府及び統監府と韓国民衆による教育救国運動の相克を描いた研究である。なかでも私立学校や学会での教育救国運動の展開については、その様子が具体的に描かれており、著者が最も力を注いだものと思われる。さらにこの一〇月には、稲葉継雄『旧韓国の教育と日本人』（九州大学出版会、一九九九年）が刊行されている。この他にも個別の論文が数多くあり、本書はそれらの先行研究の上に成り立っている。

さて、先にも述べたように、本書の特色は、植民地朝鮮に対する初期の教育政策を、学務官僚の活動を軸に描いたところにある。何故、学務官僚に注目したのか。その理由は以下に述べるように二点あるが、ここではまず、筆者が研究を始める動機ともなった一つの小さな経験から話を起こしたいと思う。それは中学生時代のことである。当時、長嶋茂雄率いる読売巨人軍の三番打者は、後に前人未踏の三千本安打を記録する張本勲選手だった。既に若手ではなかったが、ヒットを打てば一塁まで懸命に走り、ベース上で黒の皮手袋をさわりながら微笑む姿が印象的だった。（張本選手の黒皮手袋の手が、幼い頃に火傷をし、朝鮮人であるという理由で医師から治療を断わられたために不自由であったことをこの時はまだ知らなかった。）ある日の授業のこと、机間巡視をしていた国語科の教師が、筆者の下敷きに挟んであった張本選手のサインを見て、「張本って朝鮮人だろ」と唐突に言った。朝鮮人だと何かいけないことでもあるのだろうか。教師の一言に何か特別な響きを感じ、言い知れぬ不安感に襲われたのを今でもよく覚えている。おそらく、この「特別な響き」は、日本人の無意識のレベルにまで浸みわたっている朝鮮に対する優越感に裏打ちされたものであろう。そして私たちは、未だにそれを払拭できずにいるのではないだろうか。

この優越感が、いつ、どのように形成されたのかを遡って考えていくと、一九一一年八月に公布された朝鮮教育令に突き当たる。朝鮮教育令は、韓国併合後一年の歳月をかけて明文化された植民地初の体系的な教育方針であった。なかでも第二条「教育ハ教育ニ関スル勅語ノ旨趣ニ基キ忠良ナル国民ヲ育成スルコトヲ本義トス」と第三条「教育ハ時勢及民度ニ適合セシムルコトヲ期スヘシ」は、同化と差別化が一体となった植民地教育の本質を表わしたものとして知られている(1)。まず、第二条で、韓国併合となったからには朝鮮人も日本人と同じ「勅語ノ旨趣」に基づく「忠良ナル国民」であると同化を宣言し、しかしながら、第三条で、現時点では、朝鮮の「時勢」と「民度」が充分に発達していないために差別も生じると断わっている。これは体の良い格付けであり、日本人と朝鮮人の上下関係が成立したことを物語っている。

それでは、朝鮮教育令の制定に至るまでの初期の植民地教育政策は、どのように展開されてきたのであろうか。それを担っていたのが、統監府が設置された一九〇六年前後に朝鮮に渡り、韓国政府学部で教育政策を推進してきた日本人学務官僚である。彼らの活動が、日本政府の朝鮮統治方針の枠内にあったのはもちろんであるが、この段階では統治方針そのものが充分に具体化されていなかった。そこで彼ら学務官僚の朝鮮観や朝鮮の子どもたちに対する教育観は、そのまま政策の細部に反映されていたのである。実際、学務官僚たちは、朝鮮の教育をどうするかをめぐって試行錯誤の連続であった。一方では日本の教育制度に範を取りながら、朝鮮の現状に見合った教育制度を敷く使命を負い、もう一方では朝鮮民衆による「教育救国運動」と対峙していた。韓国の教育近代化の推進者から日本の植民地教育の推進者へと比重を移しながら、朝鮮教育令に収斂される植民地初期の教育政策を彼らがどのように推進していったのか、これを丹念に描くことに教育史研究としての意義を感じている。以上が学務官僚に着目した一つめの理由である。

話は少し変わるが、戦後五〇年を迎えた一九九五年八月をピークに、「日韓の不幸な過去」がマスコミにしばしば取り上げられた。「過去の歴史を反省し、新たな友好関係を築いていかなければならない」といった決意が声高に主張されたのも印象に残っている。この頃から植民地の教育に関する研究も増え、聞き取りや史料の突き合わせにより史実を解明した研究や、日本の植民地支配の構造そのものを明らかにする研究が生まれた。筆者自身も前者の研究を目指し、併合前後の朝鮮における初等教育や実業教育、教科書の制度及び政策を勉強してきた。(2)その過程で、この時期は歴史的事実が未整理な部分が多いことを知り、史実をできるだけ正確に記録する必要性を痛感した。そして、こうした研究の蓄積が健全な歴史認識を育てることにつながると信じている。

しかし、その一方で、次のような疑問が生まれてきた。それは、史実を記録し植民地支配の構造を解明すれば、過去の歴史を反省したことになり、新たな友好関係が築けるのだろうか、国家の戦争責任や謝罪の問題は勿論重要であるが、私たちが個人のレベルで反省すべきことは何なのか、過去の植民地支配の問題を、どうすれば今日の私たち自身の問題として捉えることができるのかといった点である。本書が着目する学務官僚は、確かに植民地教育の推進者であるが、彼らを支配者としてのみ捉え、植民地教育政策の展開だけで描くことに疑問を感じ始めている。日本の朝鮮植民地統治期間とそれに携わった人物を「過去」として切り取り、外側から眺めているだけでは、反省も今後の友好関係の構築も難しいであろう。

考えてみれば、彼ら学務官僚は、異文化の子どもたちに最初に対面した日本人であり、日本型の教育を導入するために朝鮮の教育状況や子どもたちの実態の把握に努めていた。朝鮮の文化程度の高さや朝鮮民衆の近代化に向けてのエネルギーを肌で感じていた彼らは、併合前後の「朝鮮の植民地教育をどうするか」の議論(3)においても懐柔策を主張しており、日本語の強要や朝鮮語の廃止といった植民地支配の強硬策を提唱したのは、むしろ日本国内の政治家であり教育家であった。

ところで、当時の学務官僚と今日の私たちの朝鮮観はどれだけ異なるのだろうか。さほど変わらないのではないだろうか。繰り返しになるが、彼らを植民地支配者である無個性な官僚として描くのではなく、彼らが異文化をどのように受け止め、どのように政策に反映させたのかという思索の跡を辿ること、朝鮮が自らの手で近代化する可能性を奪ってしまうことにどれだけ自覚的であったか、彼らの盲点は何であったのかを探求することの方が、私たちが今後の生き方を模索する上でより示唆的だと考えている。以上が学務官僚に着目した二つめの理由である。

二、研究の内容　―各章の概要と刊行の経緯―

本書は、植民地朝鮮に対する初期の教育政策の展開を、日韓関係の変動にしたがって次の四期に区分した。一期に一章を割り当ててそれぞれ論述していく。

①「第一次日韓協約」(一九〇四年七月二二日締結)下の「顧問政治」期
②「第二次日韓協約」(一九〇五年一一月一七日締結)下の「保護政治」期
③「第三次日韓協約」(一九〇七年七月二四日締結)下の「次官政治」期
④「韓国併合ニ関スル条約」(一九一〇年八月二九日公布)から「朝鮮教育令」(一九一一年八月二二日公布)

までの植民地統治期

各章の概要は次のとおりである。

第一章「植民地教育の導入と韓国学政参与官の誕生」では、朝鮮における教育近代化の試みと「韓国学政参与官」幣原坦（しではらたいら・一八七〇—一九五三）の活動について述べる。[4] 一九〇五年二月、韓国政府は教育の近代化を目指して、学部に日本人顧問官の幣原坦を招聘した。韓国学政参与官に就任した幣原は、韓国の教育近代化のビジョンでもあり、朝鮮の植民地教育制度の青写真でもある「韓国教育改良案」を執筆する。幣原は、韓国政府の官僚であると同時に、日本政府からは韓国の教育状況を報告せよとの内訓を与えられていた。ここでは、幣原が朝鮮に渡るまでの経歴や韓国学政参与官就任のいきさつ、どのような教育観または朝鮮観をもった人物なのかといった点から説き起こし、改良案とその進捗状況を示した報告書、また改良案に基づいて行なわれた教科書の編纂や「普通学校令」の草案作成などを取り上げていく。幣原の活動を追いながら、その比重が朝鮮の教育近代化政策の展開から日本の植民地教育政策の展開へと移行していく過程を描くことがねらいである。

第二章「『保護政治』下における植民地教育体系の整備」では、保護国化や統監府の設置で勢力を拡大した日本が、統監府書記官の俵孫一（たわらまごいち・一八六九—一九四四）を学部の嘱託とし、幣原の後任に三土忠造（みつちちゅうぞう・一八七一—一九四八）を採用して、幣原の改良案を体系化し植民地教育の布石となる政策を展開していく過程を描く。伊藤博文が初代統監に就任すると、幣原は教科書編纂の遅滞などを理由に更迭され、教科書編纂の実績のある三土が政策を継承した。[5] この時期の教育政策は、「模範教育」と称した初等教育政策の推進、実業教育中心の中等教育政策の準備、教育全般を通じての日本語の普及に集約される。なかでも、一九〇六年九月に開校が予定されていた初等教育機関「普通学校」の、カリキュラムの編成や教科書の編纂は急務であった。これを三土の活動を中心に描いていく。さらに普通学校には「教監」という教頭職に当たる日本人教員が配置されたが、彼らが朝鮮の子どもたちをどのように認識し、どのような教育実践をおこなったのか[6]、この点にも触れていきたいと考えている。

第三章「『次官政治』の開始と教育救国運動の取締り」では、次官政治の開始と韓国軍隊の解散で、一層強固になった植民地教育政策を朝鮮民衆による「教育救国運動」との関連から描いていく。教育救国運動とは、朝鮮民衆のリーダーが学校や学会を設立し、そこでの教育実践を通して、民族精神を扶植することを目指したもので、喇叭や太鼓を鳴らして集会を開き、兵式体操を行なったり、独立・愛国の歌を歌う示威行動を繰り返していた。当時の学部は、次官に俵孫一、学務課長に隈本繁吉（くまもとしげきち・一八七三—一九五二）、編輯課長に小田省吾（おだせいご・一八七一—一九五三）が就任し、日本人官僚数が過半数を占めるほどになっていた。しかしながら、この時期の教育政策は、植民地教育の推進というよりも、私立学校や学会で行なわれる民族教育の取締りに追われ、隈本は学校視察に、小田は教科書の検定作業に奔走していた。実務型の官僚であった隈本と小田の取締り活動を中心に次官政治下の教育政策の展開を描いていく。

第四章「『朝鮮教育令』の制定と植民地教育体系の確立」では、朝鮮教育令の成立過程[7]について論述していく。次官政治下の朝鮮民衆側の教育救国運動の昂揚と、官側の取締り政策との拮抗関係は、韓国併合の準備に向けて、現職の陸軍大臣寺内正毅（てらうちまさたけ・一八五二—一九一九）が第三代韓国統監に就任することによってくずれていく。寺内は武力を背景に韓国併合を断行し横滑りで朝鮮総督に就任すると、陸軍大臣との兼職も解いて朝鮮統治に専念するようになっていく。憲兵・警察制度の創設はよく知られるところであるが、寺内は教育政策にも熱心で、朝鮮教育令の制定には自ら参画しながら一年の歳月を費やした。草案を作成したのは隈本繁吉で、それに朝鮮総督府学務局長として赴任していた関屋貞三郎（せきやていざぶろう・一八七五―一九五〇）が加わった。さらに帝国教育会からの建議もうけているが、この建議文を作成したのが前出の三土忠造であった。朝鮮教育令は、顧問政治以来の学務官僚の朝鮮観や教育観、諸政策、活動が収斂されたものとみることができる。そこで、その条文作成の経緯やそこに採用された意見、採用されなかった意見を取り上げながら、植民地教育体系がどのように確立したのかを明らかにし、本書の締め括りとした。

なお、本書で取り上げた学務官僚の経歴については、本文でも述べるほか、各章末の略年譜を参照されたい。

次に、本書の刊行の経緯についてふれておきたい。日本の朝鮮に対する植民地教育の始まりがどうなっていたのかという課題に、筆者が最初に取り組んだのは、修士論文「二〇世紀初頭における日本の対韓教育政策―教育救国運動との関連を中心に―」（青山学院大学、一九八八年三月）においてであった。この時は、標題にあるように、日本の対韓教育政策と韓国民衆の教育救国運動を対立関係に置いて同時期の教育政策の概要を把握することを目的にしていた。その後、韓国人研究者が教育救国運動、なかでも私立学校の教育に韓国の近代教育の出発点をみて重点的に研究する姿をみて、筆者が日本人だからこそできる研究の視座を探してみた。そこで行き着いたのが学務官僚の活動を中心に日本の対韓教育政策を論じることであった。それが博士論文「明治期日本の対韓教育政策に関する研究［一八九五―一九一一］～日本人学務官僚の活動を中心に～」（青山学院大学、一九九四年三月）である。博士論文のおもな目次は以下の通りであった。

第Ⅰ章　旧韓末における近代教育の導入
第Ⅱ章　日本人の韓国教育論とその活動
第Ⅲ章　植民地教育の導入と学政参与官幣原坦

第Ⅳ章　「保護政治」下における植民地教育体系の整備と日本人学務官僚の活動
第Ⅴ章　教育救国運動の高揚と日本人学務官僚による弾圧政策
第Ⅵ章　朝鮮教育令の制定～植民地教育体系の成立

このうち、学務官僚の活動に重点を置いているのが第Ⅲ章から第Ⅴ章までである。博士論文からは既に数年が経過しているが、この間、筆者は、朝鮮教育令の制定過程について勉強してきた。これは、博士論文の第Ⅵ章で一度は取り上げたものの、調べ直す必要を感じていた部分である。幸い、平成八年度から平成一〇年度まで日本学術振興会特別研究員に採用され、「第一次朝鮮教育令の制定過程に関する研究」を研究課題に据えることができた。この研究を終えたことで、植民地教育の始まりがどうなっていたか、言い換えると、朝鮮における教育の近代化が日本の植民地支配に搦め取られていく過程を説明することができると考え、本書の刊行を決めた。

注

（1）このことは、阿部洋「日本統治期朝鮮の教育―研究史的考察―」（韓国研究院『韓』第三十四号、一九七四年）八頁、及び「『解放』前日本留学の史的展開過程とその特質」（同第五十九号、一九七六年）三四頁で指摘されている。
（2）これらの研究成果は、拙稿「保護政治下における韓国学部の教科書政策―日本人学務官僚による編纂・普及活動を中心にして―」（平成四・五年度科学研究費補助金（総合A）研究成果報告書（研究代表―阿部洋）『戦前日本の植民地政策に関する総合的研究』、一九九四年）、同「韓国近代における実業教育の導入と日本の関与」（国立教育研究所『研究集録』第三〇号、一九九五年）、同「韓国の近代教育制度の成立と日本―日本人学務官僚による『普通学校令』の制定をめぐって―」（教育史学会『日本の教育史学』第三九集、一九九六年）を参照されたい。

(3) これらの議論は『近代日本のアジア教育認識・資料篇〔韓国の部〕―所収記事目録・解題―』(龍溪書舎、一九九八年)所収の拙稿「明治日本の対韓教育論とその展開」で触れているので参照されたい。

(4) 韓国学政参与官時代の幣原坦に関する先行研究には、①小沢有作「幣原坦論序説~植民地教育指導者の足跡と思想~」(朝鮮問題研究会『海峡』一号、一九七四年)、②稲葉継雄「旧韓国の教育近代化と日本人の役割」(昭和五六年度筑波大学学内プロジェクト研究報告書、一九八二年)、③馬越徹「漢城時代の幣原坦―日本人お雇い教師の先駆け―」(国立教育研究所紀要第一一五集『お雇い日本人教師の研究―アジアの教育近代化と日本人―』、一九八八年)、④井上薫「韓国統監府設置前後の公立普通学校体制形成と日本語普及政策」(教育史学会『日本の教育史学』第三四集、一九九一年)、⑤拙稿「学政参与官幣原坦の韓国教育に対する認識とその活動」(青山学院大学教育学会『教育研究』第三五号、一九九一年)がある。

(5) 韓国学政参与官および学部書記官時代の三土忠造に関する先行研究には、①稲葉継雄「東京高等師範学校と韓国・朝鮮の教育(その二)―三土忠造と韓国教育―」(昭和五八年度筑波大学学内プロジェクト研究成果報告書『日韓両国における精神文化の交流―近代化とナショナリズムを視点として―』、一九八四年)、②久保田優子「『併合』直後の朝鮮に対する日本語教育論」(教育史学会『日本の教育史学』第四二集、一九九九年)がある。

(6) 普通学校の日本人教監の活動の様子は、学部『第二回官公立普通学校教監会議要録』(『日本植民地教育政策史料集成(朝鮮篇)』第六五巻所収)に詳しい。先行研究では、稲葉継雄の最近著『旧韓国の教育と日本人』(九州大学出版会、一九九九年)に教員人事、教育活動の面からの論及がある。

(7) 朝鮮教育令に関する先行研究には、①井上薫「日本帝国主義の朝鮮に対する教育政策―第一次朝鮮教育令の成立過程における帝国教育会の関与―」(『北海道大学教育学部紀要』六二号、一九九四年)、②駒込武『植民地帝国日本の文化統合』第Ⅱ章3「第一次朝鮮教育令の構造」(岩波書店、一九九六年)、平田諭治『教育勅語国際関係史の研究』第Ⅲ部第八章第三節一「朝鮮教育令の発布と教育勅語」(風間書房、一九九七年)など、それぞれに異なる角度からの蓄積がある。このうち、①の井上論文が朝鮮教育令の制定過程について、それに関わった人物と時間的な経緯を丹念に追っている。

第一章　植民地教育の導入と韓国学政参与官の誕生

―幣原坦―

第一節　朝鮮政府による教育の近代化

一、「甲午改革」期の教育改革

朝鮮政府による近代的な文物・制度の導入は、一八七六年（明治九）の開国直後に欧米諸国や日本へ使節団を派遣することから始まった。当時の朝鮮は、諸外国との間に不平等条約を結ばされ、欧米諸国や清国、日本の勢力角逐の場となっており、内政そのものも安定した状態ではなかった。一八九四年（明治二七）には甲午改革（韓国では「甲午更張」）と称される、近代化に向けての大規模な内政改革が行なわれるが、この改革もイニシアチブこそ朝鮮政府にあったものの、日清戦争のさなかに日本の干渉を受けながら行なわれたものであった。

甲午改革は「議政府」（最高政策決定機関）内に設置された「軍国機務処」を中心に行なわれた。軍国機務処は王命によって選出された一七名のメンバーで構成され、一八九四年六月二五日に設立されて以来、一一月二一日に解散するまでの約五ヶ月間に、一五二件の議案を提示・処理したと言われている(1)。政府機構は従来の六曹体制から、二府八衙門体制を経て、内閣体制へと改編されていった。内閣は「外部」・「内部」・「度支部」・「軍部」・

「法部」・「学部」・「農商工部」の七部で組織されたが、この時、教育改革の母体となったのが学部である。

朝鮮における従来の教育は、儒教的な風土のなかで漢書の講読を中心に行なわれてきた。学校体系は科挙の及第を目的に、首都の漢城（現在のソウル）府内では「書堂」（民間の初等教育機関）→「四学」（官立の中等教育機関）→「成均館」（官立の高等教育機関）と進学し、地方では「書堂」→「郷校」（公立の中等教育機関）、または「書院」（私立の中等教育機関）→「成均館」と進学する仕組みになっていた。但し、科挙及第を目指して進学するのは限られた層で、多くの人々が日本の寺子屋と類似した民間の初等教育機関「書堂」で、『千字文』や『童蒙千習』といった初歩的な漢書により読み書きを教わるにとどまっていた。

甲午改革時の教育改革(2)は、このような旧式の教育から、制度的にも内容的にも近代的な教育を導入することを目指して行なわれた。一八九五年に制定された諸学校官制及び規則をみると、法官養成所、漢城師範学校、外国語学校、小学校などが新しい教育機関として設立されたことがわかる。一八九九年には、医学校、中学校、商工学校も設立されている。しかしながら、商工学校のように官制や規則は制定されたものの、学校運営が軌道に乗らないうちに、一九〇四年には農商工学校に改編されるというケースもあり、法的な基盤は整備されたものの学校運営の実態については不明な点が多かった。

ここでは、小学校の場合についてみておくと、小学校について規定する法令には、一八九五年七月一九日の勅令第一四五号「小学校令」と、同年八月一二日の学部令第三号「小学校規則大綱」があった。この法令から小学校の輪郭を読み取ると次のとおりである。この時期の小学校には、官立・公立・私立の三種があり、満八歳から満一五歳までの八年間が学齢と定められていた。それぞれ尋常科と高等科の二科で構成され、修業年限は尋常科が三年、高等科が二年または三年となっていた。財源は官立が国庫、公立が府または郡、私立は個人の負担によるとされていたが、府や郡にその予算はなく、暫時は国庫負担に依った。小学校の教育の目的は「児童身体の発達に鑑みて国民教育の基礎と其の生活上必要なる普通知識及技能を授くる」ことにあり、尋常科の教科には、修身・読書・作文・習字・算術・体操が置かれ、学部大臣の許可を得れば、体操の代わりに本国地理・本国歴史・図画・外国語のうちから一教科、または数教科を、さらには女児のために裁縫を加えることができるようになっていた。高等科の教科には修身・読書・作文・習字・算術・本国地理・本国歴史・外国地理・外国歴史・理科・図画・体操が置かれ、学部大臣の許可を得れば、外国語を加えること、または外国地理、外国歴史、図画の一教科、または数教科を除くこと、さらに女児のために裁縫を加えることができるとされた。教科書は学部で編纂したもの、または学部大臣の検定を経たものを用いることとなっていた。

この小学校が実際に始動したかというと、官立については一八九五年八月に漢城府内に壮洞・貞洞・桂洞・紬洞の四校が開校し、順に二三名、七六名、四〇名、四八名が入学した[3]。教科は「五倫行実」や「小学」といった漢文のほか、本国歴史・本国地志・国文・算術・外国歴史・外国地誌などが一斉教授法式で行なわれたことが報告されている[4]。一九〇二年の別の報告[5]では、官立の尋常小学校は九校、公立は二五校、高等小学校は漢城に一校で、校数も少なければ、これらの学校に就学する児童数も少ないこと、学校の建物も従来の家屋を補修したものに過ぎないことが述べられている。但し、この報告では、小学校における子どもたちの理解度は高く、将来に望みを託せると結んである。

甲午改革期の教育改革は、小学校のように近代的な学校制度の小さな芽となった学校もあれば、商工学校のように官制で学校の設置を決めただけで終わった学校もあった[6]。いずれにしても、国家レベルの近代教育導入の出発点がこの時期にあったことは間違いない。

二、「甲午改革」期のお雇い外国人

甲午改革期の朝鮮政府は、近代的な国家の樹立を目指して、外国人をアドバイザーとして招聘することを決め、政治・経済・教育・工業技術といった分野に、多数の外国人顧問・雇聘者を採用した。外国人顧問の権限に関する法的な規定は、一八九五年（明治二八）三月の「奏本」五三条から五五条にみられる。[7] これによると、五三条では、「内閣・各部・その他各庁において、閣令・部令・庁令・訓令等を発し、指令を下する時は、その弁理案を協弁（内閣においては総理、その他官庁においてはその庁の長官）に提出する前に、必ず各その顧問官の査閲に供する事」、五四条では、「前項外に内閣・各部・その他各庁において、接受・発送する公文書類は、一切各その顧問官の査閲に供する事」、五五条では、「各顧問官は内閣会議において、各その主務に属する案件の会議に当たり、弁説する必要がある時には、参席し意見を陳述することを得る事」となっており、全体を通じて、外国人顧問に韓国の内政に関与する権限が与えられていたことが認められる。但し、この時点ではまだ列強の勢力が角逐する状況であったので、国別の雇聘状況は、日本・清国・ドイツ・アメリカ・イギリス・ロシア・フランスなどと多岐にわたっていた。

さて、学部でも教育改革を成し遂げるために、または学校運営を軌道に乗せるために数名のお雇い外国人を招聘した。当時、官立漢城師範学校ではアメリカ人Hulbert, Homer Bezaleel（一八六三—一九四九）が教授の任にあり、周囲からアメリカンスクールと称されるほど、その影響力は強かった。日本人は、官立日語学校で長島邑次郎が教鞭をとっていたほか、学部本庁に高見亀・麻川松次郎・野々村金五郎の三名が雇聘されていた。高見は『時事新報』の記者であり、日清戦争開戦前に朝鮮に渡っていたようである。甲午改革期に学部入りし、一八九七年六月に帰国するまでの間、漢城師範学校速成科職員・『新訂尋常小学』など教科書の編纂、官立小学校の開設準備、朝鮮国債の募集、留学生状況の視察などを行なった。麻川は、京城の日本人居留民小学校の教員で、学部には一八九六年三月から二年間の契約で雇用された。職務内容は高見と同様である。彼らの雇用形態をみると、いずれも朝鮮政府学部との個人契約であり、別の目的で朝鮮に滞在していたところを雇用された感が強い。

第二節　日露戦争と韓国「保護国」化への布石

日清戦争での清国の敗退により、朝鮮をめぐる利権は日本とロシアの間で争われることになった。日本はロシアとの武力対決を覚悟して軍備拡充を行なう一方、外交にも奔走した。一八九六年（明治二九）の小村＝ウェーベル仮協定、山県＝ロバノフ協定、一八九八年の西＝ローゼン協定、一九〇二年の第一次日英同盟、これらはみな朝鮮をめぐる侵略的取引であった。一九〇四年二月八日、日本の奇襲攻撃によって戦端が開かれた日露戦争は、単なる日露間の抗争ではなく、日本の背後にはイギリス・アメリカの資本が、ロシアの背後にはフランスの資本がそれぞれを後押ししていた。日本とイギリスは戦争中にも第二次日英同盟（一九〇五年八月）を締結し、その関係をより強固にした。アメリカとは桂＝タフト協定（一九〇五年七月）で、日本がフィリピン侵略の野望を断念する代償として、朝鮮を日本の保護国とすることをアメリカが支持することを約束させた。一九〇五年九月五日、アメリカ大統領ルーズベルトの斡旋で締結された日露講和条約（ポーツマス条約）の第二条には、「露西亜帝国政府ハ日本国カ韓国ニ於テ政治上、軍事上及経済上ノ卓絶ナル利益ヲ有スルコトヲ承認シ日本帝国政府カ韓国ニ於テ必要ト認ムル指導、保護及監理ノ措置ヲ執ルニ方リ之ヲ阻礙シ又ハ之ニ干渉セザルコトヲ約ス」とある。この条約により、日本の朝鮮に対する独占的支配権は国際的に承認されたことになる。

朝鮮が日本の保護国となるのは第二次日韓協約締結の一九〇五年（明治三八）一一月一七日のことであるが、日本は既に日露戦争中から朝鮮保護国化に向けての準備施策に余念がなかった。開戦直後の一九〇四年二月二三日、日本側特命全権公使林権助と韓国外部大臣臨時署理李址鎔との間で「日韓議定書」が取り交わされる。ここで注目されるのは、第四条の「第三国ノ侵害ニ依リ若クハ内乱ノ為メ大韓帝国ノ皇室ノ安寧或ハ領土ノ保全ニ危険アル場合ハ大日本帝国政府ハ速ニ臨機必要ノ措置ヲ取ルヘシ而シテ大韓帝国政府ハ右大日本帝国政府ノ行動ヲ容易ナラシムル為メ十分便宜ヲ与フル事　大日本帝国政府ハ前項ノ目的ヲ達スル為メ軍略上必要ノ地点ヲ臨機収用スルコトヲ得ル事」と、第五条の「両国政府ハ相互ノ承認ヲ経スシテ後来本協約ノ趣意ニ違反スヘキ協約ヲ第三国トノ間ニ訂立スルコトヲ得サル事」である。日本は「臨機必要ノ措置」として軍事力を行使することができ、その場合、韓国政府から便宜を与えられるだけでなく、「軍略上必要ノ地点ヲ臨機収用」することも認められた。さらに韓国政府は日本政府の承認を得ずに第三国との間で議定書の訂立を行なうことはできないとしたのであるから、これが日露戦争開戦中の日本にとって、如何に都合のよい協定であったかは一目瞭然である。

議定書調印の三カ月後にあたる一九〇四年五月末、日本では首相桂太郎・外務大臣小村寿太郎によって、対韓国政策方針が練られていた。それが、五月三〇日元老会議で決定、三一日政府の閣議決定、六月一一日天皇の決裁を得た「対韓方針」と「対韓施設綱領」である。対韓方針には、「帝国ハ韓国ニ対シ政治上及軍事上ニ於テ保護ノ実権ヲ収メ経済上ニ於テ益々我利権ノ発展ヲ図ルヘシ」とあり、方針決定理由では、韓国の存亡は日本が安泰でいられるか、危機にさらされるかに関わる重要な問題であり、日韓議定書によりある程度の保護権を確立してはいるものの、より一層、国防・外交・財政に関し、締約及び設備の成就が必要であると説明されている。駐韓公使の林権助（一八六〇―一九三九）は、桂太郎と小村寿太郎との談合の模様を自伝のなかで次のように述べている。「…小村さんと桂さんとの合議の結果、『是れだけやれば宜いだらう』といふ見当を決められた、それは先づ朝鮮政府に日本より、その財政方面、警察方面、外交方面との三つに夫々顧問官を入れようといふ事であった。それには朝鮮と或る約束を結ばざるを得んが、それが為にさう云ふ人を日本からやると云ふ協約が出来た。それが出来たから、日本から行つたのは、財政には目賀田君、それからアメリカ人のスティーブンス、これが外交顧問、それに松山（ママ）君が警視、名まへは警視といつても、ずつと上の方の役だよ。その三人が朝鮮に来た訳だ」[8]。文中の「或る約束」、「さう云ふ人を日本からやると云ふ協約」というのが、一九〇四年八月二二日に特命全権公使林権助と外部大臣署理尹致昊によって調印された「第一次日韓協約」である。協約の条文は次のとおりである。

第一次日韓協約

一　韓国政府ハ日本政府ノ推薦スル日本人一名ヲ財務顧問トシテ韓国政府ニ傭聘シ財務ニ関スル事項ハ総テ其意見ヲ問ヒ施行スヘシ

一　韓国政府ハ日本政府ノ推薦スル外国人一名ヲ外交顧問トシテ外部ニ傭聘シ外交ニ関スル要務ハ総テ其意見ヲ問ヒ施行スヘシ

一　韓国政府ハ外国トノ条約締結其他重要ナル外交案件即外国人ニ対スル特権譲与若クハ契約等ノ処理ニ関シテハ予メ日本政府ト協議スヘシ

この協約の結果、財務顧問に目賀田種太郎（一八五三―一九二六）、外交顧問にDurham White Stevens（?―一九〇八）が就任し、その他にも宮内庁顧問に加藤増雄、軍部顧問に野津鎮武、警務顧問に丸山重俊がそれぞれ配置された。そして、この時、学部顧問として韓国学政参与官に就任したのが幣原坦であった。

第三節　韓国学政参与官幣原坦の誕生

一、幣原坦の人物

それでは、幣原坦とはどのような人物であったのであろうか。ここでは幣原が韓国学政参与官に就任するまでの軌跡を追うことにしよう。

㈠　幼年期から学生期

幣原坦は一八七〇年（明治三）、堺県茨田郡門真村（現在の大阪府門真市）に、豪農であった幣原新治郎の長男として生を亨けた。幼名を徳治郎といい、元服のとき父親が『論語』の「君子坦蕩々」から「坦」[9]と命名した。幣原外交で有名となった弟の喜重郎のほかに、操と節という二人の妹があり、操は二人の兄の代わりに家を守り、節は大阪で初の女医となった。

小学校令の公布により、門真村に最初の小学校が設立されたのは一八八五年（明治一八）のことである。浄土真宗大谷派願得寺の大広間が教室となった。幣原は小学校入学前から父に『論語』の初歩を習っており、「余裕綽々」であったと後に述べている。また父親のことを「学問好き」であり、「子供の教育には極めて熱心」な人物で、その影響もあってか「文化方面に多大の興味」を持つようになったと述懐している[10]。一方、早世した母に対しては、「温情溢れる」母であると同時に、やはり子どもたちの教育に熱心であった点を述べている[11]。漢学の素養がある父と、教育熱心な母に育てられた幣原は、文部省直轄の大阪中学校（後に京都に移転し第三高等中学校となる）に進学した。中学時代の幣原は全般にわたって優秀な生徒であったが、理数系よりは文科系の教科に才覚を表し、英語と書道の実力は群を抜いていたという。一八九〇年（明治二三）には帝国大学文科大学国史科に入学した。

㈡　教員時代

帝大を卒業した幣原は鹿児島造士館の教授となる。一八九六年（明治二九）に造士館が経費の都合で普通中学校に格下げされるまでの約三年間、その任にあった。幣原は余暇を利用して琉球地方の歴史研究にも取り組んでいた。大変に研究好きな人物で赴任地が変わるごとに、その土地の歴史について研究するが、琉球研究はその端緒でもあった。（幣原の歴史・教育に関する著作については章末の一覧を参照されたい。）

鹿児島造士館を退職した幣原は、東京女子高等師範学校の講師として一年間、歴史を講じ、その後、山梨中学に校長として赴任する。幣原が山梨中学の校長に赴任することになったのは、山梨中学で起こっていた騒動を鎮圧するためであった。その騒動というのは、教員と生徒の間に誤解が生じたもので、前任の黒川校長をはじめとする学校側の対応の拙さに腹を立てた生徒たちが、同盟休校などを引き起こし、収拾がつかなくなったものである。当時の山梨の代表紙である『峡中日報』は連日「山梨中学事件」について書き立て、黒川校長は辞任に追い込まれた。そこに幣原が後任として抜擢されたのである。鹿児島から戻って琉球地方の研究のまとめをしていた幣原は、ある日、文部省の専門学務局長の松井直吉博士（第三高等中学時代の教頭であった人物）を訪れた。この時、松井博士から「……今山梨の中学校で大騒動が勃発し、生徒がデバ包丁を振りかざして校長に迫るという有様であるが、こういう時に、あなたは騒動を鎮定することができますか」と尋ねられ、断れば見限られると思った幣原が、「高の知れた中学校の騒動位は何でしょうか。」と大きく出たのが赴任のいきさつだった。[12]

山梨中学校は校舎も荒れており、教員も五名しか残っていなかった。校長自らが教鞭をとらなければならない状態で、幣原は全学年全クラスの修身を受け持った。校長就任挨拶の席上で、幣原は喧噪な生徒に向かって「黙れ」と一喝し、威厳をもって接していった。その結果、生徒や父兄からは信頼を得、県議会議長とも校舎新設の約束を取り付けた。こうして山梨中学校がうまく回転しだした矢先、幣原に渡韓の話が持ち出されたのである。官立漢城中学校のお雇い教師としての渡韓である。幣原はこの話を快諾し、一路韓国に向かうこととなった。

『峡中日報』は連日、幣原の転任に関する報を告げた(13)。「幣原中学校長の転任（昨日午後四時五十九分発）山梨県尋常中学校長幣原坦氏は高等師範学校教授に任せらる」、「前中学校長　幣原氏は明十日午後出発上京同氏は着京の上韓国へ派遣せらるべしと聞けり」、「高等師範学校教授に転任したる前幣原中学校長は昨日午後一時当市出発赴任の途に就きたるが加藤知事以下西久保書記官牧野参事官中学師範両校職員中学校生徒其他は何れも千秋橋まで見送りたり」、「幣原氏の送別会　一昨夜望仙閣に開きしが出席者は加藤知事を始めとして諸学校教員市内有志者新聞記者等百余名にして西久保氏の開会の辞幣原氏の挨拶ありて開宴、予期よりも盛会を極めたり」。これらの記事からも認められるように、幣原坦は惜しまれて山梨を去ったのである。

(三)　渡韓経緯

幣原が山梨中学校長として活躍していた一九〇〇年（明治三三）九月、外務大臣青木周蔵のもとに一通の電文が届いた。差出人は在韓特命全権公使の林権助で、その内容は韓国に新設される中学校に、日本人教師を雇聘したいという韓国側の要望を伝えて来たものであった。幣原の渡韓が決定するまでの経緯は(14)、次のとおりである。

まず一九〇〇年八月二二日、韓国外部大臣が特命全権公使林権助に宛てた照会第六〇号の電文内容は、学部大臣より中学校開学に付き日本人教師を招聘予定のため、人選を願うというものであった。この時の条件は「教育家学業精明之人」の一点である。これを受けて林公使は外務大臣青木周蔵に「中学校新設ニ付該校教師トシテ教育家ニシテ学術優等ノ本邦人」の人選を請う旨の電文六五号を打った。電文のなかには、最初の依頼では「副」教師であったが、その任が正教師のそれであると判断し、「副」の文字を削除させたとしたためられている。さらに「本使の企望」（林公使の希望）として次の諸点が独断で加えられていた。その部分を引用すると以下の通りである。「…充分普通学ヲ修メシ者ニテ教育上ノ経験ヲ有スルハ勿論ノ事ニテ外国語（美語ヲ使ハス《（本文）》）ヲ操リ外国ノ事情ニ通スルハ当地ニ於ケル多数雇外国教師ノ間ニ出入シテ其信用ヲ昂ムルニ於テ必要ニ候又韓人ノ側面ヨリ云フ時ハ漢学ノ素養アルハ随テ教授上諸外国人ノ企テ及ハサル通訳以外ノ便利ヲ有スルノミナラス生徒ハ勿論其父兄及ヒ当国人一般ノ間ニ尊敬ヲ招クヲ得ルニ極メテ都合宜シキ…」。要するに韓国の実情を鑑みて、日本人教員が他国の教員に引けを取ることなく、単なる通訳では終わらぬ働きのできる人材を所望している。そして、通訳以外の働きとは「雇聘セラルヘキ教師ハ該中学校ハ勿論当国学制上ニ参与セサルヲ得サル場合モ生スヘキ…」と内政に関与することも明らかにしている。

中学校教員の人選は当初、その矛先が韓国に滞在中の金沢庄三郎に向けられていた。金沢の身分は文部省派遣留学生で、中学校教員の話を持ちかけたところ、「一時の嘱託」であれば受けるとの返事であった。しかし林公使が要求していたのはその場凌ぎの人材ではなかった。一時的に金沢で代用するにしても、「兎ニ角差シ急ギ居ル儀」であるとし、外務大臣に人材派遣を請うたのである。これを受けた外務省では、文部省に人選を依頼した。文部省が幣原を抜擢した経緯は明らかではないが、山梨中学の騒動を鎮定した手腕が買われたことや、先の松井局長を中心とした人脈があったためと思われる。外務大臣は九月二五日付の電文五三号で、幣原坦について、「明治二六年卒業国史専門ノ文学士幣原坦ナルモノヲ最モ適任トシテ推薦致越候同人ハ漢籍ノ素養アルノミナラズ英語ヲ第一外国語トシテ獨逸語ヲモ読ミ現ニ山梨県尋常中学校長トシテ…」と林公使に報告している。その後、俸給及び旅費の問題で二、三のやり取りがあり、俸給月額二〇〇円と旅費二〇〇円を韓国政府が支払うことで決着した。そして幣原は一二月七日に神戸を出発し赴任の途に就いたのである。

幣原の契約書「中学校教師合同」[15]は一九〇〇（光武四）年一一月六日に、幣原と韓国学部学務局長金珏鉉、外部交渉局長李応翼の三者で署名捺印された。一〇項目から成り、摘訳すると次のとおりである。

第一款　雇聘年限ハ光武四年十一月六日ヲ起限トシテ三個年ノ期限トシ満期後ハ学部ト幣原ノ間ニテ予メ確定ス

第二款　薪金（俸給）ハ十一月六日ヲ起限トシテ毎月本国（韓国）現行銀貨墨洋・日洋二百元ヲ発給ス

第三款　住居ハ学部ガ選択スルガ定マラヌトキハ賃貸料トシテ二十元ヲ支給ス

第四款　学校課程及教授行事ニ関シテハ学部局長及本校校長ノ指揮ニ応シ其他一切校務ニ干渉セザルコトトス

第五款　該教師ガ其本分ヲ守ラズ規則ヲ違越スルトキハ学部ハ外部ニ言明シ日本公使館ニ照会シテ辞退サセシム　俸給ハ辞退日マデトス

第六款　満期後契約ヲ続行セザル場合ニハ二箇月分ノ月俸ヲ辞退日ニ支給ス

第七款　疾病ニヨリ休暇ヲ取ル場合診断書ヲ添フレバ二箇月以内ハ通常通ノ俸給ヲ支給ス　更ニ二箇月ヲ経過シタル場合ハ俸給ノ半額ヲ支給シ再々度二箇月ヲ延長スル場合ハ満期解雇ノ取扱トス

第八款　教師ガ止ムヲ得ス事故ニヨリ帰国スル場合二箇月ハ通常通ノ俸給ヲ支給シ更ニ一箇月ヲ経過シテモ戻ラザル場合ハ解雇トス

第九款　契約ノ範囲内ニ於テ不明ナル点ガ生ズレバ学部・外部ガ日本国公使館ニ出向キ再行ス
第十款　合同（契約）書ハ四通作成シ学部・外部・日本国公使館・幣原坦本人ガ夫々所持ス

ここで幣原渡韓までの経緯を見直してみると、韓国側から提示された条件は、①「教育家学業精明之人」（照会第六〇号）、②「副教師」（林公使が「副」の字を削除させたが本来は「副教師」であった。＝六五号）、③「学科課程及び教授、行事に関しては学部局長及び本校校長の指揮に応じその他一切校務に干渉せざること」（中学校教師合同第四款）であった。これらを総合して言えることは、韓国側が要求していたのは、アドバイザー的な存在、それも中学校教員という枠内での職務しか求めていなかったことである。それが仲介役の特命全権公使林権助の裁量で、①「副教師」を「正教師」に変更（＝六五号）、②「外国語ヲ操リ外国ノ事情ニ通スル」者であること（＝六五号）、③「漢学ノ素養アル」人物であること（＝六五号）、④「当国学制上ニ参与」する能力のある者、の四点が書き加えられて日本に送られた。これは教育の分野における日本勢力の拡大工作の一つということになるであろう。このような「食い違い」契約の下、渡韓した幣原は、中学校教員としてどのような活動を展開したのであろうか。

㈣　漢城中学校教師時代

幣原の職務先は官立漢城中学校であった。先の林公使から外務大臣に宛てた文書の中に次の記述がある。それは、日本人中学校教員の「担当スヘキ課程」について尋ねたところ、「毫モ要領ヲ得」ない状態であったが、「中学校（従来類似ノモノナシ）ニ於ケル学科程度及ヒ科目等ニ付キ何ラノ定メナ」い現状[16]を以てして仕方のないことであるというものであった。韓国側に中学校開設にむけてのビジョンがないことを指摘しているのである。

幣原自身は次のように書いている。「これまで私は、朝鮮の実地を見たこともなく、一種不安な気にもなるけれども、私の如き者は、どこで死んでも同じ事であると覚悟して、霜月の寒風を冒して渡韓した。京城では、思いもよらぬ政争である。日本党があるかとおもうと、露国党もある。おいそれと日本人を学部顧問にするような様子がない、但し日清戦役以来、「新学問」という声が高まって、紅峴の朴（泳孝）邸が取上げられて学校敷地となり、ここに始めて煉瓦造りの小校舎が出来、それを「新学問」の為に使用することとなって、万端の事は、私の到着を待って、決しようとするのであった。学部大臣は私を見て大に喜び、『取敢えず新学問を教えてください』という。『新学問とは』と問いかえすと、韓国人の知らない学問の総てであるとの答である。経済学もあろうし、生物学もあろうし、理化学などもあろう。私はそれ程博学でないにしても、先方を失望せしめるに及ばぬと観念して、笑いながら之を承諾した。学生はまだ少数ながら、大体儒書は読んでいる。これには、相応に頭をつかて、四書五経の断章取義に基く新案、文理総合教授とでもいうべき講義を開始した。これには、相応に頭をつかう事もあったが、又案外たやすく片付く事もあった。或日電気について説明していると、一学生は、『何故そのような不可思議な力が世の中に起ったのですか』と問うた。この説明は少し厄介だと思って、唯一語、『子怪力乱神を語らず』という論語の句を黒板に書くと、一同はそれを見て『よくわかりました』といって頭を下げた。『わからぬ時の神だのみ』よりも『わからぬ時の孔子だのみ』が一等よい。その上に『新しく来た日本の先生は儒教をも心得ている』と、家庭でいろいろの例をあげて話をしたらしく、上流社会の評判もよくなったと伝えられた」。(17) これは幣原が晩年近くになって纏めた回顧録のなかの文章で、多少「武勇伝」的な感も免れ得ない。「日本人を学部顧問にするような様子がない」とあるのは先に述べた「食い違い」である。韓国側としては中学校教員を招聘しただけであり、幣原は林公使より将来は「学制ニ参与」する可能性があると言い含められていたのである。また、電気に対する質問を、『論語』の一部を引用してうまくかわしたと誇らしげに述べているが、これは韓国側が求めていた「新学問」に逆行する回答であろう。

ところで、官立漢城中学校にはアメリカ人のお雇い教師ハルバートも赴任していた。ハルバートと韓国政府の間で交わされた契約書「中学校教師赫勒貝（ハルバート）続合同」[18]（一九〇二年（光武六）五月一日調印）によると、契約期間は五年であり、俸給は月額三〇〇元、家賃が三〇元と幣原よりも優遇されている。ハルバートは中学校の様子を次のように説明している。「相当な西洋式建築をもっている、いわゆる中学校は三〇〇名を収容し得るにもかかわらず、実際の在籍生徒はやっと六〇名内外である。この学校の教授陣に六名の韓国人のほか米国人と日本人が各々一人ずついた。高等程度の国漢文のほかに、化学・物理・植物・生理・一般歴史・地理・算術・代数および幾何が教授されていた」[19]。先にも触れたが、ハルバートには官立漢城師範学校での実績もあり、官立中学校では、幣原よりもむしろハルバートが中心的な役割を果たしていたのではないだろうか。

官立中学校時代の幣原は、朝鮮の歴史に関する論文八点（章末の「幣原坦著作・論文一覧」参照）を発表しているほか、一九〇四年（明治三七）には「東人西人分党ノ研究～老論少論分党ノ研究」で帝国大学より学位を授与されており、歴史研究に精を出していたように見受けられる。おそらく、中学校の教員としては、充分な活躍の場は用意されておらず、かねてからの「研究癖」で韓国の古籍を買い集め論文を執筆すると同時に、韓国語の習得にも努めていたようである。この期間は幣原にとって韓国の文化や歴史を知る好機となり、学政参与官就任へ向けての充電期間とみることができる。

二、学政参与官幣原坦の誕生

幣原坦は一九〇五年（明治三八）二月一日付で、韓国学部に「学政参与官」の肩書で招聘された。ここに、漸く「学政に参与する」機会がめぐってきたわけである。学政参与官誕生の経緯は、日韓両政府と仲介役の在韓公使林権助との間の次のようなやりとり[20]による。まず、林公使から小村外務大臣に宛てた一九〇五年一月一六日付の電文二一号に、韓国政府から学部顧問の人選を依頼されて、幣原坦を推薦した旨が報告されている。おそらくは韓国の学制に参与する機会があれば、即座に幣原をという打ち合わせが日本政府と林公使との間にできていたのであろう。幣原の契約は、学部大臣李載克、幣原坦、外部大臣李夏榮、度支部大臣閔泳綺の四名の調印で成立した。雇聘契約書の条項[21]は以下のとおりである。

第一条　幣原坦ハ大韓帝国学政参与官トシテ学部所管事務ニ関シ誠実ニ審議起案スルノ責ニ任スル事

第二条　大韓帝国学部大臣ハ教育ニ関スル一切事項ヲ幣原坦ニ諮詢シ其同意ヲ経タル後施行スル事
　幣原坦ハ教育事項ニ関スル議政府会議ニ参与シ及教育ニ関スル意見ヲ学部大臣ニ為シテ議政府ニ提議スルコトヲ得ル事

第三条　学部ノ必要ノ為メ幣原坦ニ学政参与官事務外ニ教育ニ関スル兼職ヲ命スル時ニハ幣原坦ハ大日本帝国代表者ノ同意ヲ経テ兼任スルコトヲ得ル事

第四条　幣原坦ノ俸給ハ月額金貨三百元ト定メ毎月末日ニ支給スル事
　前項俸給外ニ大韓帝国政府ハ相当ノ官舎ヲ幣原坦ニ給与スル事　但相当ノ官舎無キ時ニハ官舎料トシテ月額金貨三十五元ヲ給与スル事

第五条　幣原坦ガ帰国及賜暇帰国スル時ニハ船車料実費外ニ金二百元ヲ支給スル事
　教育事項ニ関シテ大韓帝国内地ヲ旅行スルトキニハ船車料実費外ニ一日金貨八元ヲ支給スル事

第六条　本契約ハ将来各一方ニ於テ解除ノ必要ヲ生シタル時ニハ相互協議シテ大日本帝国代表者ノ同意ヲ経

タル後解除スルコトヲ得

この中でとりわけ注目すべきなのは、第三条及び第六条に「大日本帝国代表者ノ同意ヲ経」とあることである。韓国政府と幣原個人の間で結ばれた契約の形を取りながらも、幣原の背後に在韓公使延いては日本政府の存在があることを明文化している。これは教師時代の契約書「中学校教師合同」の文面には見られなかった部分である。さらに幣原には日本政府から次のような内訓書(22)が与えられていた。

第一　貴官ハ本大臣並ニ在韓帝国公使ノ指揮監督ヲ受ケ学務中苟モ重要ニ属スルモノハ必ス予メ帝国公使ノ同意ヲ得テ之ヲ施行セラルベシ

第二　学務ニ関スル重要案件ニシテ特ニ経費ニ関係アルモノニ付テハ予メ目賀田財務顧問ニモ協議シ其同意ヲ求メラルベシ

第三　貴官ハ常ニ韓国学務ノ現況、改革ノ方案、其他学務ニ関スル重要事項ニ付本大臣ニ報告セラルベク右報告ハ在韓帝国公使ヲ経テ本大臣ニ送附セラルヘシ

これをみると、表向きは韓国政府に雇用され給与を支給されている身でありながら、韓国の教育面における内政状況を、日本政府に通告するといった「間諜」的役割を担っていたことがわかる。換言すれば、幣原はこの時点で、日本の対韓植民地政策下に組み込まれたことになる。

では実際のところ、幣原はこのような状況下において、韓国人子弟に対してどのような教育観をもち、どのような教育改革のプランを立てたのであろうか。その考察に移ることにする。

三、幣原坦の韓国教育観

(一) 幣原のみた韓国教育の現状

渡韓後間もない時期、幣原は『教育界』一巻三号（明治三五年一月）に「韓国の教育に就きて」と題する一文を寄せ、韓国教育の現状を紹介した。そこでは、甲午改革時の教育改革について学校の勃興には目覚しいものがあったが、内容を見ると未だ乏しいものであったと紹介された後、甲午改革を契機に設立された外国語学校、小学校、女学校、師範学校、武官学校、医学校、中学校の現況が報告されている。この中から小学校についてとりあげると、「小学校にありては、我明治二十八年七月、勅令第百四十五号を以て小学校令を、同第百四十六号を以て小学校教員官等俸給令を発布し、学部は更に小学校教則を制定して、茲に小学校の本旨、種類、及び教授課目等は一定するに至れり。…斯の如き法令は設けられどたれも、《（ママ）》国民思想の幼稚なる、未だ是等の学校に就学するもの多しとせず。又其の校数も少きなり。…小学校舎の設備に至りては、其不完全なることいふに及ばず。皆従来の家屋を補修して、漸く学校に充つるに過ぎず。…」とある。要するに近代教育の導入を目指して、小学校令をはじめとする各種の法令は整備されたものの、近代学校に対する国民の理解度も低く、内容や設備の点からいってもその運営は困難な状態にあったとみられていた。

さらに幣原は、同じく『教育界』の六巻一一号（明治四〇年九月）に「韓国青年の教育」という一文を寄せ、韓国に近代教育が浸透しない理由として次の三点をあげている。第一に科挙制度を廃止したことである。従来、韓国で学問といえば、科挙に合格することを目的とし、漢学の素養を身につけることであった。それが甲午改革時に科挙制度は廃止され、農学校や商工学校など実業系の教育に力を入れるようになり、漢学とは程遠いこのような新学問がなかなか浸透しなかったことを指摘している。第二に韓国の風俗・習慣が近代教育の浸透に弊害となった点である。具体的には、早婚の習慣や、帽子・足袋などの窮屈な装身具によって健康が害されること、民族特有の白い衣服ののりが落ちるため雨の日には登校しないといったことが挙げられている。第三は、一般人は比較的貧しい者が多く、授業料を徴収することが不可能であり、富裕な者は家庭教師をつけるため学校には来ないという点である。これらについて真偽のほどは定かではないが、少なくとも幣原は新学問導入の弊害が、科挙廃止（儒教）の問題、風俗・習慣の問題、経済上の理由にあるとみていたのである。

(二)　幣原の韓国人子弟観

次に幣原が韓国の子どもたちをどのように観ていたかに考察を進めたい。幣原が認めていた韓国人子弟の長所は、①従順にして年長者を尊敬する、②祖先を崇敬する、③家長を尊び親戚同士が互いに助け合う、④辞令に巧みである、⑤淫猥なる言行が青年に極めて少ない、⑥記憶力・模倣力・技能などに優れている、⑦団結力が強い、⑧呑気である等の諸点で、短所は、①推理・創作力に乏しい、②（試験の際のカンニングなど）廉恥心に乏しい、③（入浴・排泄などの習慣の面で）不衛生である、④労苦を厭い、自給の精神を欠き、依頼心が強い、⑤美的観念の欠乏などであった。「併合」後に公立普通学校で行なわれた「朝鮮児童性行調査」では、この他にも朝鮮人子弟の短所として、迷信・猜疑・嫉妬・虚栄・無責任・思慮浅薄・意志薄弱・貯蓄心の欠乏・社会国家の観念に乏しいこと・公徳心の欠乏などが挙がっていた。しかし、幣原はこれらが「必しも朝鮮人特有の短所とも言い得ない」感があるとし、たとえこのような状況がみられるにしても「教育の力によって漸次変化することができる」という考えを持っていた。さらに、礼儀を重んじない・無邪気でない・人情が軽薄であるといった項目に関しては「却って反対」であると述べている。またこれ以外にも語学力に長けている点を長所とし、道徳心に欠けることを短所とみていた[23]。

三　幣原の韓国教育観

韓国人を教育すべきか否か、この問題については韓国保護国化の動きに伴って、日本の教育界でも議論が活発に展開されるところであった。教育に携わってきた人の間でも意見は分かれたが、幣原は教育して効果のある国民であると肯定的な立場をとった。幣原は「尤も唯韓国のみならず、何れの国民たるを問はず、教育をして效が無いといふ国民は無い[24]」という教育観の持ち主でもあったのである。

当時、保護国・被保護国、植民地支配国・植民地被支配国の関係は世界各地に存在していた。例えば、オランダ領東インド、アメリカ領フィリピン、イギリス領エジプトといったところである。これらの支配国が被支配国に対し教育を行なう場合に直面する共通の問題点が三点ある。それは、第一に初等教育と高等教育のどちらから着手するか、第二に文科的教育と実科的教育のどちらに重きを置くか、第三に教科内容を伝達する手段として支配国の言語を使用するか被支配国の言語を使用するかといった諸点である。これらの問題点は日本と韓国との関係においても同様であった。

幣原はこれらの問題点について次のように述べている。まず、第一の初等教育と高等教育のどちらから着手するかについては、初等教育から着手するという立場を取っている。印度に於けるイギリスの試みのように高等教育から着手すれば「印度の不安（ロンドンタイムス主筆チロル氏の著書）」のような事態になりかねないと幣原はいう。第二の文科的教育と実科的教育のどちらに重きを置くかでは、実科的教育（＝技能的教育）に重きを置くという立場を取っている。文科的学科（＝知識的学科）に韓国人が少しも興味を示していないというのではなく、算術などでは随分と成績を上げている。しかしながら、漢学のみを学んできた者に、電気の話をすれば「魔術」と思うであろうし、利息の計算を教えれば「卑しい」と思うであろう。それならば韓国人生徒の得意な「習字」や「刺繍」、「語学（発表・会話・話方）」など実用的な学科に重点を置くのがよいという判断である。第三に教育内容を伝達する手段として支配国の言語を使用するか被支配国の言語を使用するかについては、日本語を使用するという立場をとっている。幣原は韓国人の語学力、会話表現力、模倣力などを長所として認めており、日本語を習得することによって職業を得る手段にもなると説明している。

それでは今まで述べてきた幣原の韓国人子弟、及び韓国の教育に対する認識が、その後の彼の活動に如何なる影響を及ぼしていったのであろうか。

第四節　韓国学政参与官幣原坦の活動

一、「韓国教育改良案」と報告書の提出およびその内容

幣原が学政参与官の任に就いたのは、一九〇五年二月から一九〇六年六月までの僅か一年と四カ月のことである。この期間に幣原が行なった中心的な仕事が、中学校教員時代からつぶさに観てきた韓国の教育状況とその改革計画を纏め上げた「韓国教育改良案」の作成と実行であり、その進捗状況を示す数点の報告書の提出であった。

幣原が在韓公使を通じて日本政府に提出した韓国教育改良案とその報告書は以下の通りである。(25)

一、一九〇五年四月　「韓国教育改良案」

二、同　八月　「教育改良ニ関スル件」

三、同一〇月　「教育改良ニ関スル件」

四、同一一月「日韓新協約ノ影響トシテノ学部内ノ状況報告」
五、同一二月「韓国学政改善ノ概況報告」

これらの報告書は、それぞれ次のような特徴を持っている。まず、一の「韓国教育改良案」（以下、「改良案」と略す。）が幣原の韓国での活動の基礎となる計画書であり、二～五が改良案に列挙された計画の進捗状況に関する報告書となる。他に「在東京韓国留学生ニ関スル件」があるが、これは東京の府立一中に留学中の韓国人留学生による同盟休校事件に関する処置法を示したものである。

㈠「韓国教育改良案」の内容

改良案は、幣原の韓国教育に対する認識に立脚したものであると同時に、日本の対韓教育政策を念頭に立案されたものであり、後の植民地教育政策の青写真ともなった。その構成は、第一章「方針」と第二章「方法」から成る。第一章では五項目の方針を掲げているが、それに先立って次のような前文を付している。

日韓議定書ガ両国ノ関係ヲ一定シテヨリ以来韓国ハ勢ヒ日本帝国ノ保護国タルノ運命ヲ有セリ苟モ帝国政府ガ此方針ヲ変改セザル以上ハ韓国教育改良ノ方針モ亦素ヨリ之ニ基カサル可カラズ而シテ将来韓国ニ於ケル各般ノ事業ハ日本帝国ノ官民ヲ以テ主動者トスヘキカ故ニ韓人ヲシテ噪暴険悪ノ弊ニ陥ルナカラシメンコトヲ期シ又互ニ言語風俗ヲ了解シテ感情ノ衝突ヲ避ケシメンコトヲ務ムヘシ古来半島ノ経営ニ最モ心ヲ砕キタル明国ハ儒教ヲ布キテ以テ人心ヲ繋キタリシカ今頓ニ之ヲ滅絶セシメテ之ニ代フルニ忠君愛国義勇奉公ノ日本的道徳ヲ以テスルハ在来ノ気運ニ一致セスシテ而モ将来ノ国交ヲ危クスルノ虞ナキ能ハス唯ソレ国民ノ常識ヲ養フヘキ新知識ニ至リテハ古今東西ノ文明ヲ同化シテ打テ一丸トナシタル日本ノ開化ヲ輸入スルヲ最便法トスルハ弁ヲ待タス而シテ諸事簡易ト利用トヲ要求セラル、韓国ニアリテ国民ノ教育的向上心ヲ助長セン

ニハ成ルヘク速成ノ行路ヲ取ルヲ便トスベキ也

これは幣原の所感を示したものになろうが、まず日本人官僚が主導権を握るには、韓国の言語風俗を理解し、儒教をも取り入れた教育改良の方針を立てる必要があると述べている。「簡易」と「利用」を要求される韓国には、「日本ノ開化」を輸入するのが便利であり、その方法として「速成」を念頭においていることが明らかである。

そこで幣原が掲げた韓国教育改良のための方針は以下の五点である。

第一　日本帝国政府ノ対韓政策ニ従ヒ将来韓国ガ帝国ノ保護国トシテ万般ノ施設改良ヲナスニ適当ナル教育ヲ施スヲ以テ旨トス

第二　韓国民ヲシテ善良ニシテ平和ナル美性ヲ涵養セシメンコトヲ期ス

第三　日本語ヲ普及ス

第四　従来韓国ノ形式的国教タリシ儒教ヲ破壊セズシテ而モ新智識ヲ一般ニ開発ス

第五　学制ハ繁縟ヲ避ケ課程ハ卑近ナラシム

方針の第一は、この改良案が、韓国が日本の保護国となることを前提に立案されたものであることを示している。方針の第二・第四は、保護国を統治しやすくする平和的人間、植民地型人間を育成するための項目である。不安定な国情の中で韓国民の生活の安定を得るためには、空理空論を避けて善良と平和の方向へ導くことが、その幸せに通じるという幣原の考えから出たものである。そのために幣原は儒教を重んじている。儒教は韓国において国教であり、人々の間に深く浸透している。新学問の導入ということで儒教をいきなり廃絶したのでは反発をかう。そこで儒教による弊害を感じつつも両者並立という懐柔策を取ったと思われる。また漢学の素養がある父親に育てられた幣原自身の儒教に対する畏敬の念が作用したのかもしれない。

と述べている。それに、韓国人子弟が語学力に長けている点と、日本と韓国では漢字を共有しているため、日本の教科書の平仮名の部分をハングルにすることで使用できるという便利さも考えられたようである。しかしながら方針の第一項目とこの日本語の普及を併せみると、保護国化への準備といった側面は見逃せない。現に、この改良案を受けて小村外務大臣は、林公使宛の公文のなかで「日本語ノ普及ヲ謀ル義ハ頗ル時宜ニ適シタルモノト相認候」という評価を行なっている。さらに第五では、多種多様の学校を設立するのではなく、学制はできるだけ簡易にして、日常生活に必要なことから教えていくといった韓国教育の現状をふまえ、実用を重視したものになっている。

　では、これらの方針を実現すべく、幣原はどのような方法を考案したのであろうか。改良案第二章「方法」では、改良の時期を三期に分け、それぞれの時期に行なうべき事項を説明している。各時期の項目と主な内容は次の通りである。

改良第一期

①普通学校の設立　従来の尋常小学校と高等小学校を改革・合併して普通学校を設置。就業年限四年。初学年より日本語を必修。

②入学の奨励　普通学校の卒業生から普通文官を採用。

③視学機関の設置　学部に視学官を設置し、各学校を視察。

④教科書の編纂　普通学校教科書の編纂を急ぐ。

⑤師範学校の改革　カリキュラムの刷新が必要。入学生は普通学校卒業生から取るようにする。

⑥外国語学校の統一
上級では日本語で授業をしても差し支えないようにする。通訳の供給以外取るに足らず。縮小の方向へ。

⑦中学校の改革
修業年限を三年とし高等学校の名称にする。カリキュラム・教科書の整備が必要。

⑧農工商学校の整頓
専門家を雇い正式の授業を始める。

⑨私立日語学堂の処置
普通学校に合併し、関係者は教師として採用。

改良第二期

①女学校の創設
中流階級以下の女子のために京城に女学校を設立。その程度は普通学校以上を望まない。

②農商工学校の分離
商工学校と農林学校に分離。農林学校は移転し農業及び植林の方法を教授。

③高等学校及諸専門学校の増設
京城及び各道観察府所在地に土地の情況に応じて設立。

④成均館の改革
韓国における実際上の大学。官吏・教官となるのに必要な知識を教授。

改良第三期

①高等専門学校の設立
時機をみて各種専門学校及び高等学校卒業生を収容する施設として設立。

②普通学校補習科の設置
普通学校の教育増補を目的として設置。年限は二年間。

以上のように、幣原は改良案を三期に分けて実行する計画を立てた。第一期は初等教育機関である普通学校を中心に、師範学校・外国語学校・中学校・実業系学校などの学校制度を整えること、第二期は中等教育機関の充実、第三期は、第一期・第二期で着手することのできなかった高等教育機関と、普通学校における教育徹底のための補助的教育機関の設置をそれぞれ目指したものであった。

このうち、幣原が最も力を注ごうとしていたのは、普通学校の教育と中等教育機関における実業教育、さらには教授用語としての日本語の普及であった。日本語の普及のための計画としては、修業年限四年の普通学校において初学年から日本語を必修とすること、普通学校の教員養成機関である師範学校の上級では日本語で授業しても差し支えない程度にその実力を引き上げることが考えられていた。

また幣原は入学奨励策として、普通学校卒業生のなかから「普通文官」を採用する計画も立てた。これは科挙制度からの発想で、科挙に合格すれば進士及第となり官吏に登用されたことを応用して、普通学校を卒業すれば文官として採用される道を開こうとしたものであった。

(二)「報告書」にみられる改良案の進捗状況

さて、次に幣原の計画がどの程度実行に移されたのかを次の二つの「報告書」からみてみよう。

「報告書」一九〇五年（明治三八）八月二一日

①学校卒業生の優待　文官詮考所設置に際し、学校（卒業生）の優待を説く。

②教科書の編纂　六月二一日付で官立中学校教師高橋亨と私立京城学堂長・渡瀬常吉に学部臨時編修官を嘱託。小学校程度の日語読本の編纂に着手。

③農商工学校の整理　九月より本科の授業開始に伴い、教師を配置。農科に赤壁次郎、商科は未定、工科は文部省にて人選中。赤壁氏は農事試験場創設の準備に着手。

④小学校の改良　官立高等小学校を模範とし、九月より日本人教師を雇い、日本語その他の教鞭を執らせる予定。

「報告書」 一九〇五年（明治三八）一〇月二一日

①農商工学校改良の進捗　工科に久野末五郎着任。商科は日本人教師未だ人選中のため、日本に留学経験のある韓国人が担当。内容は普通学。日本語もはじめて学ぶ者が多く、授業は困難。

②農事試験場設備の実況　東大門外に大小二カ所の試験場設置。付近の住民との間に境界をめぐってトラブルあり。住民側に試験場が日本の占領地になるのではという危惧あり。

③京城学堂の処分　京城学堂を海外教育会から韓国政府学部に寄付。

④小学校改良の端緒　九月の新学期より高等小学校に日本人教師を入れる案通過。実際は一〇月一日より國井泉を雇聘。漢文の時間数を減らして日本語を週に一二時間に。反発の動きもあり実際は五時間とする。

⑤私立教育会の行動　国民教育会、東亜開進教育会に不穏な動きあり。

⑥教職員の異動　瀬谷道文氏　官立日語学校の庶務又は教務に着任。押切祐作氏　農事試験場の事務に着任。米国人中学校教師ハルバート辞表提出。

これらの報告書からは次の状況を読みとることができる。まず初等教育と日本語についてみると、入学奨励策である卒業生の優待を積極的に行ない、教育内容面では日本語の時間数を週当り一二時間に拡大させようとした。九月から日本人の教員が日本語で教鞭をとり、日本人の臨時教科書編修官を雇うようになった。実業教育機関においては農商工学校が整理され、九月から授業が開始された。それに伴い、農商工の各部門に日本人教師が配属され始めていた。また、農事試験場も二ヶ所に設置されるに至っていた。

また報告書は、この計画を進めようとする時、韓国民衆との間に摩擦が生じつつあることも示している。農事試験場を設置する際の付近住民とのトラブルや、カリキュラムに漢文の時間数を減少させ、日本語を増大させようとしたときの反発、私立教育会の不穏な動きなどがそれである。これらの動きは第四、第五の報告書で具体的に報告されるようになるが、ここでは幣原による教育振興策について、さらに詳しくみていきたい。

二、普通学校（初等教育機関）の設置に関する活動

㈠　普通学校の設置

「新学問」の導入を初等学校から着手することに決した幣原は、既存の諸学校の整理を行ない、「五学校」を設置した。日本政府との電文交換のなかで、外務大臣から「五学校とは如何なる学校か」という問い合わせがあるが、これは甲午改革時に朝鮮政府が主体的に設立した近代学校のうち、高等小学校と尋常小学校を合併・整理した五つの学校を指している。

ところで「普通学校」という名称は幣原によって考案されたものであるが、それは学部大臣李完用との次のようなやりとりの結果であった。最初、幣原が日本と同様に「小学校」としたところ、「文字を形式的に取扱う韓国に於ては『小』は卑しい意味を有しているから、従来とても『小』を用いずして書房（書堂）」といってきた背景があり、そこで「国民学校」という名称を考案したところ、今度は、韓国において「民」というのは庶民を指す文字であり、両班の子弟が入学を拒むのではないかという李学部大臣の答えであった。その結果、誕生したのが「普通学校」の呼称であった(26)。

修学年限は当時の日本に倣って四年とし、入学年齢は八歳とした。数え年の八歳であるため、日本の満六歳と

大差はなかった。教科課程は、甲午改革期に制定された小学校令に準じているのか、独自のものを編成したのか不明である。明らかなのは日本語と漢文があったことで、漢文の時間を日本語に振り替えようとしたことで反発を受けている。さらに、日本語及びその他の教科の教鞭をとるために、日本人教員を採用することが決定しており、一九〇五年一〇月一日に國井泉が赴任している。これらの採択が幣原の為すところであった。

㈡　教科書の編纂

普通学校で使用するための教科書編纂も幣原の活動の一つであった。一九〇五年（明治三八・光武九）六月二一日、幣原は編纂スタッフとして、学部内の韓国人に加えて二名の日本人を招聘した。京城学堂長の渡瀬常吉[27]（一八六七―一九四四）と官立漢城中学校における幣原の後任、高橋亨である。彼らは『日語読本』の編纂から着手したが、実際にこの教科書は一部刊行されたようである。それというのは、当時韓国の有力紙であった『大韓毎日申報』の六月六日付の記事が、幣原が日文教科書を編纂する際、学部内に賛成する者が一人もいなかったことを指摘し、『史記』を引用しながら「幣原氏が編輯した日文教科書を韓国人幼児が使用すれば漢軍四面が皆楚歌である」と「日本魂」を植え付けようとした日語教科書と幣原坦に対する非難を論じ立てているほか、幣原が後年の回顧録のなかで「或時、露国党と目されていた人が、数百人の生徒を引率して学部の門内に入り、激越な演説をして、天を仰ぎ地に伏して号哭した。それが終ると同時に、生徒等は、学部から貸与してある教科書をば、正面の玄関を目がけて投げつけ、悠々として引揚げて行った[28]」と述べていることから確認することができる。

幣原らの編纂とおぼしき日語読本は管見の限り二冊存在している。その表紙には、それぞれ『学部編纂　日語読本　巻一　学部編輯局出版』、『学部編纂　日語読本　巻二　学部編輯局出版[29]』とある。内容的には日本語の初級本であり、巻一は、「本　教場　先生　運動場　生徒　門　学校　黒板」といった漢字から始まり、三五課五六頁で構成されている。人名や地名は韓国固有のものであった。巻二は、「モウ、マダ、ユックリ、歩キ、話」の漢字とカタカナで始まり、一七課四〇頁で構成されている。人名は一五課に登場する「太郎」以外は韓国名であった。両冊とも歴史的仮名遣いが用いられ、挿し絵はなかった。

(三)　「普通学校令」草案の作成

「普通学校令」が公布されるのは一九〇六年（明治三九・光武十）八月二七日のことである。幣原が学政参与官の職を辞したのが同年六月であるから、公布には直接立ち会わなかったことになる。しかしながら、幣原は既に「普通学校令」の草案を準備しており[30]、両者を比較してみると、幣原の草案が「普通学校令」の原案となっていたことはほぼ間違いない。「普通学校令」の条項については次章で触れることにして、ここでは幣原の草案を紹介しつつ、両者の類似点を押さえておきたい。

幣原草案

勅令第　号　普通学校令

第一章　総　則

第一條　普通学校ハ児童身体ノ発達ニ留意シテ道徳ノ基礎竝其生活ニ必須ナル普通ノ智識技能ヲ授ケ善良ノ国民ヲ養成スルヲ以テ本旨トス。

第二條　普通学校ハ官立、公立、私立ノ三種トス。官立普通学校ハ国費ヲ以テ便宜ノ場所ニ之ヲ設置シ公立普通学校ハ府郡ノ負担ヲ以テ之ヲ設置シ私立普通学校ハ私人ノ費用ヲ以テ設置スルモノトス。

公私立普通学校ノ設置廃止ハ学部大臣ノ認可ヲ受クヘシ。

第三條　必要ト認メタルトキハ公立及私立ノ普通学校ニ国費ヲ以テ補助ス此場合ニハ私立普通学校ハ公立普通学校ノ代用トナス。

第四條　普通学校ニ補習科及幼稚園ヲ附設スルコトヲ得。
補習科及幼稚園ニ関スル規程ハ学部大臣之ヲ定ム。

第二章　教科及編制

第五條　普通学校ノ修業年限ハ四ケ年トス。

第六條　普通学校ノ教科目ハ修身、国語（読書、作文、習字）日語、算術、理科、体操トシ女児ノタメニ裁縫ヲ加フ。
時宜ニヨリ地理、歴史、図書《(ママ)》（図画）、唱歌、手工ノ一科目又ハ数科目ヲ加フルコトヲ得。補習科ニハ農業若ハ商業ヲ加フルコトヲ得。

第七條　普通学校ノ教科目ヲ加除セントスルトキ又ハ補習科ノ教科目ヲ定メントスルトキハ官立ハ学部大臣ニ於テナシ公立ハ府尹（府の長）、郡守（郡の長）私立ハ設立者ニ於テ学部大臣ノ認可ヲ受クヘシ。

第八條　普通学校ノ教則ハ学部大臣之ヲ定ム。

第九條　普通学校及補習科ノ教科用図書ハ学部ノ編纂ニ係ルモノ又ハ検定ヲ経タルモノタルヘシ。

第十條　普通学校ノ休業日ハ日曜日ヲ除ク外毎年九十日ヲ越ユルコトヲ得ス但シ補習科ハ此限ニアラス。特別ノ事由アルトキハ公私立普通学校ハ観察使ニ於テ学部大臣ノ指揮ヲ受ケ前項ノ日数ヲ増加スルコトヲ得。

第十一條　普通学校ニ於テハ男女学級ヲ区別スヘシ但シ特別ノ事由アルトキハ男女学級ヲ区別セサルコトヲ得。

第十二條　普通学校一学級ノ生徒数ハ五十人以下トス但シ特別ノ事由アルトキハ一学級ノ生徒数ヲ六十人マテ増加スルコトヲ得。

第三章　設備及就学

第十三條　普通学校ニ於テハ適当ノ校地、校舎、校具、体操場及教員住宅ヲ備フヘシ但シ特別ノ事由アルトキハ教員住宅ヲ欠クコトヲ得。

第十四條　普通学校ニ就学セシムヘキ児童ハ満七歳以上トス。

第十五條　普通学校ニ就学シタルモノハ妄リニ退学ヲ許サス。

第十六條　普通学校ハ病気又ハ止ヲ得サル事由アル生徒ノ出席ヲ停止スルコトヲ得。
第十七條　普通学校生徒ニハ必要ニ応シ学費ヲ給与スルコトヲ得。

第四章　職　員

第十八條　普通学校ノ職員ハ校長、教員、副教員トシ校長ハ教員ヲ兼ヌルモノトス。
第十九條　普通学校職員タルヘキモノハ許状ヲ受クヘシ。
許状ハ甲乙ノ二種トス。
甲種許状ハ終身有効トス。
乙種許状ハ五ケ年ヲ限リ有効トス。
副教員ニハ乙種許状ノミヲ授与ス。
第二十條　許状ヲ受クル者ハ師範学校ヲ卒業シ又ハ普通学校職員ノ検定ニ合格シタルモノタルヘシ。許状及検定ニ関スル規程ハ学部大臣之ヲ定ム。
第二十一條　普通学校ノ校長及教員ハ判任官トシ副教員ハ准判任官トス但シ校長ハ奏任官トナスコトヲ得。
第二十二條　普通学校職員ノ任用解職ハ学部大臣之ヲ行フ。
第二十三條　普通学校職員ノ俸給、旅費、諸給与竝其支給方法ハ学部大臣ニ於テ之ヲ定ム。
第二十四條　普通学校職員ノ進退、職務及服務ニ関スル規程ハ学部大臣之ヲ定ム。
第二十五條　普通学校職員ニシテ職務上ノ義務ニ違背シ若ハ職務ヲ怠リタルトキ又ハ職務ノ内外ヲ問ハス体面ヲ汚辱スルノ所為アリタルトキハ学部大臣ニ於テ懲戒処分ヲ行フ其処分ハ譴責減俸及免職トス。
第二十六條　普通学校職員ノ許状ヲ有スル者不正ノ所為其他職員タルヘキ体面ヲ汚辱スルノ所為アリテ其情状重シト認メタルトキハ学部大臣ハ其許状ヲ還収ス。

第五章　監　督

第二十七條　観察使府尹及郡守ハ管内ノ普通学校ヲ監督ス。

第二十八條　府郡ニ於テハ教育ノ普及拡張ヲ計ルタメ学務委員ヲ置クヘシ。学務委員ニハ普通学校長ヲ加フヘシ。学務委員ノ任免ハ府尹若ハ郡守之ヲ行フ但シ特別ノ事由アルトキハ学務委員ヲ置カサルコトヲ得。

附　則

第二十九條　本令ハ光武十年九月一日ヨリ之ヲ施行ス。

第三十條　本令施行ノ日ヨリ従来ノ小学校令及之ニ関スル諸規程ハ総テ廃止ス但シ従来ノ教員許状ハ向フ五ケ年間其効力ヲ有ス。

まず法規の構成は以下にみられる通りである。

幣原草案			普通学校令		
第一章	総則	四条	第一章	総則	三条
第二章	教科及編制	八条	第二章	教科及編制	六条
第三章	設備及就学	五条	第三章	入学及退学	二条
第四章	職員	九条	第四章	職員及監督	一一条
第五章	監督	二条			
附則		三条	附則		二条
	合　計	三〇条		合　計	二五条

幣原草案の第三章にある「設備」が普通学校令にはないこと、幣原草案では「就学」という項目が普通学校令では「入学」と「退学」になったこと、「職員」・「監督」が別の章立となっているのが同一章に纏められたことが

構成上の相違点である。

条項を比較してみると、①用語の変換、幣原草案では「児童」となっている部分が普通学校令では「学徒」になった点（第一章第一條）、②同一条項内での文節の入れ替え、幣原草案の「官立普通学校ハ国費ヲ以テ便宜ノ場所ニ之ヲ設置シ」が、普通学校令では「国ノ費用ヲ以テ設置スルモノヲ官立ト称シ」（第一章第二條）、③条項の移動、幣原草案で第二章の教科及編制にあった「普通学校ノ教則ハ学部大臣之ヲ定ム」（第八條）が普通学校令では附則にまわったこと、このような例は数多くあるものの、全体的には酷似した内容となっている。

内容的にみた相違点を挙げておくと、幣原草案にあって普通学校令にないものは、補助金の支給に関する条項（第三條）・幼稚園の設置に関する条項（第四條）・学務委員に関する条項（第二十八條）である。逆に普通学校令にあって幣原草案にないものには、授業料の徴収に関する条項（第二條ノ二）・学徒の懲戒に関する条項（第十九條）などであった[31]。

三、実業教育の導入

幣原の韓国教育改良構想は、初等学校を終えた児童の進学先の一つとして実業学校を想定していた。幣原は学部側に実業教育の導入を持ちかけたときの様子を次のように述べている。

最初実業教育の勧告に耳を傾けたのは閔（泳煥）学部大臣で、実に明治三十七年四月の事であった。然し同氏も、初めは疑心があったものと見え、私に向っていった。あなたも私の国の為に心配してくれるからには、まさか間違ったことをいうまいが、若し間違っていたならば、私はあなたを殺すかも知れませんヨ。と。私も、宜しい。そんな時には、いつでも私の生命を差上げましょう。というと、大いに安心したらしく、段々話に乗って来た。私はこの際、模範的に農林学校と商工学校とを開くことを勧めたが、政府は差向き二万元より支出する力がないとて、農商工学校一校とし、その九月に開校式を挙げた。当初予備教育から着手した時、生徒は僅か四名であった。然しこれが、かの国に於ける実業教育の端緒となったのである。(32)

この時、二万元の予算を以て開始された実業教育は、農商工学校のうち、農科に赤壁次郎、工科に久野末五郎の専門家を雇聘して開始された。赤壁次郎は七月一一日より就任し、月俸は宿舎料込みで二〇〇元であった。久野末五郎は一〇月一一日に着任し、同様の条件にて雇聘された。工科において教授されたのは、最初が「鉄道学」、「道路学」で、「電信科の施設」に進んだ。商科では日本に留学経験のある韓国人が教授に当たっていた。何れにしても教育内容は、カリキュラムに「日本語」・「理化」・「地誌」があるほどで、普通学校と大差はなかった。また、農商工学校付属の農事試験場も設置の予定で、赤壁次郎が土地の選定に奔走する状況であった。

実業教育導入の困難は、韓国の儒教社会に「実業」自体が学問として受け入れられなかったことと、日本人顧問に対する不信の念、例えば、農事試験場を設営するときに測量している姿をみて「占領」と思われるなどがあったことで、引用文にもあるように当初、生徒は四名という状況であった。農産物が収穫される頃から理解され始めたというのが、幣原在韓時の実業教育の状態である。

第五節　学政参与官幣原坦の更迭

韓国学政参与官に就任して以来、韓国教育改良案の構想に基づく教育改革に専心していた幣原坦であったが、その就任期間は案外に短かった。一九〇六年（明治三九）六月、幣原はその職を辞し帰国することになる。同年二月に統監府が設置され、韓国内における日本勢力が拡大し、日本側にとっては諸政策が展開しやすい状況となった矢先のことであった。幣原の解約書[33]の文面は以下の通りである。

大韓光武九年二月一日ヲ以テ大韓帝国学部大臣李載克ト大日本帝国文学博士幣原坦トノ間ニ於テ締結シタル文学博士幣原坦ヲ大韓帝国学政参与官ニ聘傭スル事ニ関スル契約ハ文学博士幣原坦ノ都合ニヨリ大日本帝国統監侯爵伊藤博文ノ同意ヲ経テ茲ニ解約ス

光武十年六月十六日

韓国学部大臣　李完用
日本文学博士　幣原坦
韓国度支部大臣　閔泳綺

「幣原坦ノ都合」とは具体的に何を指すのであろうか。解約書の筆跡も幣原本人のものではなかった。普段は雄弁な幣原自身も更迭については多くを語っておらず、前出の回顧録のなかで「この辺が引き際だと思って辞めた」とあるのみである。しかし実際は「引き際」どころか全ての活動が進行途上にあった。この更迭劇には次のような背景があったようである。

まず、日本側の世論であるが、『教育時論』七六二号（明治三九年六月一五日）は「韓国学部顧問の更迭」と題して、幣原更迭を次のように報じていた。

幣原参与官辞任して、三土高師教授代らんとす。突然なる韓国顧問の更迭、我等未だ其の何故なるを知らず、幣原氏の爾く熱心なりしに思ひ及んでは、稍々怪訝の感なきを得ず。新紙伝ふる所果して真にして、幣原氏の計画が、統監府の予想以上に費用を要し、実行に難かりしによるとすれば、多少其の消息を解し難きにあらねど其が氏をして辞職の止むを得ざるに至らしめしほどの重大なる事故なりとすれば、幣原氏と統監府と両者所期の相違頗る径庭ありと考へざるを得ず。吾等は伊藤統監の言責を重んじ、韓国の教育に対しては、多大の望を繋げるもの、此の一事件の或は韓国教育の将来のために悲むべき原因たらざるやを憂ふ。

この記事から読み取れるのは、日本の世論が幣原の更迭を惜しんでいることと、更迭の理由が費用の問題で統監府と意見が合わなかったとすることである。

一方、韓国側の世論をみると、『皇城新聞』が六月七日付の紙面で、「学政参与官幣原坦氏が解雇帰国した」と報じ、その理由として「氏が学政に違悖した事が多いことで統監府から辞退することを勧められた」と説明している。同じく、『大韓毎日申報』は六月六日付の紙面で、幣原の解雇を伝えるとともに、「幣原氏が韓国学部から月給を得るようになってから久しい間に、一技一事も端緒がなく」と厳しい批判を行ない、前述の幣原が編纂した日文教科書に対する批判を掲載している。編纂者である幣原に対する反感も当然、膨張していたであろう。

実際に幣原の更迭理由が説明されたのは、六月二五日に行なわれた第六回韓国施政改善に関する協議会の席上であった。統監伊藤博文と学部大臣李完用のやりとりを再現してみよう。

伊藤統監　自分ノ上京中幣原参与官ノ傭聘ヲ解キ其ノ後任者ヲ選定シテ派遣セリ学部大臣ニ於テ蓋シ御承知ノ事ト信ス

李学相　然リ後任者三土氏ハ既ニ着任シ学部ニ於テ日々執務シツツアリ

伊藤統監　幣原参与官ノ当国ニ於ケル成績ヲ視ルニ教科書ノ如キ脱稿セルモノ甚僅ナリ彼ハ教官トシテハ或ハ適任ナランモ著述家トシテハ不適任ト認メタルカ故ニ更迭セシメタルナリ[34]

更迭の直接の引き金となったのは、教科書編纂に際しての幣原の不手際であったとみるのが妥当であろう。その立場や意味合いこそ異なるが、伊藤にしろ、韓国世論にしろ、幣原の教科書編纂について非難している。韓国側からみれば、新学問を導入するための教育改革を行なうのに、アドバイザーとして雇ったはずの学政参与官が、日文教科書を編纂し日本語を定着させ、教育を通じて植民地化への準備を着々と行なっている。これは解雇の理由として充分である。逆に統監伊藤からみれば、教科書がなかなか完成されないことに苛立ち、編纂経験のない幣原には任せておけないと考えたためではないであろうか。また『教育時論』の記事にみられたように、学者出身の幣原は予算編成などの点において、実現不可能な計画を立てていたのかもしれない。

さらに、日本政府が韓国側の非難が集中した幣原を降板させたという見方もできるのではないだろうか。「今鐘路で、群衆を集めて大道演説をしている者があって、年少顧問を殺せというような、不穏なことをいって居る…」[35]といったように、当時幣原は殺害されることをも覚悟しなければならないほどの反日感情の渦中にあったのである。帰国後の幣原は、文部省視学官となり、後年には各国の植民地視察に出かけるなど「植民地教育の専門家」としての道を歩んでいった。

幣原坦には教育者、歴史学者、「植民地教育の専門家」の三つの側面がある。年譜の職歴からもそれは確認されるが、幣原の個性を説明する場合にも、その三つの側面が渾然一体となっている感がある。まず、教育者としての幣原を二つのエピソードを引用しながら紹介したいと思う。幣原は子どもを愛する心、信じる心を持った人物であった。山梨中学校長時代のこと、一人の生徒が刑務所の葡萄園に忍び込んだところを巡査に見つかり、その巡査を柔道で投げ飛ばし負傷させるという事件が起こった。犯人の生徒は自ら名乗り出て、幣原の決めた葡萄園の見張りという処分を受けることになった。雨の降った日に幣原が生徒の様子を見にいくと、生徒は雨に濡れながら見張りの役目を果たしていた。幣原はこの時の心情を「私の両眼からは、雨より暖かい雫がこぼれ、却って青年に疑を挟んだ私の心を自責する」[36]しかなかったと書いている。雨のために生徒が見張りをさぼっているのではないかと疑った自分を恥じたのである。また学政参与官時代のこと、学部に向かって投石する児童があり、叱ると涙を流して謝るという出来事があった。この時のことを幣原は、悪いのは児童ではなく排日を扇動する大人なのであると述べている。幣原は子どもを純真な存在と見なしており、その態度は一貫していた。

また、幣原は広く学問や文化に対し畏敬の念を持った人物であった。そして西洋文化にかぶれていた当時の日本にあって、東洋文化の価値を理解していた面も窺わせている。漢学の素養のある父親に育てられたことや、歴史研究者としての態度がそうさせたのであろう。韓国の学制の創定にあたっても儒学を軽んじることはなかった。それは渡韓の際に「千歳の文勲に報い」る気持ちで出かけていくところからも読み取れる。幣原は、過去において日本は韓国からさまざまな文化を伝授されてきたのだから、今度は少し早く開国した日本がその恩返しをする番であると考えていた。また、教授用語として「日本語」を採用した幣原であったが、渡韓当時は自ら韓国語を学び、「日本人も成べく韓語を習ひまして、互に意志の疎通を図らなければならぬ」[37]と日本人が韓国語を学習することも奨励していた。このように教育者としての側面、歴史学者としての側面を覗かせる点が、他の日本人学務官僚とは異なるところである。

では何故、児童を愛し韓国の文化を尊重する幣原が、日本語の普及が韓国語の収奪に繋がることに無頓着でいられたのであろうか。幣原は厳格で几帳面な人間であった。若くして山梨中学の校長となった時、彼は学校の再建に全力を尽くした。漢城官立中学校の教師として渡韓したときも、韓国の近代教育導入のために「意気揚々」として出かけた。幣原の生真面目さは与えられた仕事に全力投球することに反映されている。ところが、学政参与官就任時に与えられた一通の「内訓書」が、彼の懸命さの矛先を日本政府に変えたのである。日本政府に自己の能力を認めてもらうことにやり甲斐を感じ始めたときに、「母国語による韓国の近代化」を推進する幣原の姿は薄れていき、植民地教育行政家としての側面が強くなっていった。仮に幣原が教育者や歴史学者としての「良心」を持ち続けたとしても、「事大小となく、時の全権公使を通して日本政府の指揮を受けて行つたのであります。又伊藤統監が赴任せられましてからは、その命によって取計らつたことは申す迄もありません[38]」と幣原自身が述べているように、韓国学政参与官は、後の朝鮮植民地支配に繋がる日本の対韓教育政策の枠組みのなかに位置付けられていたのである。

幣原の更迭後、学部には俵孫一・三土忠造といった人物が入り、幣原の仕事を継承した。ここでは幣原の計画が、その後の対韓教育政策においてどの程度継承されたのかを、次の『教育時論』七六五号（明治三九年七月一五日）の「韓国教育新計画」からみておきたい。

> 幣原案を基礎としたる韓国教育拡張計画は、爾来伊藤統監其他の手許に於て研究せられ、多少の修正を加へて大綱左の如く決定せられたりと伝ふ
>
> 一、普通教育　韓国の児童は日本の児童に比して、漢文漢語の習得容易なれば同国の普通教育は主として、真個普通の知識を授くるを目的として、其年限も日本の現行法の如く尋常四年、高等四年通計八年を費すを要せず、故に新計画に於ては普通教育の年限を満四ヶ年となして、之を普通学校と称す。
>
> 二、高等教育　普通教育を卒へたるものに、高等教育即ち日本の中学程度の教育を施す、其の学校を高等学校と称し其年間は満四ヶ年なり。
>
> 三、専門教育　幣原案に依れば、韓国に於て普通高等の二者を終り、更に進んで専門の知識を得んとするものは、日本に赴き各種専門学校に就学せしむるの方針なりしも、統監府の修正案にては、専門教育をも

韓国にてすることとなせり、曩に韓国陛下より大学再建の詔勅を発せられたる際、統監府より特に韓廷に忠告し、大学の再建に就き韓廷の独断なき様警戒したるは、専門教育実施の地を為したる者と解せらる、なり、

四、実業教育　此教育は農商工部に附属せしめ、京城に商工学校、水原其他に農林学校を設置する事。

五、日語学校　新計画中の普通教育に於ける日語の関係を別にして、此に外国語として現在の日語学校を拡張する事、

これが示すのは、三の専門教育以外において幣原の改良案が踏襲されていることである。幣原が韓国の教育改革を行なう際に留意した、①新学問を伝達する手段として日本語を普及すること、②新学問の導入を初等教育から着手すること、③実業教育に力を入れることの三点は、学部に日本人官僚が多数配置された統監府期にも、基本政策として推進され続けたのであった。

幣原　坦　略年譜

一八七〇（明治　三）　堺県茨田郡門真村（後の大阪府北河内郡門真町、現在の門真市）に、豪農・幣原新治郎の長男として誕生。（幼名・徳治郎、元服の時『論語』の一節〝君子坦蕩々〟から「坦」と命名。幣原喜重郎は実弟である。）

一八七八（明治一一）　門真町に開設されたばかりの小学校に入学。

一八九〇（明治二三）　第三高等中学校（入学時には文部省直轄の大阪中学校、後に京都に移転合併して校名を変更）

帝国大学文科大学国史科に入学。

を卒業。


一八九三（明治二六）　同大学を卒業。

一八九六（明治二九）　鹿児島高等中学校造士館に教授として赴任。余暇に琉球地方の歴史を研究。

造士館の普通中学校への格下げに伴い、経費の都合による退任。

東京女子高等師範学校の講師に就任。約一年間歴史を講じる。

一八九八（明治三一）　山梨県立中学校長就任。

一九〇〇（明治三三）　東京の高等師範学校教授となる。

韓国政府の招聘に応じ、中学校教師として渡韓。

一九〇四（明治三七）　文学博士の学位を授与される。

一九〇五（明治三八）　韓国学政参与官に就任。

一九〇六（明治三九）　文部省視学官となる。

一九一〇（明治四三）　東京帝国大学教授を兼任。

欧米各国植民地を視察旅行。

一九一三（大正　二）　広島高等師範校長となる。

一九二〇（大正　九）　文部省図書局長に転任。

一九二五（大正一四）　台湾大学創設事務嘱託となる。

一九二八（昭和　三）　台北帝国大学総長に就任。

一九三七（昭和一二）　台北帝国大学退官。

一九四二（昭和一七）　興南錬成院初代院長に就任。

一九四四（昭和一九）　大東亜錬成院（興南錬成院）辞職。

一九四六（昭和二一）　枢密院顧問官に親任。
一九五三（昭和二八）　死去、享年八四歳。

出典
平凡社『アジア歴史事典』
吉川弘文館『国史大辞典』第六巻
唐沢富太郎『図説教育人物事典』
教育界八巻一一号「文学博士幣原坦君」他

幣原　坦　著作・論文一覧

「論文名」／『著作名』	掲載誌／出版社	巻-号	発行年月
「琉球の支那に通ぜし端緒」	史學雜誌	六-九	明二八-九
「南游史話」	史學雜誌	七-一	明二九-一
「嶋津氏治琉策」	史學雜誌	八-六	明三〇-六
「維新の影響としての沖縄の變遷」	史學雜誌	九-四・五	明三一-四・五
『南島沿革史論』	冨山房		明三二
「倫理教育所見」	太陽	五-一三	明三二-一〇
「朝鮮近世史畧評」	史學雜誌	一一-一〇	明三四-一〇
「韓國の教育に就きて」	教育界	一-三	明三五-一
『教育漫筆』	金満堂		明三五
「朝鮮孝宗清を伐つの隠謀の淵源」	史學雜誌	一三-四	明三五-四
「羅馬字索引朝鮮地名字彙略評」	史學雜誌	一四-九	明三六-九
「韓国の教育に就て」	韓半島		明三七-一
「〃朝鮮地名字彙略評に答ふ〃を読む」	史學雜誌	一五-三	明三七-三
「〃朝鮮地名字彙略評につきて再び幣原君に問ふ〃を読む」	史學雜誌	一五-六	明三七-六
「校訂交隣須知の新刊」	史學雜誌	一五-一二	明三七-一二
『日露間の韓國』	博文堂		明三八
「京城塔洞の古塔に關する諸記録に就て」	韓半島	二-一	明三九-三
「碧蹄館」	歴史地理	八-一〇	明三九-一〇
『韓國政争史』	三省堂		明四〇
「沙也可」	歴史地理	一〇-一	明四〇-七
「支那が朝鮮を統治したる最初の經驗」	地學雜誌	一九-七	明四〇-七
「韓國青年の教育」	教育界	六-一一	明四〇-九
「足利學校の朝鮮本」	歴史地理	一〇-五	明四〇-一一
『學校論』	同文館		明四一
「讃岐國木田郡牟禮村に新築せられたる栗山堂」	歴史地理	一一-四	明四一-四
「韓國文學談」	東洋時報	一一九・一二二	明四一-八・一〇
「間島に就いて」	歴史地理	一三-五・六	明四一-一一・一二
「教育方面より觀たる埃及と韓國」	教育界	八-七	明四二-四
「運動会及遠足につきて」	帝国教育	三一	明四二-四
「實業學校寄宿舎の訓練」	教育界	八-一一	明四二-八
「韓人の教育」	東洋時報	一三四・一三五	明四二-一一・一二
「朝鮮謁聖賜宴の圖について」	史學雜誌	二〇-一一	明四二-一一
「朝鮮の城郭」	歴史地理	一五-三	明四三-三
「『学校論』に対する批評を読む」	教育界	九-五	明四三-三
「韓國に濟民院を興すの議」	朝鮮	二六	明四三-四
「春邱談片」	朝鮮	二六	明四三-四
「学校論の評に対する感想」	帝国教育	二三	明四三-四

「論文名」／『著作名』	掲載誌／出版社	巻—号	発行年月
「朝鮮の山城」	歴史地理	一五—五・六	明四三—五・六
「清正公と烏山城」	歴史地理	一六—一	明四三—七
「群馬県教育所見」	帝国教育	三三六	明四三—七
「優等生の取扱に就て」	教育界	九—一〇	明四三—八
「朝鮮略史」	教育時論	九一五	明四三—九
「日韓關係の沿革」	太陽	一六—一三	明四三—九
『殖民地教育』	同文館		明四五
『世界小觀』	宝文館		明四五
「英国教育所見」	帝国教育	三五四	明四五—一
「殖民地の教育に就て」	東洋時報	一六〇・一六一	明四五—一・二
「瓜哇の教育」	教育界	一一—五	明四五—三
「『世界小觀』に対する批評を読む」	教育界	一一—一三	大元—一〇
「活動と理想」	學校教育	一—一	大三—一
「烏竹軒に生まれし撃蒙要訣の著者」	學校教育	一—一〇	大三—一〇
「人格教育の聲」	學校教育	一—一二	大三—一二
『滿州觀』	宝文館		大五
「国民の発展」	朝鮮教育研究会雑誌	二五	大六—一〇
「国民の発展」（承前）	朝鮮教育研究会雑誌	二六	大六—一一
『朝鮮教育論』	六盟館		大八
「植民地教育策」	大陸	七—一〇	大八—一〇
「内地を知らぬ少國民」	大陸	九—五	大一〇—五
「朝鮮の少青年」（ママ）	大陸	九—八	大一〇—八
「朝鮮の天道・侍天教」『世界聖典全集後輯』第一五冊	世界文庫刊行会		大一二—五
『朝鮮史話』	冨山房		大一三
「三浦と三港」	東洋		大一三—八
『世界の變遷を見る』	冨山房		大一四
「高砂國の考察」	史學雑誌	四〇—二	昭四—二
「國姓爺の臺灣攻略」	史學雑誌	四二—三	昭六—三
『南方文化の建設』	冨山房		昭一三
『興亜の修養』	明世堂		昭一六
『大東亜の育成』	東洋経済新報社		昭一六
『極東文化の交流』	関書院		昭二四
「私の幼少時」	あをぞら		昭二六—五
「亡き母」	あをぞら		昭二六—六
「死別斷腸記」	文藝春秋	二九—八	昭二六—六
「日本文化の影響の認識・学校騒動の鎮定」	あをぞら		昭二六—九
「文勲への返報」	あをぞら		昭二六—一〇
「学制の創定」	あをぞら		昭二六—一一
「各国の植民地で見た教育施設」	あをぞら		昭二六—一二
「八年の親しみ」広島高等師範学校五十年史『永懐』	広島高等師範学校		昭二六
「日本文化の地固め」	あをぞら		昭二七—一
「守成と創業」	あをぞら		昭二七—三
『文化の建設』	吉川弘文館		昭二八

注

(1) 甲午改革は資料的な制約もあり、その全体像が明確になっていない。時期や案件数にも諸説があるが、ここでは安基成『韓国近代教育法制研究』（高麗大学校民族文化研究所出版部、一九八四年）、八〇頁に拠って一五二件とした。

(2) 甲午改革のうち教育改革については、稲葉継雄「甲午改革期の朝鮮教育と日本」（『国立教育研究所紀要』第一二一集、一九九二年、一七〜三八頁）が詳しい。

(3) 旧韓国『官報』第一二六号（開国五〇四年八月一日）、第一四九号（同年八月二八日）。

(4) 旧韓国『官報』一七五号（開国五〇四年九月三〇日）、「学部告示」第四号の摘訳による。

(5) 幣原坦「韓国の教育に就きて」、『教育界』一巻三号、一九〇二年、一〇〜一四頁。

(6) 甲午改革期の商工学校については、拙稿「韓国における実業教育の導入と日本の関与」（国立教育研究所『研究集録』第三〇号、一九九五年、一〜一五頁）を参照されたい。

(7) 宋炳基等編著『韓末近代法令史料集Ⅰ』、大韓民国国会図書館、一九七〇年、二八六〜二八七頁。

(8) 林権助『わが七十年を語る』、第一書房、一九三五年、二二二〜二二三頁。

(9) 「坦」に「たん」「ひろし」とルビを付した人名辞典もあるが、『論語』の「君子坦蕩々（クンシタイラカニシテトウトウタリ）」より取ったもので「たいら」と読む。

(10) 幣原坦「私の幼少時」、大阪府警察局教養課『あをぞら』昭和二六年五月号所収、二四〜二五頁。なお、『青空』は、大阪府警察本部警務部教養課なにわ編集部の西口氏から複写をお送りいただいたものである。

(11) 幣原坦「随筆亡き母」、大阪府警察局教養課『あをぞら』昭和二六年六月号所収、二四〜二五頁。

(12) 幣原坦「日本文化の影響の認識＝(A)学校騒動の鎮定＝(B)」、大阪府警察局教養課『あをぞら』昭和二六年九月号所収、二七〜三三頁。

(13) 順に、『峡中日報』、明治三三年一一月七・八・九・一一日付、四一四六・四一四七・四一四八・四一五〇号。

（14）　幣原渡韓までの主な経緯は本文で述べたが、その詳細は次表のとおりである。

外務省外交文書　明治三十三年九月「韓国政府学部ニ於テ中学校新設ニ付キ該校教師トシテ幣原坦ヲ招聘之件」電文一覧

日付	電文番号	差出人→受取人	内容
一九〇〇・八・二二	照会六〇号	韓国外部大臣→林公使	韓国新設中学校に日本人教員を雇聘したいとの要望。日本人教員の資格や雇用条件。適任者の斡旋を要望。
九・五	発六五号	林公使→外務大臣	人選を文部大臣に依頼。
九・一四	送一〇〇号	外務大臣→文部大臣	候補者として幣原坦を推薦する。
九・二五	送五三号	外務大臣→林公使	但し月給二百五十円を要する。
九・二八	二四一号	林公使→外務大臣	韓国政府は来年度より増額の予定。
一〇・二	二四五号	林公使→外務大臣	二百円以上の支出は不可能。幣原が承諾しなければ、再度人選を願う。
一〇・六	送二八七号	外務大臣→林公使	幣原二百円にて承諾。手続き開始。
一〇・一〇	人甲八〇八	文部大臣→外務大臣	幣原の履歴。高等師範学校教授に転任の上、渡韓させる旨。
一〇・一五	人甲八九七	文部総務長官→外務総務長官	月給二百円の他に渡韓旅費・帰国旅費も韓国政府より支給されるよう取り次ぎを要望。
一〇・一九	送三〇一号	外務大臣→林公使	幣原が高等師範学校教授に転任の上、渡韓する旨。旅費について韓国政府に交渉を要望。幣原は二週間以内に渡韓の予定。

一〇・二二	送五六号	外務大臣→林公使	送三〇一号電文に、幣原の履歴と渡韓後の職務を明記したもの。
一一・二	二六三号	林公使→外務大臣	俸給支給は契約の日からとするのが慣行であるが便宜取り扱いの件、及び旅費二百円を至急送金の件を韓国政府に要求済み。
一一・五	送一一八号	外務大臣→文部大臣	人甲八〇八・八九七号は林公使に通達済み。林公使からの電文を添付。
一一・九	人甲九五四号	文部大臣→外務大臣	幣原坦が本月六日付けで高等師範学校教授の身分となる。
一一・一六	送三一一号	外務大臣→林公使	渡韓旅費の催促を要求。
一一・二四	二六八号	林公使→外務大臣	幣原の旅費、電報為替にて送金の交付あり。
一一・二六	送一二七号	外務総務長官→文部総務長官	幣原の旅費、韓国政府より送金の連絡あり。
一一・二七	受一七一六六号	文部総務長官代理→外務総務長官	領収書及び交付法についての問い合わせ。
一二・五	普甲三一三三号	文部総務長官代理→外務総務長官	韓国政府より送金の旅費を領収した旨。（幣原の領収書添付）
一二・八	二七二号	林公使→外務大臣	幣原に至急渡韓を要請。
一二・一〇	二七三号	林公使→外務大臣	幣原の渡韓時期問い合わせ。
一二・一三	送三三三号	外務大臣→林公使	幣原は七日、既に渡韓。

出典：外務省外交文書　明治三十三年九月「韓国政府学部ニ於テ中学校新設ニ付キ該校教師トシテ幣原坦ヲ招聘之件」（外務省外交資料館所蔵）より作成。

（15）「中学校教師合同」、奎章閣文書二三〇九五号。

（16）実際は「定め」が皆無だったのではなく、一八九九年四月四日制定の「中学校官制」第四条において、学科程度については学部大臣が定めることとなっていた。しかしながら、施行規則に相当するような細則はなく、中学校官制第一条の目的から「実業」に就こうとする人に「正徳、利用、厚生」を教授しようとしていたことが知れるのみである。

(17) 幣原坦、『文化の建設～幣原坦六十年回想記』、吉川弘文館、一九五三年、二四～二六頁。本書の一部は、一九五一年に大阪府警察局教養課の『あをぞら』に連載された記事を再度収録したものとなっている。

(18) 「中学校教師赫勒貝続合同」、奎章閣文書二三二〇二号。

(19) H. B. Hulbert、『The Passing of Korea』、一九〇六年、一六七頁。呉天錫（渡部学・阿部洋共訳）、『韓国近代教育史』、高麗書林、一九七九年、一〇六頁から再引用。

(20) 学政参与官誕生の経緯は本文でも述べたが、その詳細は次表のとおりである。

外務省外交文書「韓国ニ於テ学部顧問傭聘一件」電文一覧

日付	電文番号	差出人→受取人	内容
一九〇五・一・一六	二一号	林公使→小村外務大臣	学部大臣より学部顧問の人選依頼を受け幣原を推薦。俸給は月額三百円の予定。幣原の昇格を要求。
一・二五	一六号	小村外務大臣→林公使	幣原を現職の侭、学部顧問に就任させる件、文部省も了承。昇格については協議中。
同日	二一号	小村外務大臣→林公使	昇格の件望みなし。
二・八	二七号	小村外務大臣→林公使	参与官という名義で軽く見られることがないか。
二・九	五五号	林公使→小村外務大臣	名義の件、心配不要。

二・一六	六五号	林公使→小村外務大臣	幣原契約に調印。
二・二四	機密七号	小村外務大臣→幣原学政参与官	内訓の件。
二・二四	機密一三号	小村外務大臣→林公使	幣原に内訓を与えた件。
二・二五	機密三号	小村外務大臣→目賀田財務顧問	丸山警務顧問、幣原に内訓を与えた件、含置を要望。
二・二八	発三一号	林公使→小村外務大臣	幣原の契約書写し送付の件。
三・四	機密三三号	林公使→小村外務大臣	内訓に対する幣原の請書送付。
四・一七	機密六一号	林公使→小村外務大臣	幣原の「韓国教育改良案」進達の件。
五・二	機密五二号	小村外務大臣→萩原代理公使	改良案中、日本語の普及を謀る件は時宜に適したものである。既存諸学校の整理から着手すべきである。
五・八	機密三号	小村外務大臣→文部大臣	幣原の改良案進達。
五・九	機密八二号	萩原代理公使→小村外務大臣	目賀田顧問と協議の結果、改良案中、五学校の設置と教科書の編纂より実行。
五・二五	一一五号	小村外務大臣→林公使	五学校とは如何なる学校か。
五・二九	一九九号	林公使→小村外務大臣	京城(ママ)に現存の官立小学校を普通学校に変更する意である。
八・二五	一三四号	林公使→桂外務大臣	幣原の報告書送付。
九・一九	機密五号	桂外務大臣→久保田文部大臣	幣原の報告書進達。
一〇・二四	機密二一七号	萩原代理公使→小村外務大臣	幣原の報告書送付。
一二・四	発二二五号	林公使→桂外務大臣	幣原の報告書送付。

出典：外務省外交文書「韓国ニ於テ学部顧問傭聘一件」(『史料集成』第六三巻所収)より作成。

(21)　外務省編『日本外交文書』第三八巻第一冊、一九〇五年、八六二頁。原文は「韓国ニ於テ学部顧問傭聘一件」(『史料集成』六三巻所収)。または、奎章閣文書二三二一四号、「学政参与官合同」。

(22)　外務省編『日本外交文書』第三八巻第一冊、一九〇五年、八六三頁。原文は「韓国ニ於テ学部顧問傭聘一件」

(『史料集成』六三巻所収)。
(23) 幣原坦『朝鮮教育論』、六盟館、一九一九年、一四九～一六二頁。
(24) 幣原坦「韓人の教育」、『東洋時報』一三四号、一九〇九年一一月、一三頁。
(25) これらは全て『史料集成』第六三巻に収録されている。
(26) 幣原坦「学制の創定」、『あをぞら』、昭和二六年一一月号、一四～一六頁。または、幣原坦『文化の建設～幣原坦六十年回想記』、吉川弘文館、一九五三年、三〇～三一頁。
(27) 渡瀬常吉については、佐野通夫『近代日本の教育と朝鮮』(社会評論社、一九九三年)に「植民地教育の先兵―渡瀬常吉の場合」(六七～八四頁)がある。
(28) 幣原坦『文化の建設』、吉川弘文館、一九五三年、三九頁。
(29) この教科書は、大韓民国国立中央図書館(서울特別市瑞草区)に所蔵されている。
(30) 幣原坦「国民の発展」、『朝鮮教育会雑誌』二五号、一九一七年、一七～一八頁。
(31) 普通学校令の制定については、拙稿「韓国の近代教育制度の成立と日本―日本人学務官僚による『普通学校令』の制定をめぐって」、『日本の教育史学』第三九集、一九三～二一一頁を参照されたい。
(32) 幣原坦『文化の建設～幣原坦六十年回想記』、吉川弘文館、一九五三年、三六～三七頁。
(33) 奎章閣文書二三一二〇号。
(34) 金正明編・神川彦松監修『日韓外交史料集成』六上巻、一九六四年、二二一頁。
(35) 幣原坦「学制の創定」、『あをぞら』昭和二六年一一月号、一五～一六頁。及び幣原坦『文化の建設～幣原坦六十年回想記』、吉川弘文館、一九五三年、四〇頁。
(36) 幣原坦『文化の建設～幣原坦六十年回想記』、吉川弘文館、一九五三年、一七頁。
(37) 幣原坦「韓人の教育」、『東洋時報』一三五号、一九〇九年一二月、五頁。
(38) (37)に同じ。六頁。

第二章　「保護政治」下における植民地教育体系の整備

—三土忠造・俵孫一—

第一節　韓国「保護国」化と日本の対韓教育方針

一、統監府の設置

韓国が日本の保護国となるのは、一九〇五年（明治三八・光武五）一一月の「第二次日韓協約」の取り決めによるものであり、一九〇六年二月に統監府が開庁されてから統治体制が整い支配が本格化していく。保護国化に先立ち、一九〇四年八月から顧問政治が開始されていたことは既に述べたとおりであるが、保護国化の決定には、彼ら日本人顧問による次のような背景があった。

顧問が配置されて二〜三カ月の後、目賀田をはじめとする日本人顧問は職務の遂行が困難であることを林公使に訴えた。おそらくは韓国民衆の激しい抵抗にあい、諸政策が順調に展開しなかったのであろう。林は早速帰国し、外務大臣小村寿太郎と連れ立って葉山に首相桂太郎を訪ね、その旨を伝えた。この時、韓国保護国化が決定したという。条約締結の準備工作のため、伊藤博文が特命全権公使として渡韓した。伊藤は高宗国王に謁見し、「保護条約」の腹案を披露した。その内容に驚愕した高宗は、各部大臣や官僚、一般人民の意向を確かめてから決定すると述べた。すると伊藤はすかさず、「一般人民の意向というが甲午農民戦争のような事態になったとき責任がとれるのか」と脅迫したのである。日本にしてみれば民衆の激しい抵抗に遭う前に、極秘裡に条約締結に漕ぎ着けたかったのであろう。条約締結を審議するための閣僚会議は、日本の憲兵隊が包囲するなかで行なわれた。この時、ポーツマス条約で日本は韓国に対する保護権を容認されていたので、韓国閣僚会議さえ突破すればよかったのである。日本側は閣僚に対する脅しと個人審問のかたちで条約の採決を迫った。会議の様子を林権助の回顧録から約言すると、この会議は予備会議を林公使の官邸で、本会議を宮中、国王の御前で行なった。但し国王は病気のために席上には現れなかった。閣僚が随時、会議の進展報告と国王の意向伺いのために大奥に出入りした。林は会議の決定が延期されるのを警戒して、伊藤全権を参席させ国王の下にも密使を配置した。会議は非常に緊迫した雰囲気のなかで進行し、激高した参政大臣（総理大臣）の韓圭卨は失神してしまった。結局、草案に韓国側の要望を加味するための筆を入れ条約の締結に至ったという[1]。この時強硬に反対したのが、参政大臣韓圭卨・法部大臣李夏栄・度支部大臣閔泳綺であり、賛成したのが学部大臣李完用・内部大臣李址鎔・外部大臣朴斉純・軍部大臣李根沢・農商工部大臣権重顕であった。賛成した五人は「乙巳五賊」と呼ばれ、民衆から排撃された。

ここで、統監府の設置を決定した「第二次日韓協約」と、それを具体化した「統監府及理事庁官制」の内容をみてみよう。協約は一九〇五年一一月一七日に、特命全権公使林権助と外部大臣朴斉純によって調印された。

第二次日韓協約

日本国政府及韓国政府ハ両帝国ヲ結合スル利害共通ノ主義ヲ鞏固ナラシメンコトヲ欲シ韓国ノ富強ノ実ヲ認ムル時ニ至ル迄此目的ヲ以テ左ノ条款ヲ約定セリ

第一条　日本国政府ハ在東京外務省ニ由リ今後韓国ノ外国ニ対スル関係及事務ヲ監理指揮スヘク日本国ノ外交代表者及領事ハ外国ニ於ケル韓国ノ臣民及利益ヲ保護スヘシ

第二条　日本国政府ハ韓国ト他国トノ間ニ現存スル条約ノ実行ヲ全フスルノ任ニ当リ韓国政府ハ今後日本国政府ノ仲介ニ由ラスシテ国際的性質ヲ有スル何等ノ条約若ハ約束ヲナササルコトヲ約ス

第三条　日本国政府ハ其代表者トシテ韓国皇帝陛下ノ闕下ニ一名ノ統監（レヂデントゼネラル）ヲ置ク統監ハ専ラ外交ニ関スル事項ヲ管理スル為メ京城ニ駐在シ親シク韓国皇帝陛下ニ内謁スルノ権利ヲ有ス日本国政府ハ又韓国ノ各開港場及其他日本国政府ノ必要ト認ムル地ニ理事官（レヂデント）ヲ置クノ権利ヲ有ス理事官ハ統監ノ指揮ノ下ニ従来在韓国日本領事ニ属シタル一切ノ職権ヲ執行シ并ニ本協約ノ条款ヲ完全ニ実行スル為メ必要トスヘキ一切ノ事務ヲ掌理スヘシ

第四条　日本国ト韓国トノ間ニ現存スル条約及約束ハ本協約ノ条款ニ抵触セサル限リ総テ其効力ヲ継続スルモノトス

第五条　日本国政府ハ韓国皇室ノ安寧ト尊厳ヲ維持スルコトヲ保証ス

右証拠トシテ下名ハ各本国政府ヨリ相当ノ委任ヲ受ケ本協約ニ記名調印スルモノナリ

明治三十八年十一月十七日

特命全権公使　林権助印

光武九年十一月十七日

外部大臣　朴斎純印

次いで「統監府及理事庁官制」が、一九〇五年一二月に勅令第二六七号として制定された。全三三条から成る。ここでは主要な条項のみ抽出することにする。なお、統監府・理事庁が実際に開庁するのは一九〇六年二月一日からであった。

統監府及理事庁官制（抜粋）

第一条 韓国京城ニ統監府ヲ置ク

第二条 統監府ニ統監ヲ置ク統監ハ親任トス

統監ハ天皇ニ直隷シ外交ニ関シテハ外務大臣ニ由リ内閣総理大臣ヲ経其ノ他ノ事務ニ関シテハ内閣総理大臣ヲ経テ上奏ヲ為シ及裁可ヲ受ク

第三条 統監ハ韓国ニ於テ帝国政府ヲ代表シ帝国駐剳外国代表者ヲ経由スルモノヲ除クノ外韓国ニ於ケル外国領事館及外国人ニ関スル事務ヲ統轄シ併セテ韓国ノ施政事務ニシテ外国人ニ関係アルモノヲ監督ス

統監ハ条約ニ基キ韓国ニ於テ帝国官憲及公署ノ施行スヘキ諸般ノ政務ヲ監督シ其ノ他従来帝国官憲ニ属シタル一切ノ監督事務ヲ施行ス

第四条 統監ハ韓国ノ安寧秩序ヲ保持スル為必要ト認ムルトキハ韓国守備軍ノ司令官ニ対シ兵力ノ使用ヲ命スルコトヲ得

第六条 統監ハ帝国官吏其ノ他ノ者ニシテ韓国政府ノ傭聘ノニ係ルモノヲ監督ス

第七条 統監ハ統監府令ヲ発シ之ニ禁錮一年以下又ハ罰金二百円以内ノ罰則ヲ附スルコトヲ得

第十一条 統監ノ外統監府ニ左ノ職員ヲ置ク

総務長官		一人	勅任
農商工務総長		一人	勅任又ハ奏任
警務総長		一人	勅任又ハ奏任
秘書官	専任	一人	奏任
書記官	専任	七人	奏任
警視	専任	二人	奏任
技師	専任	五人	
通訳官	専任	十人	奏任

属、警部、技手、通訳生　専任四十五人　判任

統監府又ハ其ノ所轄官庁ノ事務ヲ嘱託セラレタル韓国人ハ高等官又ハ判任官ノ待遇ト為スコトヲ得

第二十二条　韓国内須要ノ地ニ理事庁ヲ置ク

理事庁ノ位置及管轄区域ハ統監之ヲ定ム

第二十三条　各理事庁ニ左ノ職員ヲ置ク

理事官　奏任

副理事官　奏任

属　判任

警部　判任

通訳生　判任

前項職員ノ外統監ニ於テ必要ト認ムル理事庁ニ警視ヲ置ク奏任トス

副理事官二人以上ヲ置ク理事庁ニ於テハ其ノ一人ハ主トシテ法律事務ヲ掌ルモノトス

理事庁職員ノ定数ハ別ニ之ヲ定ム

これをみると、統監が主要な権限の殆ど全てを掌握していたことが瞭然としている。第三条で外交権を、第四条で軍隊出動権を、第六条で韓国政府に雇用されている日本人の監督権を、第七条では刑罰権をそれぞれ掌握することが明言されている。理事官にも所轄区域内において統監に相当する権限が与えられていた。初代統監は伊藤博文、総務長官には鶴原定吉がその任に就いた。理事庁は釜山・馬山・群山・木浦・京城・仁川・平壌・鎮南浦・元山・城津・大邱・新義州・清津の計一三カ所に設置された。こうして韓国全土（朝鮮半島一帯）に日本の支配体制が敷かれたのである。言うまでもないことであるが、当時は歴とした韓国政府が存在していた。しかしながら内閣は李完用を参政大臣とする親日内閣であり、列強諸国も協約の締結以後、イギリスやアメリカを筆頭

に公使館を閉鎖し、本国へと引揚げていったのである。

二、「韓国施政改善ニ関スル協議会」にみられる日本の対韓教育方針

第一回の「韓国施政改善ニ関スル協議会」は、一九〇六年（明治三九）三月一三日に開かれた(2)。統監府の設置から約一ケ月後のことである。併合前年の一九〇九年末までに九七回の協議会が開催された。ここに集ったメンバーは、統監と韓国政府の各部大臣で、それに統監府から通訳者と筆記者が付いた。また、一九〇七年七月の日韓協約で次官政治が開始されてからは各部の次官も加わるようになった。

協議会の席上で韓国の教育問題が話題にのぼることはしばしばあったが、特に第一回ではその方針が確認されている。統監伊藤は、まず「教育ヲ普及シテ学問上ノ素養ヲ作ラサルヘカラス」と述べ、「教育ハ幼年ノ子弟ヨリ之ヲ負担セサルヘカラス」と初等教育から着手する考えを表わしている。教育費に関しては政府と地方費で負担すべきであるとも述べている。「教育ハ歳月ト負担ヲ要スレトモ着手セサレハ其ノ効果ヲ見ルヲ得サルカ故ニ可成速ニ教育事業ヲ創始スルノ必要アリ」というのが伊藤の根本的な考えだったのである。この後、伊藤は学政参与官幣原坦に依頼してあった学部の教育政策に対する調査研究の結果を学部大臣に尋ねている。学部大臣は「幾度モ調果《ママ》ヲ遂ケタリ然レトモ調査研究ノ結果ハ毎度資金ヲ調達スルノ必要ニ帰着」し、何ら進展のないことを報告した。

そこで伊藤は、「先ツ大部落ニ学校ヲ設クルヲ急務トス学校ヲ設置スルニ第一必要ナルモノハ資金ナリ次ニハ教師ナリ教科書ナリ思フニ目下教師ノ数ハ多カラサルヘシ如何ニ数多ノ学校ヲ設置スルモ教師其ノ人ヲ得サレハ恰モ龍ヲ画キテ点睛セサルカ如シ…」と述べ、政府の資金を以て、人口の多いところを選んで学校を設置してい

く旨を述べた。これがこの後三期にわたって行なわれる教育拡張計画である。

そして、伊藤は、教育拡張計画を立案し遂行するには、幣原は不適任であるとして、統監府の書記官で地方官の経験もあった俵孫一を教育拡張事務の嘱託として学部入りさせることにした。先にみたように、幣原は教科書編纂を三土忠造に引き継ぎ、普通学校の開設も俵孫一に引き継いで韓国を去っていった。幣原体制から三土・俵体制への転換である。

三、三土忠造・俵孫一の人物と対韓教育観

さて、韓国施政改善ニ関スル協議会において、統監と学部大臣との間でやりとりされた教育方針は、教育政策の場面にどのように反映されたのであろうか。いまみたように、幣原坦の後を継いで教育政策を担当したのは、二代目韓国学政参与官の三土忠造と、統監府書記官で学部嘱託の俵孫一であった。この時期は、日本人官僚も、従来の顧問から官吏へと質的な転換を遂げたうえに増員され、三土と俵はその中核にあった。また、施政改善協議会の席上で俎上に上った教育方針は骨組みであり、その細部に亘る方針は三土と俵の手に委ねられていたといっても過言ではなかった。それでは、三土忠造・俵孫一とは、それぞれどのような人物だったのであろうか。韓国に対しどのような教育観をもっていたのであろうか。

㈠　三土忠造の人物と対韓教育観

章末の略年譜に明らかなように、三土は高等師範学校に入学する二二歳までを地元、香川県（一時、愛媛県）で過ごした。男兄弟ばかりの次男で、隣家の犬を叩き殺したり、悪質ないたずらを数々した粗暴な少年時代を過している。母親は息子たちのいたずらに焼け火箸を投げ付けるほどの気丈な性格で、無学ではあるが頭のよい女

性だったという。逆に父親は温和な人物であったらしい。家業は農業で、後に雑貨店も開いているが裕福とは言えなかった。頭脳明晰であると同時に野心家でもあった少年時代の三土は、将来は地元小学校の校長にという両親の希望をよそに、当時の立身出世コースであった官費による海外留学を夢みていた。三土は、当初、陸軍士官学校を経て陸軍大学に進学することを望んでいたが、父親が砂糖の商売で失敗し、家には学費がなく、当時、公費で学べる数少ない機関であった師範学校に入学した。その後、三土は予定通りのコースを歩んだのである。一八八七年（明治二〇）、地元の小学校を主席で卒業すると、郡長の推薦で愛媛県立師範学校に入学した。途中で香川県立師範学校に転入し、同校を一八九二年（明治二五）に卒業、地元の小学校に一年間勤務した後、知事推薦で東京高等師範学校に入学したのである。後に韓国行きの話を三土に勧めることになる嘉納治五郎校長との出会いがこの時である。一八九七年（明治三〇）、東京高等師範学校を首席で卒業すると、付属中学校の助教諭兼訓導に就任、教育家としての活動に従事していく。なかでも彼が心血を注いだのは教科書の編纂であった。三土編纂の教科書には、『中等国文典』（全三巻）・『女子国語文典』・『新漢文読本』・『中学国語読本』（全一〇巻）がある。その他、当時の教育雑誌の紙面において、教科書編纂法をめぐる論争を行なった。「重野安繹・竹村鍛同纂漢文読本入門を批判す」、「斎藤鹿三郎君実用教育学批判」などがそれである。また編纂書として「小学読本編纂法」も発表している(3)。先の『中等国文典』は『三土文典』の異名を取るほどの知名度の高さであった。

さらに三土は一九〇二年（明治三五）から一九〇六年（明治三九）にかけてヨーロッパに留学している。もとはもとは小笠原長幹の監督者としての渡欧であった。小笠原長幹は、旧小倉藩主小笠原忠忱の長男であり、忠忱の死去に伴い一三歳の若さで爵位を継いでいた。長幹の母親は、将来に備えて息子をケンブリッジ大学に留学させることを計画し、まだ幼く気弱な息子のために、当時家庭教師であった三土を監督者として同行させることにしたのである。予てから海外留学を目標にしていた三土にとっては好機であった。監督の傍ら、三土自身がケンブリッジの聴講生となった。三土は特定のカレッジには籍を置かず、自分の興味に合わせて講義や教授を選び、教育学と歴史学を修め帰国した。

三土がヨーロッパから帰国したのは一九〇六年一月末のことである。東京高等師範学校付属中学校に復職し、六月より教鞭をとるつもりでいたところ、文部省視学官の小森慶助から韓国学政参与官就任の交渉があった。伊藤統監が幣原の更迭に伴う後任の推薦方を牧野文部大臣に依頼、牧野から人選を依頼された東京高等師範学校校長の嘉納が三土を推薦したのである。小森は三土との交渉にあたり、牧野からの伝言「伊藤統監は学部参与官（ママ）の任務には大きな期待をかけているから是非受託したがよかろう」を伝えたという。四国の師範学校時代、自分は小学校の校長になりたくて師範にいくのではなく、将来は文部大臣になりたいと豪語していた三土である。伊藤との接近は憧憬の政界入りへの接近を意味した。しかし、実際に三土が韓国行を決意するのは、帰国中の伊藤に大磯の別荘で対面してからで、伊藤の人柄がそれを決意させたのであった。三土は一九〇六年六月一〇日に渡韓、第二代学政参与官に就任し、官制の改革に伴い一九〇八年（明治四一）一月三一日付で学部書記官となった(4)。

三土は学部に学政参与官、学部書記官として約二年間勤務した。その間の職務内容は、①官公立普通学校における「模範教育」推進のための教育課程の編成や教科書の編纂、②官公立普通学校に於ける日本人教員人事、③漢城外国語学校長（兼任）の三点に大別できる。このうち三土が最も力量を発揮したのが教科書の編纂であった。『教育界』五巻九号（明治三九年七月）の「韓国の国定教科書」は、三土の渡韓を「今回東京高等師範学校教授に任ぜられたる三土忠造氏は例に依り現職の儘幣原氏の後を襲ぎて韓国学部顧問に嘱託せられ七日東京を出発、準備の為め郷里香川県へ帰省したるが渡韓の上は当分韓国々定教科書の編纂を主宰すべしと」と述べて、渡韓の第一の目的が教科書の編纂であることを告げている。この記事は、先にみた幣原更迭の理由から考えても間違いないであろう。三土の教科書編纂事業に関しては教育課程の編成とともに後述する。

三土の渡韓当時、学部本庁に日本人官僚は少なく、三土と俵が殆ど全ての業務の責任を負っていた。そのうえ俵は、後述の如く帝国大学法科出身の内務官僚であり、教育事業に関しては素人であったため、三土の負担は大きかった。前出の三土の伝記では、韓国時代の三土を「俵のブレイン」と表現しているほどであり、教育行政全般が三土の手になるものといっても過言ではなかった。なお、漢城外国語学校校長を兼任したのは三ケ月間と短いが、これは一通りの職務を終えた三土が五月に行われる第一〇回総選挙に出馬のため、その職を辞して帰国したためである。一九〇八年四月末のことであった。

次に三土の対韓教育観をみておくと、『朝鮮』一巻二号（明治四一年四月）の「名士の韓人観」のなかで、次のように述べている。「人類はその能力に先天的大区別はない、然るに今日の如き懸隔を見るに至つたのは政治宗教国勢教育等の偶然的相違に基く」のである。そして、韓国人の美点としては愛敬と能弁が、欠点としては軽薄・虚飾・懶惰・懦弱・没趣味・不潔が挙げられるが、これも政治・宗教・国勢・教育等より来る「歴史的偶然の結果」であり、彼らを「開発し扶掖して文明の徳澤に浴せしめてその幸福を謀ることが我々の義務」である、としている。

それでは、三土は韓国人子弟に対し、具体的にはどのような教育が必要と考えていたのであろうか。『教育界』九巻一二号（明治四三年一〇月）に掲載された「朝鮮人の教育」から、その教育観を読み取ってみると、「朝鮮人を教育することができるかできないか」の問いに対して、「日本人と同じ統治の下に置いて同じ様に扱って、同じ主義に基いて、同じ方法に依って教育するならば、数十百年の後には必ず日本人と同じ程度の日本臣民となる……」と述べ、教育することが半島の価値を高める所以であり帝国の利益でもあると続けている。そして、その方針として、一、道徳教育を行なうこと、二、日本語を普及すること、三、実業教育に力をいれることを主張している。また当時、日本人官僚も韓国語を勉強すべきであるとの声があったが、三土はイギリスのインド統治が新領土でインドの言語を用いなかったことを引き合いに出して、日本人も同様にすべきであると主張している。

こうしてみると、三土の対韓教育論は、次のような特徴をもっていると言える。まず、韓国人子弟に対して教育する価値があると認めている点や、先に述べた道徳教育・日本語の普及・実業教育の三方針においては、ほぼ幣原と同様の見解をもっていた。ただ、幣原が日本人も韓国語を習得すべきであるという姿勢を見せていたのに対し、三土は日本人が韓国語を習得することの必要性は認めておらず、日本の優位性を全面的に押し出した感がある。これはもちろん、「顧問政治」期から「保護政治」期へと移行した時勢が影響するところでもあった。幣原との決定的な相違点は、歴史学者でもあった幣原が、韓国の文化に対する畏敬の念を随所で示していたのに対し、三土にはそのような面は見られなかったことである。教育者ではあったが、むしろ政治家としての側面が強い人物であった。

(二)　俵孫一の人物と対韓教育観

俵孫一は一八六九年(明治二)、現在の島根県浜田市眞光町に七男四女の五男として生まれた。眞光町一帯は、浄土真宗本願寺派の門徒が多い地域で、俵家も例にもれず熱心な門徒であった。父親は醤油製造業をはじめとして油類、蝋燭、鬢付の製造販売を生業としていた。家には大勢の職人が出入りし、職人に混じって働く父親の姿を、俵は幼い頃から目の当たりにしていた。一三歳の時に小学校の高等科に進学したが、同級生もなく退学する。一年間、家業を手伝い、醤油の販売に従事した後、一八八〇年（明治一三）、浜田に県立中学校が設置されたのを契機に勉学を開始し、大阪の伯園書院、東京神田の共立学校、第一高等中学校、帝国大学法科へと進学した。帝国大学卒業後、高等文官試験に合格した俵は、内務官僚・地方行政官としての道を歩んでいくことになる。沖縄、東京、石川、鹿児島、三重、宮城、北海道と、北から南まで日本全国各地に赴任している。さしずめ、渡韓経緯も統監府設置に伴う赴任と推測される。幣原や三土が特定の能力を買われて渡韓したのに対し、俵の場合は単なる人事異動に過ぎなかった。俵は一九〇六年（明治三九）一月に渡韓して統監府書記官となった。同時に学部顧問を兼務し、一九〇七年八月九日付で学部次官に就任する。こうして俵は、日本の朝鮮に対する植民地教育政策の中心的担い手となっていくのである。

しかしながら、学部次官としての俵の評価は必ずしも良好なものではなかったようである。なかでも『朝鮮』の論客ヒマラヤ山人こと釈尾旭邦は、同誌三巻二号（明治四二年四月）の「学部次官俵孫一君及学部内の人物」のなかで、俵の学部次官就任を次のように批判している。「三九年の春統監府の参与官として教育方面の事務を管掌せり氏が直接教育事業に当りしは此韓国が初めて」であり、「各部次官中官歴最も卑く、従うて餘り幅の利かざる方なり、（中略）統監政治中日韓関係の将来に考へ最も重大なる位地に当る学部次官にして、官歴と重力に於て先づ他各部の次官に下るとは、実に遺憾なき能はず」と嘆いている。さらに、俵の手腕および人物・品性については、「色白く肉付善く、躰幹も可なり立派にして、好丈夫と云ふ方なり、而も眉宇の間には頗ぶる神経質らしく、感情家らしき人たるを語りて余りあり、豊頬龍眼、自ら豊からしき容貌風采を有するに似ず、寛大重厚の気宇に乏しく、温き仁愛の情に缺ぐるものゝ如く、度量甚だ狭隘にして、愛憎の念に深きものゝ如し、彼は高等教育を受けたる人に似ず、理想よりは現実を尊び、思想よりは実行を重じ、未来よりは現在を急ぎ、実質よりは形式を先きにし、理屈、意見、主張、主義、是等は最も彼の好まざるもの、如く、唯機械的に動くを以て、人間の能事とし、此種の人物を好愛するもの、如し……」とも表されている。

一方、孫に当たる俵孝太郎氏はその著『わが家のいしずえ』(5)のなかで、浜田の俵家が「勤勉」・「倹約」・「進取」の家風であったこと、この家庭環境が孫一の人格形成上に大きく影響したことを述べている。また内務省入省後の赴任地が西へ東への地方回りであったことは、明らかに「才幹」よりも「勤勉」を買われてのことであろうと推察している。

これらを重ね合わせてみた俵孫一の人物像は、学部次官としての実務を細心の注意を払いつつこなし、地道に勤めあげた姿である。特に赴任当時は教育専門家としてのバックグラウンドもなかったため、三土に押され気味であった。しかし後に繰り広げられる教育救国運動や、愛国心の強い学部大臣李載崐と直接に向き合うには、俵の地味な性格と地道な仕事ぶりは効を奏したかもしれない。建前と本音を巧みに使い分けた日本の対韓教育政策は、その後も俵に代表される実務型の日本人学務官僚によって継承されていくのである。

ところで、俵の人柄がどうであるにせよ、学部次官は日本の対韓教育政策の頂点に位置する役職である。当然のことながら、次官演説はあらゆる機会に行なわれた。演説の内容は、殆どが官公立学校の整備や教育救国運動の弾圧に関する学部の教育方針を説明したものである。ここでは『教育界』七巻二号（明治四〇年一二月）に掲載された青木寛吉の「韓国教育の方針に就て俵次官に質す」から、俵の対韓教育方針を引いてみようと思う。これによれば、俵の対韓教育方針は次の三点であった。

其の一　今日の所は力を初等教育に盡すの外は考へず

其の二 小学校の卒業者が漸次増加したる暁は中等教育の計画を為すべし

其の三 韓国の現状にては到底諺文を疎外する能はず、日本語を主とするは不可能なり

ここで俵が主張しているのは、初等教育の普及を最優先すること、要するに「下からの教育」である。また、日本語を全面的に使用するのは時宜的に無理であるとし、学校教育では韓国語と日本語の両方を伝達手段として使用することを述べている。寄稿者である青木の考えは、日本語を主体とし、高等教育から近代教育を導入しようとするもので、俵の方針とは相いれなかった。

また、学部次官俵孫一の名で出された学部編『韓国教育』をみると、そこには当時の日本人学務官僚に共通した韓国教育観が示されている。それは、韓国における従来の教育が「何等実用文明ノ学芸ヲ授ケズ数百年来ノ陋習牢乎トシ」た学問であり、今必要なのは日本が先導する「新教育」であるとする認識であった。では、この認識の下、三土や俵をはじめとする日本人学務官僚は、どのような政策を展開したのであろうか。

第二節 「模範教育」としての初等教育普及政策

一、初等教育政策の基盤

韓国近代における最初の教育改革が甲午期に行なわれたことは既に述べたとおりであるが、その成果が芳しくなかったこともまた事実であった。学部による再度の大規模な教育改革が開始されたのが光武期（一九〇六年～一九一〇年）である。この時期には模範教育という名の教育が推進された。学部編『韓国教育』は、模範教育について「国利民福ヲ増進スベキ教育ノ大本ヲ立テ自カラ率先経営シテ教育ノ模範ヲ示シ、教授、訓練、管理ヨリ

校舎其他ノ設備ニ至ル迄先ツ遺憾ナキヲ期シ真正ナル教育ノ如何ナルモノナルヤヲ事実ニ証明シ以テ漸時革新ノ気運ヲ誘致セントス」(6)と説明している。

但し、模範教育推進の背景には、改革を先導する統監府、及び統監府と直結した学部内の日本人官僚の存在と、臨時学事拡張費の名目の事業資金、さらに法的基盤の確立があった。ここではまず、初等教育政策の基盤となった、これらの事項についてみていきたい。

(一)　韓国学部の日本人学務官僚

一九〇六年当時、学部参与官房(7)の日本人官僚は、先に述べた統監府書記官学部嘱託の俵孫一の他、参与官三土忠造を筆頭に事務官三名、事務官補二名、技師一名、技手一名、雇一名の計八名であった。役職と氏名は次のとおりである(8)。この時、韓国人の学部本庁官僚は、学部大臣の李載崐、学部次官の李圭恒をはじめとする二一名(9)であったから、約三〇パーセントが日本人官僚ということになる。彼ら日本人学務官僚の使命は、学部大臣の下で近代教育制度導入のための改革を先導することであり、実際上は学部内において教育政策推進のイニシアチブを取ったものと思われる。そして、それは植民地化を目指した親日的な教育への歩みであった。

《学部参与官房》

参与官	三土忠造
事務官	松宮春一郎・上村正巳・小杉彦治
事務官補	瀬谷道文・山口一郎
技師	石原錠太郎
技手	松本政次郎

雇　　大野豊吉

(二) 事業資金の確保

では、彼ら学務官僚が模範教育を推進するための資金は、どの程度用意されていたのだろうか。まず、学部の予算からみておきたい。次の表は、一九〇七年度から一九一〇年度までの韓国政府の歳出予算計上額である。この表に明らかなように、学部予算は経常と臨時を合わせても政府予算全体の僅か四パーセントにも満たないことがわかる。それでも、確実に資金が得られただけ前進であった。

次に臨時学事拡張費であるが、これは一九〇六年三月の起業資金債（日本からの借款一千万円）の一部が充当されたもので、金額は五〇万円であり、使用目的は諸学校の設立にあった。官公立普通学校の設立・普及に重点をおくという方針から、主に普通学校の新築・改築費用に当てられた。一九〇六年に一〇一、五〇〇余円、一九〇七年に三七六、六〇〇余円、一九〇八年の追加予算三九、三〇〇余円を合わせて総額五三九、三〇〇余円が支払われた。先の通常予算と合わせると、官公立普通学校、及び学部が補助した私立普通学校のための歳出予算は、一九〇七年度が二九〇、六九一円、一九〇八年度が一八〇、六六六円、一九〇九年度が一九六、五二三円、一九一〇年度が二二九、二四八円という数字になる。

図表1　学部歳出予算計上額

年度	経常歳出額	臨時歳出額	歳出合計
1907	286,853(3.1%)	267,015(5.6%)	553,868(3.9%)
1908	298,735(2.1%)	154,115(2.3%)	452,850(2.2%)
1909	384,320(2.4%)	218,874(3.5%)	603,194(2.7%)
1910	429,198(2.8%)	271,400(4.9%)	700,598(3.3%)

出典：旧韓国『官報』「附録光武十年十一月二十二日予算」・「号外隆熙元年十二月二十日予算」・「号外隆熙二年十二月二十八日予算」・「号外隆熙三年十二月二十七日予算」。括弧内は政府の全歳出予算額中、学部歳出の予算の占める割合。百分率は小数点2位以下を四捨五入した数字である。（単位は円）

(三) 法的基盤の確立

教育改革の最初に着手されたのは、学校制度確立の基盤となる各種学校法令の制定であった。一九〇六年（明治三九・光武一〇）八月二七日に公布された官制、学校令及び施行規則は次の通りである。

学部直轄学校及公立学校官制　（勅令四〇号）
師範学校令　（勅令四一号）
師範学校令施行規則　（学部令二〇号）
高等学校令　（勅令四二号）
高等学校施行規則　（学部令二一号）
外国語学校令　（勅令四三号）
外国語学校令施行規則　（学部令二二号）
普通学校令　（勅令四四号）
普通学校令施行規則　（学部令二三号）

これらの法令の制定は、主に三土忠造と学部事務官小杉彦治によって進められた。師範学校、高等学校、外国語学校、普通学校の四種の学校が開設されることになるが、このうち教育政策上、最も重視されたのが初等教育機関の普通学校であり、その法的な根拠となったのが「普通学校令」及び「普通学校令施行規則」である。ここに普通学校令の全条文を挙げると次のとおりである。[10]

普通学校令

第一章　総則

第一条　普通学校ハ学徒ノ身体ノ発達ニ留意シテ道徳教育及国民教育ヲ施シ日常ノ生活ニ必須ナル普通ノ知識ト技芸ヲ授クルヲ以テ本旨トス

第二条　普通学校ハ官立・公立及私立ノ三種トス
国ノ費用ヲ以テ設置スルモノヲ官立ト称シ、道府又ハ郡ノ費用ヲ以テ設置スルモノヲ公立ト称シ、私人ノ費用ヲ以テ設置スルモノヲ私立ト称ス

第三条　公立及私立普通学校ノ設置及廃止ハ学部大臣ノ認可ヲ受クヘシ

第二章　教科及編制

第四条　普通学校ノ修業年限ハ四個年トス

第五条　普通学校ニ於テハ補習科ヲ置クコトヲ得

第六条　普通学校ノ教科目ハ修身、国語、漢文、日語、算術、地理歴史、理科、図画、体操トシ女子ノ為ニ手芸ヲ加フ
時宜ニ依リ唱歌、手工、農業、商業中ノ一科目又ハ数科目ヲ加フルコトヲ得

第七条　前条第二項ノ教科目ヲ加減セントスル時ハ学校長ニ於テ之ヲ定メ学部大臣ノ認可ヲ受クヘシ

第八条　普通学校ノ教科用図書ハ学部ノ編纂ニ係ルモノ若シクハ大臣ノ認可ヲ経タルモノトスヘシ

第九条　普通学校ノ授業日数ハ一個年間ニ二百日ヲ下ルコトヲ得ス但補習科ハ此ノ限リニ在ラス
特別ノ事情有ル時ハ学部大臣ノ認可ヲ受ケ前項ノ日数ヲ減スルコトヲ得

第三章　入学及退学

第十条　普通学校ニ入学スル学徒ハ満八歳ヨリ十二歳マテトス但当分ノ内十四歳マテ入学セシムルコトヲ得

第十一条　普通学校ニ入学シタ者ハ任意ニ退学スルヲ許サズ

第四章　職員及監督

第十二条　普通学校ノ職員ハ学校長、教員、副教員トス
学校長ハ教員ヲ兼任シ特別ナ事情ノアル時ハ専任学校長ヲオクコトモ得

第十三条　学校長ハ教務ヲ掌理シ所属職員ヲ監督ス
教員及副教員ハ学徒ノ教育ヲ掌ル

第十四条　官立普通学校及公立普通学校ノ教職員ハ判任官トス

第十五条　許状ヲ有スル者ニアラサレハ普通学校教員及副教員トナルヲ得ス

第十六条　許状ハ左ニ掲クル者ニ対シ学部大臣之ヲ授与ス
一　官立師範学校及公立師範学校ヲ卒業シタル者
二　普通学校教員及副教員ノ検定ニ合格シタル者

第十七条　許状ハ甲、乙ノ二種トス
甲種許状ヲ受ケタル者ハ終身間、乙種許状ヲ受ケタル者ハ是ヲ受ケタル日ヨリ満六箇年間効力ヲ有ス

第十八条　特別ノ事情有ル時ハ許状ヲ有セサル者ヲ以テ副教員トシテ用フルコトヲ得

第十九条　普通学校長ニ於テ教育上ニ必要ト認ムル時ハ学徒ニ対シ懲戒ヲ加ヘ或出席ヲ停止スルコトヲ得

第二十条　普通学校職員ニシテ職務上ノ義務ニ違背シ又ハ職務ヲ怠リ若ハ職務ノ内外ヲ問ハス体面ヲ汚辱スルノ所為ガ有レバ学部大臣ハ是ニ対シ懲戒ヲ行フ

第二十一条　普通学校職員ノ許状ヲ有スル者ガ不正ノ所為、其他体面ヲ汚辱スルノ所為ガ有リテ其情状重シト認ムル時ハ学部大臣ハ其許状ヲ還収ス

第二十二条　観察使ト府尹及郡守ハ学部大臣ノ命ヲ受ケ管内ノ普通学校ヲ監督ス

第二十三条　本令ハ光武十年九月一日ヨリ之ヲ施行ス

第二十四条　本令施行ニ関スル規定ハ学部大臣之ヲ定ム
第二十五条　開国五百四年　勅令第百四十五号小学校令及是ニ関スル従来ノ諸規定ハ本令施行ノ日ヨリ之ヲ廃止ス

光武一〇年八月二七日
御押　御璽　奉
勅　議政府参政大臣勲一等　朴齋純
学部大臣　李完用

この時期に制定・公布された各学校令及び施行規則の特徴は、学年の開始を四月と定めたこと、学期を置き修業年限や入学の時期を一定化したこと、教科目は学校の程度に従って必要なものを選択し、学級毎に教授する制度を採ったこと、教員や学徒の数を定めたこと、体操を必修としたことなどがある。これらは旧来の書堂における教育にはみられない新式教育であった。普通学校の場合は、修業年限を四年とすること、初年級の入学年齢を八歳から一二歳までとすること、カリキュラムに日語が加わることが決定された。

二、初等教育拡張計画　―普通学校の開設と日本人「教監」の配置―

(一)　普通学校の開設

「普通学校令」及び「普通学校令施行規則」が制定されると、学部は早速、初等教育拡張計画に着手した。普通学校の設置である。この計画は一九〇六年九月を皮切りに一九〇八年まで三次に分けて行なわれ、官立九校、公立五〇校の計五九校が開設の運びとなった。

第一次拡張計画　一九〇六・九　官立九校・公立一三校

第二次拡張計画　一九〇七・四　公立二八校
第三次拡張計画　一九〇八・四　公立九校

図表2－①は、初等教育拡張計画に基づいて開設された官公立普通学校の一覧である。図表2－②は、その所在地を表わしたものである。官立普通学校は漢城府内に、公立普通学校は各観察道所在地や交通に便利な土地に設置された。普通学校令及び同施行規則の公布が八月二七日であるから、学校令の公布直後に学校が開設されたことになる。おそらく、これらの普通学校は、幣原が改良案のなかで「既存の小学校を整理して普通学校の設置を行なう」と提言した事業の延長線上で行なわれたものであるとみてよいであろう。そして、これらの普通学校の多くが、韓国式家屋の校舎であったと推察される。

学部はこの教育拡張計画期（一九〇六～一九〇八）に設立した公立普通学校を「甲種」公立普通学校と規定し、その他の公立普通学校を「乙種」公立普通学校と規定した。別の言い方をすると甲午改革時の小学校令に基づいて設立された小学校のうち、甲種公立普通学校を省いた学校を指すことになる。乙種公立普通学校三九校の名称[11]は次のとおりである（「普通学校」を略す）。

楊州・南陽・陽川・富平・振威・安山・豊徳・通津・楊平・金浦・恩津・黄澗・珍島・潭陽・旌義・金海・安岳・長連・兎山・金川・鐵原・淮陽・金化・伊川・甑山・江西・三和・郭山・雲山・日新・定平・長津・文川・永興・洪原・高原・安邊・慶興・鍾城

また、これ以外の普通学校として、学部が設立認可を与えた三二校の私立普通学校がある。学校名が明らかなもの[12]を挙げると次のとおりである。

間島・光興・經緯・青出・永同・彰明・彰明・三省・昌明・河東・巨済・育英・安東・光南・清道・瑞明・又新・景山・肅明・李花・韓興・昌明・進成・養元

図表2—① 官公立普通学校一覧

設立	普通学校	学徒数	学年数	学級数	職員数	教監名：前職	備考
一九〇六（光一〇）	漢城師附	一五九	四	四	九	今井猪之助：長野県師範訓導	官立。一九〇八・一・一官立安洞を改称
	貞洞	二〇四	四	四	六	笹山 章：福井県小学校長	官立（九・一設立）。一九一〇・三・一一公立に変更
	斉洞	一五二	四	四	五	藪内長五郎：三重県小学校長	同右
	水下洞	一一二	四	四	六	池田太治助：東京府小学校長	同右
	梅洞	一七二	四	五	五	土本録三郎：岐阜県小学校長	同右
	校洞	一四九	四	四	六	荻田 広吉：東京府小学校長	同右設立当初、漢城師範学校附属の代用
	於義洞	二九四	四	八	一二	田淵 績：岡山県小学校長	一九〇七・六・二二 官立養賢洞と官立養士洞が合併
	仁峴	一四三	四	四	六	上野 竹逸：山口県小学校長	一九〇七・一・四 官立鋳洞を改称
	渼(珏)洞	一五三	四	四	四	原田 甚内：鹿児島県小学校長	公立漢城→一九〇七・一・一 官立京橋に改定→一九〇八・七・四 改称
	水原	一〇七	四	四	四	山崎 三郎：香川県郡視学	公立（九・一第一期設置）
	公州	六三	三	三	三	中村 浩：沖縄県小学校訓導	同右
	忠州	一三三	四	四	三	鹿田 哲吉：東京府女子小訓導	同右
	光州	一二〇	三	三	三	山本哲太郎：岡山県師範訓導	同右
	全州	一四六	四	四	五	二町 経夫：東京府小学校訓導	同右
	晋州	一〇四	三	三	六	古市橋之助：三重県小学校訓導	同右
	大邱	一六三	四	五	七	西山 熊助：佐賀県小学校訓導	同右
	春川	一〇六	四	四	五	堀 摠次郎：岐阜県小学校訓導	同右
	平壌	二五〇	四	六	八	関根 義幹：佐賀県郡視学	同右
	寧辺	七〇	四	四	六	藤本 玄治：香川県中学校教諭	同右
	海州	一二九	五	四	五	中西 蓑吉：岡山県小学校訓導	同右
	咸興	七二	三	四	四	桜井 英一：福岡県小学校訓導	同右
	鏡城	八七	三	三	三	黒木 虎男：茨城県小学校訓導	同右
一九〇七（光一一）（隆元）	鎮南浦	八三	二	二	三	大山 一夫：東京府小学校訓導	公立（四・一第二期設置）
	義州	八〇	三	三	四	湯本 励：東京府小学校訓導	同右
	定州	六九	三	三	五	鹿子木義明：鹿児島県郡視学	同右
	馬山	一四五	四	四	五	黒木 源二：鹿児島県小学校訓導	同右
	東莱	八七	三	三	四	右田 乗辰：東京府小学校長	同右
	蔚山	六九	二	二	四	家村 甚七：東京府小学校訓導	同右
	星州	一〇九	二	二	四	吉良 逸世：高知県小学校長	同右

	尚州	七二	二	二	四	高野　寛：福井県小学校長	同右
	慶州	一〇六	四	四	四	山田民治郎：長崎県小学校長	同右
	元山	一〇九	三	三	三	斎藤　角治：栃木県小学校長	同右
	北青	一一二	四	三	三	樋口虎之助：新潟県小学校長	同右
	黄州	六一	三	三	五	平泉　弘人：福島県小学校長	同右
	洪州					田上　兵吉：北海道小学校長	同右※第二回官公立普通学校教監会議当日病気欠席
	江鏡	一八三	五	四	五	小佐々峰太郎：長崎県小学校長	同右一九一〇・五・三〇　公立江景と改称
	木浦	一四一	四	四	六	須長徳五郎：大阪府小学校訓導	同右
	済州	一四六	四	四	五	橋口龍太郎：鹿児島県小学校長	同右
	羅州	一〇七	三	三	五	根本　貞吉：茨城県小学校長	同右
	群山	二一五	六	五	五	桑島兼三郎：東京府小学校長	同右
	南原	一六四	三	三	四	照屋　敏夫：東京府小学校訓導	同右
	清州	一〇二	二	二	四	岩重善太郎：鹿児島県小学校訓導	同右
	原州	六二	二	二	三	早川　勇：福岡県小学校訓導	同右
	江陵	七八	三	二	四	伊藤藤太郎：愛知県小学校訓導	同右
	城津	一二〇	四	三	五	渡辺政太郎：東京府小学校訓導	同右一九〇七・九・一四　公立吉州を改称
	会寧	一五四	四	六	九	大阪金太郎：北海道小学校訓導	同右
	仁川	一二六	三	三	五	原田佐一郎：鹿児島県小学校訓導	同右
	安城	一三八	三	三	四	筒井松太郎：福岡県小学校訓導	同右
	開城	一二五	三	四	六	妹尾　彰：岡山県農学校助教諭	同右
	安州	九八	二	二	四	一瀬　幸雄：熊本県中学教諭心得	公立（五・一）
一九〇八（隆熙二）	霊厳					浅沼　禎一：東京府小学校長	公立（四・二二　第三期設置）
	古阜					瀬戸勇太郎：佐賀県小学校訓導	同右
	鎮南					堺　昴：長崎県小学校長	同右一九〇九・五・一〇　公立龍南に改称
	密陽					黒駒　鉚吉：栃木県郡視学	同右
	温陽					山下　義正：鹿児島県小学校訓導	同右
	宣川					坂井　敬一：福岡県郡視学	同右
	驪州					百瀬重四郎：長野県農業学校長	同右
	江華					大竹　僩造：新潟県郡視学	同右
	間島					川口　卯橘：東京府小学校長	私立だが公立と同一に取扱う

＊校名の普通学校は省略している。

出典：「第二回官公立普通学校教監会議要録付録：統監内訓其他関係事項第十三、官公立普通学校一覧表（隆熙二年四月末現在）」、「同第十七官公立普通学校教監及日人訓導一覧表（隆熙二年七月現在）」、一九〇八年、（『史料集成』第六五巻所収）。

図表2－② 官公立普通学校所在地

普通学校	普通学校
①漢城師附	㊺城津
②貞洞	㊻会寧
③斉洞	㊼仁川
④水下洞	㊽安城
⑤梅洞	㊾開城
⑥校洞	㊿安州
⑦於義洞	51霊厳
⑧仁峴	52古阜
⑨珏洞	53龍南
⑩水原	54密陽
⑪公州	55温陽
⑫忠州	56宜川
⑬光州	57驪州
⑭全州	58江華
⑮晋州	59間島
⑯大邱	
⑰春川	
⑱平壌	
⑲寧辺	
⑳海州	
㉑咸興	
㉒鏡城	
㉓鎮南浦	
㉔義州	
㉕定州	
㉖馬山	
㉗東莱	
㉘蔚山	
㉙星州	
㉚尚州	
㉛慶州	
㉜元山	
㉝北青	
㉞黄州	
㉟洪州	
㊱江鏡	
㊲木浦	
㊳済州	
㊴羅州	
㊵群山	
㊶南原	
㊷清州	
㊸原州	
㊹江陵	

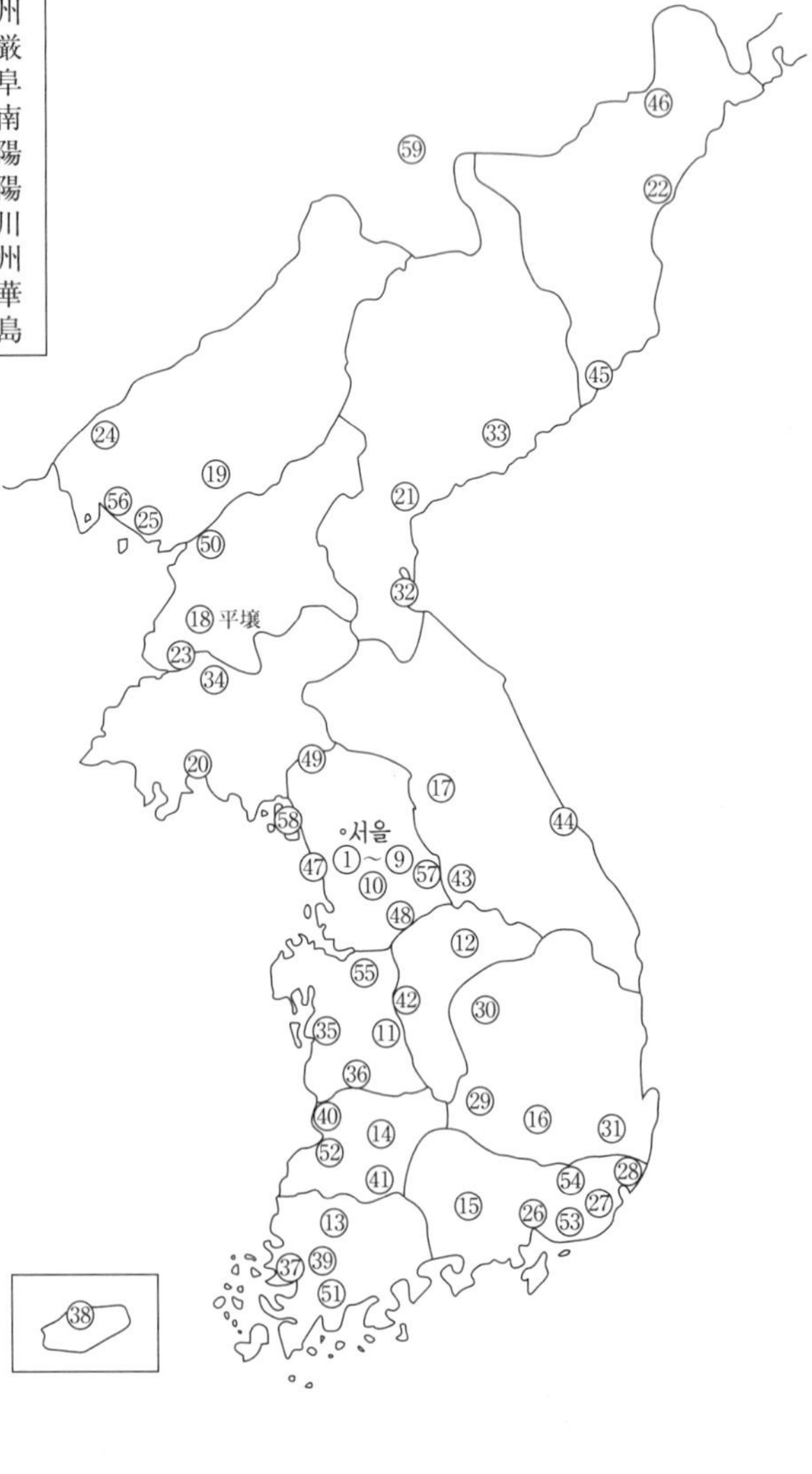

図表3　補助指定普通学校一覧

道別	地名	学校名	日本人教員名	道別	地名	学校名	日本人教員名
京畿道	南陽	南陽普通学校（乙公）	佐土原雄助	全北道	金堤	三省普通学校	橋爪　亭造
京畿道	楊州	楊州普通学校（乙公）	多屋　智成	全北道	咸悦	昌明普通学校	続　亀友
京畿道	坡州	光興普通学校	宮下　政興	江原道	鐵原	鐵原普通学校（乙公）	長崎　猶作
忠南道	稷山	経緯普通学校	仙波　武平	黄海道	瑞興	瑞明普通学校	吉良　逸世
忠南道	藍浦	藍浦普通学校	田中　稔	黄海道	長淵	又新普通学校	木佐貫喜代助
忠北道	永同	永同普通学校	早川　勇	黄海道	砂里院	景山普通学校	岡村　正名
忠北道	沃川	彰明普通学校	大野　徳市	黄海道	載寧	養元普通学校	？
慶南道	河東	河東普通学校	林田格太郎	平南道	肅川	肅明普通学校	小佐々峰太郎
慶南道	巨濟	巨濟普通学校	？	平南道	永柔	李花普通学校	小松　玉六
慶南道	釜山鎮	育英普通学校	池田太治助	平北道	郭山	郭山普通学校（乙公）	串原綱五郎
慶北道	安東	安東普通学校	井本　為熊	平北道	鐵山	韓興普通学校	筒井松太郎
慶北道	延日	光南普通学校	松村　恒喜	平北道	龍川	昌明普通学校	大塚　志衛
慶北道	清道	清道普通学校	若林　勇	咸南道	定平	定平普通学校（乙公）	久場　政用
全南道	珍島	珍島普通学校（乙公）	笹田　徳郎	咸南道	高原	高原普通学校（乙公）	吉永　貞
全南道	潭陽	潭陽普通学校（乙公）	？	咸北道	明川	進成普通学校	？
全南道	長興	彰明普通学校	高野　寛				

出典：学部『韓国教育』、一九〇九年、一五頁及び学部大臣官房秘書課『学部職員録』、一九〇九年五一～六一頁（『史料集成』第六三巻・第六四巻所収）より作成。

※表中の（乙公）とは乙種公立普通学校、無印は私立普通学校、日本人教員名欄の？マークはこの時点において明らかでないものを示している。

さらに学部は、乙種公立普通学校と私立普通学校の中から、比較的に設備の整った三一校を補助指定校に選定したのである。

これらの各普通学校は、次のような財源によって成り立っていた。まず、官立普通学校は、学部直轄の学校であり、学校経営費もすべて国庫が担っていた。甲種公立普通学校の経費は、本来なら道・郡・府などの地方費から歳出されるところであるが、地方財政の窮乏状態を鑑みて、職員の俸給と旅費手当のみを学部が支弁することになった。乙種公立普通学校には年額一八〇円の補助金が付与された。続いて民間人篤志家の設立による私立普通学校であるが、一九〇八年の私立学校令で認可を受けたのが三三校、このうち二四校が補助指定を受けているので、純粋な意味での私立学校は僅か九校ということになる。補助指定校の選定条件には、学校の組織を普通学校にすること、適当なる位置に存在すること、相当なる設備と維持方法を有することの三点があった。補助指定校には韓国人の教員一名と日本人の教員一名が派遣され、彼らに対する俸給のみが国庫より支出されたのであった。

(二)　日本人「教監」の配置

官公立普通学校は、学部が近代教育を推進するためのいわゆるモデル校であり、そこで実践される教育は、先に述べたように模範教育と名付けられ、普通学校内の日本人教員を中心に推進された。この日本人教員が「教監」である。学部編『韓国教育』は、この辺りの事情を次のように述べている。

模範教育ノ施設ニ欠ク可カラザルハ職員ノ選任ナリ元来経験素養両カラ乏シキ韓国人ハ到底新教育ノ運用ヲ全フスル能ハサルヲ以テ中等程度ノ学校ニ在リテハ一校数名、普通学校ニ在リテハ概ネ一名宛ノ日本人教師ヲ配慮シ前者ニアリテハ中一名ヲ学監ト称シ後者ニアリテハ教監ト称ヘ校長ノ位地ハ概シテ韓人ニ之ヲ委ヌルモ此等ノ日本人教員ハ校長及他ノ職員ヲ輔導シテ経営及教授ノ衝ニ当リ事実上ニ於ケル学校ノ首脳トシテ新教育ノ運用ヲ其ノ双肩ニ負フノ観アリ其任ヤ固ヨリ軽カラス[13]。

これによれば、近代的な学校の運営には、経験や素養が豊富な学校職員が必要であるとし、現在のところ韓国人は不適任であるとの判断の下、中等程度の学校には「学監」、初等程度の学校には「教監」の名称の日本人が配置されたことが明らかである。また教監の役割は、一九〇七年一二月三〇日の普通学校令の改正で明文化された。その条文は次のとおりである。

第一二条

普通学校ノ職員ハ学校長・教監・本科訓導・専科訓導・本科副訓導・専科副訓導トス

学校長及教監ハ本科訓導ヲ兼任シ、但特別ナル事情ガ有ル時ハ専任校長ヲ置クヲ得

第一三条第二項

教監ハ学校長ヲ補佐シ、学校長ニ事故ガ有ル時ハ、其職務ヲ代行シ、且学徒ノ教育ヲ掌ル

要するに、日語や理科・算数など旧教育機関では教えられなかった教科を導入することは勿論、学校長の補佐と称し、学校経営に参画していたことが確認される。さらに、学校長は地方役人との兼職が多く、実際の学校経営は教監が行なっていたといっても過言ではなかった。付け加えると、実際に各学校に一名の日本人教員（＝教監）の配置が開始された一九〇六年九月には、普通学校令に教監の文字はなく、ただ単に「教員」とだけ記されていた。そして、それが日本人でなければならないという規定もなかった。日本人教監の配置は、さしずめ日本人学務官僚の采配によるもので、後に法令を改正して辻褄を合わせたということであろう。

ところで、普通学校に配置された日本人教監の前職をみると、殆どが校長や訓導といった現場の教育に携わっ

てきた人物である。前掲の図表2－①「官公立普通学校一覧」を参照されたい。北海道から沖縄まで日本全国各地からの渡韓であった。人選や渡韓経緯の全貌は現時点において明らかではないが、前出の三土忠造の伝記には教員探しのために帰国したとの記録が見られることから、日本人学務官僚が人集めに奔走したと推察される。

これまでみてきた普通学校の開設と日本人の教員配置状況から次のような見解を得ることができる。近代教育の導入と教育内容の日本化という二面性をもった模範教育推進の場として、学部は普通学校の開設に力を注いだ。しかし、臨時学事拡張費が支給されたとはいうものの、僅かな予算で大きな事業を為さなければならない厳しい状況に置かれていることに変わりはなかった。そこで学部は、既存の初等教育機関の利用を考えた。甲午改革期に設立された小学校や、初等級の私立学校がその対象である。これらの学校は外見、内容ともに書堂と殆ど変わらないと見做されていたが、その中から比較的施設のしっかりしたものを選び、普通学校に仕立てあげていったのである。正確には補助指定校の名称で、準普通学校的な存在であった。先にも述べたように補助指定校に選ばれるには、一、学校の組織を普通学校にすること、二、適当なる位置に存在すること、三、相当なる設備と維持方法を有することの三条件があり、条件を満たして補助指定校となった場合には、韓国人の教員一名と日本人の教員一名が学部から派遣された。そして模範教育推進者の役割を果たす教員の俸給のみが学部より援助されたのである。甲種公立普通学校においても同じことが言える。学部支弁は教員の俸給と旅費のみであった。

普通学校と日本人教監の配置は、当然のことながら日本の対韓教育政策の大枠に組み入れられていた。韓国全土隅々にまで日本の勢力を行き渡らせるには、普通学校は格好の存在であったと思われる。そして、親日化された韓国政府は中央から派遣され、普通学校で日本型教育の推進に奔走することになる教員の俸給のみを保障したのであった。

三、普通学校における教育内容　―三土忠造によるカリキュラムの編成―

それでは、普通学校では実際にどのような教育が行なわれていたのであろうか。ここでは、カリキュラムの編成と各教科の内容をみていきたい。カリキュラムの編成は三土忠造を中心に行なわれた。その大要は次のとおりである。後に触れるが週当りの教授時数が定められていない地理・歴史は、国語や日語の時間を通じて行なわれることになっていた。その他手芸以下の教科は、各学校レベルで随意に設置することができたものである。また、各学年ごとの週当りの授業時間数は、第一・第二学年がそれぞれ二八時間、第三・第四学年がそれぞれ三〇時間であった。

普通学校各学年教科課程及び毎週教授時数(14)

教科目	週当教授時数	学年毎の主な内容	
修　身	一	第一～第四学年	人道実践の方法
国　語	六	第一～第四学年	日常須知の文字及び普通文の読法・書法・作法
漢　文	四	第一～第四学年	近易な漢字・漢文
日　語	六	第一～第四学年	会話及び口語文の読法・書法・作法
算　術	六	第一学年	計法書法通常加減乗除
		第二学年	通常加減乗除
		第三～第四学年	通常加減乗除小数の呼法書法及び加減乗除と分数、度量衡、貨幣及び時の計算地理・歴史

地理・歴史	一	第一〜第二学年	本国歴史地理の大要
		第三〜第四学年	本国歴史本国及び外国地理の大要
理　科	二	第三学年	動物、植物、鉱物及び自然の現象
		第四学年	簡易な物理化学の現象と人身生理衛生の大要
図　画	二	第一〜第四学年	簡易な諸般形体
体　操	三	第一〜第四学年	遊戯・普通体操
手　芸	一	第一学年	運針法編織刺繍
	一	第二〜第四学年	通常衣類の縫法・裁法・補綴法
唱　歌	一	第一〜第四学年	単音唱歌
手　工	一	第一〜第四学年	簡易な細工
農　業	一	第三〜第四学年	農業の大要
商　業	一	第三〜第四学年	商業の大要

さらに各教科の内容を詳しくみるために、少々長くなるが「普通学校令施行規則」第八条・第九条を引用しておきたい。

普通学校令施行規則

第二章　教科及編成

第一節　教則

第八条　普通学校ニ於テハ普通学校令第一条ノ趣旨ヲ遵守シ学徒ヲ教育スヘシ道徳教育ニ関スル事項ハ何レノ教科目ニ於テモ常ニ留意シテ教授ス
知識・技能ハ日常生活上ニ必要ナ事項ヲ選ビテ教授シ、反復練習シテ応用自在ナラシメンコトヲ要ス
学徒ノ身体ヲ健全ニ発達セシメンコトヲ期シ、何レノ教科目ニ於イテモ其ノ教授ハ学徒ノ心身発達ノ程度ニ適宜セシメンコトヲ要ス
学徒ノ特性及ビ将来ノ生活ニ注意シ各其ノ適当ナ教育ヲ施スコトヲ務ムベシ各教科目ノ教授ハ其ノ目的及ビ方法ヲ誤ルコトナク相互関連シ補益センコトヲ要ス

第九条　普通学校各教科目教授ノ要旨ハ左ノ如シ

修身

学徒ノ徳性ヲ涵養シ道徳ノ実践ヲ指導スルヲ要旨トスベシ
実践ニ適合シタ近易事項ニ依ッテ品格ヲ高メ志操ヲ固クシ徳義ヲ重ンジル習慣ヲ養ウコトヲ務ムベシ

国語

日常須知ノ文字ト文体ヲ知ラシメ正確ニ思想ヲ表彰スル能力ヲ養イ兼ネテ徳性ヲ涵養シ普通知識ヲ教授スルヲ以テ要旨トスベシ
発音ヲ正シクサセ日常必須ノ文字ノ読法ト書法ヲ知ラシメ又正当ナ言語ヲ練習サセルベシ
作文及ビ習字ハ各其ノ教授時間ヲ区別シ特ニ注意シ相互連絡サセルコトヲ要スベシ
作文ハ国語漢文ト其ノ他教科目ニ於イテ教授シタ事項ト学徒ノ日常見聞シタ事項及ビ処世ニ必要ナ事項ヲ記述サセ其ノ行文ハ平易ニシテ趣旨ヲ明瞭ニスルヲ要スベシ
習字ニ用イル漢字ノ書体ハ楷書ト半草書ノ一種或イハ二種トスベシ
他教科目ヲ教授スル時ニモ日常言語練習ニ注意シ文字ヲ書ク時ハ其ノ字形及ビ字行ヲ正シクサセルコトヲ要スベシ

漢文

普通ノ漢字及ビ漢文ヲ理会シ兼ネテ品性ヲ陶冶スルニ資スルコトヲ以テ要旨トスベシ

賢哲ノ嘉言善行ヲ記述シタモノ及ビ人ノ世ニ膾炙シタ文詞デ学徒ガ理会シテイルモノダケヲ教授スベシ

国語ト連絡スルコトニ務メ時々国文デ翻訳サセルベシ

日語

近易ナ会話ト簡易ナ文法ヲ理会サセナガラ作文サセ実用ノ資ヲ要スベシ近易ナ会話カラ始メ簡易ナ口語文ノ読法ト書法ト作法ヲ併セテ授クベシ実用ヲ主ト為シ学徒ノ知識程度ニ随ッテ日常須知ノ事項ヲ選教シ発音ニ注意シ正当ナ日語ヲ熟習サセルニ務ムベシ

国語ト連絡スルコトニ務メ時々国文ニ翻訳サスベシ

算術

日常ノ計算ニ習熟サセ生活上ニ必要ナ知識ヲ与エ兼ネテ思量ヲ精確サセルコトヲ以テ要旨トスベシ

初メハ簡易ナ数ノ計法ト書法及ビ加減乗除ヲ教授シ漸進シテ通常ノ加減乗除並ビニ小数及ビ分数ノ呼法ト書法及ビ加減乗除ヲ教授シ漸次度量衡貨幣ノ時制大要ヲ教授スベシ

筆算ヲ主ト為シ用フベシ或イハ土地ノ状況ニ依ッテ珠算ヲ併用スルモ得ベシ

理会ヲ精確ニシ運算ニ習熟シ応用自在ニサセルコトニ務ムニシテモ運算ノ方法及ビ理由ヲ正確ニ説明サセテ且ツ心算及ビ速算ニ習熟サセルコトヲ要スベシ

問題ハ他教科目ニオイテ教授シタ事項及ビ土地ノ情況ヲ斟酌シ日常ニ適合シタモノヲ選ブベシ

地理

地球ノ表面及ビ人類生活ノ状態ニ関スル知識大略ヲ知得サセ本邦及ビ隣邦ノ国政ノ大要ヲ理会サセルコトヲ以テ要旨トスベシ

本邦ノ地勢気候区画都会産物交通ナドノ大要ヲ理会サセ漸進シ世界ノ地勢気候区画交通等ノ概略及ビ隣邦ノ重要ナ都会産物人情風俗等ヲ知ラシムベシ実地観察ニ基因シ地球儀地図標本ト写真等ヲ示シ確実ナ知識ヲ得サシメ特ニ歴史及ビ理科ノ教授事項ト連絡サセルコトヲ要スベシ

歴史

事跡ノ大要ヲ教エ国民ノ発達ト文化ノ由来ト隣邦ノ関係等ヲ知得サセルヲ以テ要旨トスベシ

図画地図標本等ヲ示シ当時ノ実情ヲ想像シ易クシ特ニ修身地理ノ教授事項ト連絡サセルコトヲ以テ要旨トスベシ

地理歴史ハ特別ナ時間定メズニ国語読本及ビ日語読本ニ所載シタコトヲ以テ教授スル故ニ読本中此等教授材料ニ関シテハ特ニ反覆丁寧ニ説明シ学徒ノ記憶ヲ明確ニスルヲ以テ務ムベシ

理科

通常ノ天然物及ビ自然現象ニ関スル知識ノ大略ヲ通得セシメ其ノ物物間相互関係及ビ人生ニ対スル関係ノ大要ヲ理会サセ兼ネテ観察ヲ精密ニシ自然ヲ愛シ共同生存ノ精神ヲ養ウヲ以テ要旨トスベシ

植物動物砿物及ビ自然現象ニ就テ学徒ノ目撃シ得ル事項ヲ教授シ特ニ重要ナ植物動物ノ形状ト効用及ビ発育ノ大要ヲ知ラシムヲ以テ主ト為シ通常ノ物理化学上ノ現象ト人身ノ生理衛生ノ大要ヲ教授シ特別ニ土地ノ情況ニ依ッテ農事水産工業家事等ニ適合シタ関係ガ有ル事項ヲ教授シ植物動物砿物等ヲ教授スル時ニハ此ノ種ノ物ニ製スル重要ナ加工品ノ製法ト効用等ノ概略ヲ知ラシムベシ

実地観察ニ基因スル或イハ標本模型型図画等ヲ示シ又簡単ナ実験ヲ施シ明瞭ニ理会サセルヲ以テ務ムヲ要スベシ

図画

通常ノ形態ヲ看取シ真像ヲ描ク能力ヲ得シメ兼ネテ美感ヲ養ウコトヲ以テ要旨トスベシ

簡単ナ形態カラ漸進スル実物或イハ書帖ニ就イテ教授シ又自己ノ透理ヲ描カセ或イハ簡易ナ幾何書法ヲ教授

スルコトモ有スベシ

他ノ教科目ニオイテ教授シタ物体ト日常目撃シタ物体中ニ就イテ描カセ、兼テ清潔ヲ好ミ綿密ヲ尚ブ習慣ヲ養ウコトニ注意スベシ

体操

身体ノ各部均斉ニ発育サセ、四肢ノ動作ヲ機敏ニサセ全身ノ健康ヲ保護増進シテ精神ヲ快活剛毅ニシ兼ネテ規律ヲ守リ協同ヲ尚ブ習慣ヲ養ウコトヲ以テ要旨トスベシ

初メ遊戯ヲ適宜サセ漸次規律的ナ動作ヲ行ワセ普通体操ヲ加授シテ協同的遊戯ヲ作ラシメ時宜ニ従ッテ体操教授時間ノ一部或イハ教授時間外ニ適宜戸外運動ヲオコナワセルベシ

体操ノ教授ニ依ッテ習成シタ姿勢ヲ居常保有スルヲ務ムベシ

手芸

編織刺繍通常ノ衣服類ノ縫法ト裁法等ヲ習熟サセテ兼ネテ節約利用ト勤労ノ習慣ヲ養ウヲ以テ要旨トスベシ

編織刺繍ノ初歩ト運針法カラ漸進シ、複雑ナ物ト衣服類ノ縫法ト裁法ト補綴法等ニ及ブベシ

材料ハ日常所用物トシ教授スル時ニ用具ノ使用法ト材料ノ品類性質及ビ衣服類ノ保存法ト洗濯法等ヲ教示スベシ

唱歌

平易ナ歌曲ヲ唱エサエ美感ヲ養イ徳性ノ涵養ヲ資スルヲ以テ要旨トスベシ歌詞及ビ楽譜ハ平易雅正シ理会サセ易ク且ツ心情ヲ快活純美サセルモノヲ選ブベシ

手工

簡易ナ物品ヲ製作スル能力ヲ得サシメ思量ヲ精確ニサセ勤労ヲ好ム習慣ヲ養ウヲ以テ要旨トスベシ

紙絲粘土麥稈木竹金属等ノ其ノ土地ニ適合スル材料ヲ用イ簡易ナ細工ヲ教授スベシ

教授スル際ニハ用具ノ使用法ト材料ノ品類性質等ヲ知ラシムベシ

農業

農業ニ関スル普通知識ヲ得サシメ農業ノ趣味ヲ知ラシメ勤勉利用ノ心ヲ養ウヲ以テ要旨トスベシ

土地ノ情況ニヨッテ農事或イハ水産ヲ教授シ農事ト水産ヲ併セタ教授ヲ為スモ有ス

農事ハ土壌水利肥料農具耕耘栽培養蚕牧畜等ニ就イテ土地ノ情況ニ適合シタモノヲ理会サセ易ク且ツ改良スル事項等ヲ教授スベシ

水産ハ漁撈養殖製造等ニツイテ其ノ土地ノ業務ニ適合シタモノヲ教授スベシ農業ハ特ニ地理理科等ノ教授事項ト関連シ時々ニ其ノ土地ノ実際ノ業務ニ就イテ教示シ其ノ知識ヲ確実ニサセルコトニ務ムベシ

商業

商業ニ関スル普通知識ヲ得サシメ勤勉敏捷デ且ツ信用ニ重キヲオク習慣ヲ養ウコトヲ以テ要旨トスベシ

学校所在ノ地方ニ売買金融運輸保険其ノ他商業ニ関スル重要事項デ学徒ガ理会シ易イモノヲ選ビ算術地理理科等ノ教授事項ト関連シ教授シナガラ簡易ナ商業簿記ヲ教授スベシ

三土のカリキュラムの特徴は、まず「道徳」を重視したことにある。修身だけでなく、国語・漢文・図画・体操など他教科を通じても、道徳教育を行なうことが目指されていた。次に日語や理科にみられるように「実用」を重視したこと、さらには手芸・農業・商業にみられるように「勤労」の精神を強調したことが挙げられる。そして、これらの教科は相互に関連し補完しあうことになっていた。

このカリキュラムが決定されるまでには、次のような経緯があったようである。三土はカリキュラムの編成と同時に、それに見合った教科書の編纂も手掛けていたのであるが、この一連の事業に対して、周囲では三つの疑問が取り沙汰されるようになっていた。その疑問とは、①カリキュラムに地理と歴史がないのは何故か、②日語を初学年より課す必要があるのか、③漢文読本が難解なのではないかといった批難の声であった。三土はこれらの疑問点について、一九〇八年六月二〇日に行なわれた官立普通学校職員会席上で答弁を行なっている。この答弁は同時に、カリキュラムの編纂方針の説明にも及んでいるので、ここで取り上げることにしよう。[15][16]

三土の構想では、カリキュラムは出来るだけ少ない教科で編成する予定であった。三土は次のように述べている。「日本に於ては四個年の尋常小学校に在りては、修身、国語、算術、体操、唱歌の五科目を課するに過ぎず。如斯く科目数を減じたれども、其の教授する大体の事項は減じたるにあらず。故に今日小学校児童に八九学科を課すればかならず世人の哈笑を招く。如斯く可成学科の数を減ずる事は今日教育学上の定論にして、何等異議も無きなり。余は曾前に英仏独米等諸国に往き、小学校の実況を視察せしが、何国にてもなるべく学科目の数を減ぜんことを務めをれり」。ここにみられるように、当時、先進諸国では、初等教育段階では学科数を抑えておくことが常識であり、この常識に則って普通学校のカリキュラムから地理と歴史を除外したと説明している。さらに三土は理科も不必要と考えていた。これらは教科として教えなくとも、『国語読本』、『日語読本』の内容から充分教授できるという考えであった。但し理科に関しては、「韓国にては一般理科に関する知識無きが故に、農業上工業上の知識も幼稚なるを免れず、又乞雨、祈祷等の迷信が盛に行はれて社会進歩に少からざる妨害を與へつゝ有り。されば理科に関する知識を普及せしむるは、韓国の現状に最も必要なり」といった韓国の現状を鑑みて、第三・四学年に設定したようである。学部内でも韓国人学務官僚、及び日本人学務官僚から、理科を独立した教科として扱う必要があるとの声があがっていたこともその背景にはある。

また「修身不必要」の声には、「今日の社会は孔孟時代にはさほど重要視せられざりし幾多の道徳を必要とす。例へば清潔、衛生、公徳等は今日の社会に最も必要なる道徳なり」と近代的な社会生活に不可欠な道徳の必要性を述べている。『漢文読本』の孔孟の教えでは時代錯誤であり、国語読本や日語読本を通じて教授するのは勿論のこと、「韓国人の欠点たる諸道徳を教授」するには週当り一時間の修身が不可欠といった考えを提示したのである。

次にカリキュラムに日語を設定した理由を三土は次のように述べた。「…今日の如く日韓両国の交通往来が頻繁になり、両国人が互に提携して公私事業に従事する時代には韓国人として日語を解すると否とは生存競争上に顕に利害関係有り。即ち日語を解する者は官吏としても枢要にして有力なる地位に陞るを得べく、商業を営むも亦利害を□《(不明)》し易く、官界及民間諸会社即官民間に職業を得るに至大の便益有り。今や日本人の韓国に来往する者愈多きを以て日本人と人事関係が益々密接となる、此の時に当りて、韓国人として日語を知らずして通訳に依り日本人と交際其他農工商の交渉を為すとせば或は互に意思を十分に疎通し得ずして事毎に牴牾し、或は言語不通に因り不測なる詐術に陥り畢竟韓国人の損失不利益なるは将来一層甚大なるべきは炳然明白なり。此の如く動すべからざる事実を考へ、韓国児童将来の幸福を計るに日語教授が最も必要なりと認め当局大臣以下が学部において比議を決して閣議においても比議を採用し勅裁を経て決定せり…」。要するに日本語習得の実利的な面を強調して、カリキュラムに日本語を位置付けることを正当化しようとする姿勢が見られる。そして、「日語を教授せんとせば其教授時数は四個年を通じて少くも毎週六時間を要す。其れ以下の時間にては其効は無かるべし」と韓国人子弟が日本語を習得するための必要最低限の時間を提示した。日語の導入については、児童に「外国魂」を注入するものであるという反対意見が噴出した。これに対して三土は、外国語である日本語だけを教えるのは問題であるが、国語も同時間数教授しているではないかと巧みに応戦したのであった。この時期、日本語は新教育導入のための「実用」語から、「同化」の言語へと転身していく過渡期にあったと言える。

三土は最後に、難解な漢文を何故カリキュラムに組み入れたかについて言及している。漢文は韓国においては数百年来、学問の全てであり、漢文をカリキュラムに組み入れることによって、はじめて保護者が子弟を普通学校に入学させることを決心するという状況であった。学徒獲得のためには漢文は不可欠な教科というわけである。しかし漢文の導入は暫定的なものであり、近い将来、保護者及び学徒が漢文の不必要を自認すると三土は予測していた。

四、普通学校学徒用教科書の編纂・普及事業

(一) 教科書編纂の経緯

普通学校のカリキュラムが決定すると、次は目前に迫った開校に向けて学徒用教科書の準備が始まった。編纂作業が三土忠造を中心に進められたことは言うまでもない。そもそも三土は、前任者の幣原坦が教科書編纂事業の遅滞を理由に更迭されたことから、その後継者として渡韓したのであった。三土には『中等国文典』や『中学国語読本』の著書があり、教科書編纂の経験を買われての渡韓であったことは既に述べたとおりである。

さて、この時期に編纂された教科書は、次の「学部編纂教科用図書一覧」第四版・第五版に挙げた四二冊である。普通学校は四年制であるから、『日語読本』と『国語読本』は一学年で二冊学習することを意味している。（筆者の入手の範囲ではあるが、章末に各教科書の目次一覧を載せたので参照されたい。）

この時の編纂事業の様子を、三土の後任となる小田省吾は、次のように述べている。「是れ実に半島に於ける教科書官撰の嚆矢であるが、該事業は極めて急速に進捗せられ、明治四十一年に至り修身、日語（日本語）国語（朝鮮語）漢文、算術、理科、図画、習字の各教科書の出版を見るに至つた。然るに同年三土忠造氏は辞任帰還せられたるを以て同年十一月余は不肖ながら同氏の後を受け学部書記官として来任し、学部編輯局長魚允迪氏を

輔けて教科用図書に関する一切の事務を掌理し、右普通学校用教科書編纂出版の事業をも継承したのである」と(17)述べている。これによれば、三土が中心となって編纂したのは教員用『算術書』までで、図表4中、点線部以下の四冊は小田の仕事ということになる。

また、三土の伝記は編纂の様子を次のように物語っている。「三土は日語読本の編集を急いだ。編集の仕事は国文典で経験ずみであったから順調に巻一を仮印刷で、九月の新学期に間に合わせ、つづいて巻二、三、四と突貫作業で編集し一一月には、仮印刷ながら予定の読本を配布することができた、この読本は日本の小学読本の同

図表4　学部編纂教科用図書一覧

年代	書名	冊数	備考
第四版（一九一〇・一現在）	修身書	四	学徒用
	国語読本	八	〃　国語＝韓国語
	日語読本	八	〃
	漢文読本	四	〃
	理科書	二	〃（日語）
	図画臨本	四	〃
	習字帖	四	〃
	算術書	四	教員用
第五版（一九一〇・七現在）	普通教育唱歌集　第一輯	一	学徒学員竝教員用
	普通教育学	一	学員用竝教員参考用
	学校体操教授書	一	教員参考用
	韓国地理教科書	一	学員用
第六版（一九一一・一二現在）	修身書	四	学徒用
	国語読本	八	〃　国語＝日本語
	国語補充教材	一	
	朝鮮語読本	八	〃
	漢文読本	四	〃
	理科書	二	〃（日文）
	習字帖	四	〃
	図画臨本	四	〃
	算術書	四	普通学校教員用
	普通教育唱歌集　第一輯	一	学徒学員竝教員用
	普通教育学	一	学員用竝教員参考用
	学校体操教授書	一	〃

＊但し、第五版では、第四版と重複するものは省いた。

出典：学部編輯局「教科用図書一覧（隆熙四年一月増補第四版）」、「同（隆熙四年七月増補第五版）」、朝鮮総督府「教科用図書一覧（明治四十五年一月改訂第六版）」。（『史料集成』第六七巻・第一八巻所収）。

じ巻のものより少し程度が高かった。それは普通学校の生徒には一学年でも一五、六才のものもあり概して日本より年齢が高いのと、植民地向きにかけ足で教育するためであった。（中略）この日本語の教科書は東京の大倉書店で本印刷にして翌年の新学年から本格のものが使用された。日本語読本を使用して教育の近代化に一歩を踏み出したので、つづいて韓国語による教科書の整備をすることとなり、三土は助手の協力によって、修身、算術、理科、などの教科書を編集したが、その内容は日本のそれぞれの小学教科書を朝鮮字に訳したのである」[18]。三土は、日本での教科書編纂の経験を生かして、首尾よく作業をこなし、主な教科書を普通学校の開設に間に合わせている。幣原同様に『日語読本』の編纂から手掛けているが、三土の『日語読本』は幣原のそれを継承するものではなかった。装丁、課の数、頁数が異なるほか、幣原本が歴史的仮名遣いを採用していたのに対して、三土本は表音式の表記となっていた。

三土は、教科書印刷のために一時帰国しているが、その理由を「韓国にも印刷業者無きにあらざれども、其の印刷料非常に高価なれば東京にて印刷する事とせり」と述べている。奥付によれば、『日語読本』は大倉書店、『国語読本』が大日本図書株式会社、『修身書』・『理科書』が三省堂書店、『図画臨本』が国光社といずれも日本で印刷されたものであった。また、先の伝記に「修身、算術、理科、などの教科書を編集したが、その内容は日本のそれぞれの小学教科書を朝鮮字に訳した」ものであるとあったが、理科に至っては、日本文のままの印刷となっていた。

なお、この時期の教科書に「編纂趣意書」はない。既にカリキュラムのところで取り上げたが、一九〇八年六月二〇日に行なわれた、官立普通学校職員会の席上における三土のスピーチが、教科書編纂方針を知る唯一の手掛かりとなる。三土の計画によれば、当初は地理、歴史、理科をそれぞれ独立した教科としては扱わないつもりであった。これらの内容は、『国語読本』や『日語読本』の内容で教授すれば間に合うという考えからである。しかし理科に関しては学部官僚の反対にあい、三・四年生用の教科書を用意することになったのである。地理、歴史は三土の考え通り、『国語読本』・『日語読本』・『漢文読本』にそれらの内容を盛り込み、その時間内で消化することになった。しかし、三土は当時の韓国の事情を考慮して、韓国では従来から教育と言えばイコール漢文であり、普通学校でも漢文を教授しなければ父母が納得しないであろうと見極め、漢文教科書を編纂した。さらに、孔子・孟子の教えだけでは事足りない近代の道徳観に鑑みて、修身の教科書を編纂したのであった。日語教科書については言うまでもなく、日語を学ぶことのメリットを力説し、『日語読本』の編纂から着手したのであった。三土自身が述べているとおり「突貫作業」で編纂したこれらの教科書に、それ以上の方針はなかった。

(二)　三土編纂教科書の内容的特質

三土編纂教科書の内容的特質を、ここでは『日語読本』と『国語読本』、『修身書』を中心にみていきたい[19]。三土は『日語読本』の内容を、「日本の小学読本の同じ巻のものより少し程度が高かった」と述べているが、それは具体的にはどのようなものであったのだろうか。全体的な傾向として言えることは、朝鮮の事物から日本の事物へと、質的、量的な拡大が見られることである。各巻ごとにみていくと、巻一では、登場人物、挿絵はすべて朝鮮人及び朝鮮に関係の深いものが使用されており、教科書用語は日本語であっても、その内容は朝鮮人子弟になじみのあるものが用いられている。

巻二では、挿絵、内容ともに朝鮮人に関するものが減り、日本及び日本人に関するものが増え始め、巻三では、教科書に登場する朝鮮人は一名で、残りは全部日本人となる。巻四になると、朝鮮人名はなくなり、日本の地名が登場し始め、巻五では、朝鮮に関するネガティブな表現が登場し始める。例えば、「アル国ノ馬ワ大キクテ、ズイブン強イケレドモ、韓国ノ馬ワ小サクテ弱ウゴザイマス」（三五頁）がある。巻六になると、ますますその傾向は強くなり、「韓国でわ毎年どこかに洪水がおこりますが、こんなに大きな洪水わ少うございます。諸君わなぜ韓国に洪水がおこるか知っていますか。韓国の内を旅行してごらんなさい。何処え行っても山にわ殆んど木がありません。」（一一頁）や、「ドイツあたりでわ（中略）公園の木を折つたり、道で小便をしたりするものわありません。わが国でわ、人の家のくだものを取ったり、町で大便をしたりするものがあります。恥ずかしいことでわありませんか。」（二七頁）といった表現が散見されるようになる。次いで巻七では、「日本」（第三課）、「朝鮮と日本との交通」（第四課）、「日本と支那との交通」（第五課）、「日本の府庁」（第六課）、「新橋のステーション」（第七課）、「東京」（第十四課）の目次からも明らかなように、日本紹介の課が全体の三二パーセントを占める。そして次の例にある通り、韓国に対する否定的な表現が盛り込まれるようになるのである。

「その時分わ、朝鮮わ、日本よりも、よくひらけていましたから、日本でも、朝鮮の人を雇って、色々なことを習いました。始めて日本え行って、日本の人に漢字を教えた人わ、王仁という人でした。（中略）朝鮮人が行ってからいろいろな家などができて、奈良わ段々立派な都になりました。奈良え行つてごらんなさい。朝鮮人の造つたもので、今の朝鮮人に造れないような立派なものが、今でもございます。」（第四課「朝鮮と日本との交通」）

最終巻の巻八になると、日清・日露戦争を題材にした教材が目立ってくる。例えば第四課「日清戦争」の「韓国わ独立国であって、清国の属国でわない。それなのに、清国がむやみに兵隊を送るなら、日本でも兵隊を送って、韓国に住んでいる日本人を保護する」や、第五課「隣国」の「日本わ小さな国ですけれども、早くから新しい学問をしたから、強い国になりました。日本の海軍わ大変強くて、日清戦争でわ、清国の軍艦をすつかり撃沈めたり、分捕つたりしました。又、日露戦争でも、ロシヤのたくさんの軍艦を、大抵分捕つたり、撃沈めたりしました。」がそれを示している。

次に、『国語読本』について検討してみると、低学年では日常的な事象から題材を選び、違和感のない教材が配列されている。例えば、巻一に「国旗」という単元があるが、ここでは挿絵として、韓国・日本・清国の国旗が掲載されている。しかし、高学年になるに連れて、地理や歴史を扱った教材の割合が増えていき、巻四・巻五では全体の三分の一、巻六・巻七・巻八では半分近くを占めるようになる。これは先に述べた三十の方針、「地理・歴史は読本のなかで教授する」が反映されたからにほかならない。地理・歴史教材の内容は、殆どが韓国の地形や風土、歴史上の偉人に関するものであった。親日的な教材としては、例えば巻六の「三国と日本」が、日本書記を根拠とした任那国支配説を教材とし日本の優位性を強調しているほか、次に挙げる巻八第十七課の「統監府」が、傍線を付した部分からも明らかなように、日本支配の妥当性を強調したものになっている。

《統監府》

日露戦争後、日本は我が国と協議して京城に統監と称する役所を置いた。統監は韓国の政治を改善して教育を普及させて、農商工業を発達させて、韓国人民の安寧幸福を計るものである。また、韓国に在留する日本人を監督することを任務とする。統監の官庁を統監府と称する。統監府には数多くの官吏が居て統監の指揮を承り、諸般の事務を分掌している。釜山、馬山、大邱、木浦、群山、仁川、京城、平壌、鎮南浦、新義州、元山、城津、清津の一三箇所に理事官を置いた。理事官は、統監の指揮を受けて各該当地方に居留する日本人を監督するのがその職務である。理事官の官衙を理事庁と称し、理事庁のある所には大概日本人が多く居住している。統監府が設置されてまだ日は浅いが、韓国の政治、教育、農商工業は漸次改進へ向かっている。この状態でいくと、数十年を経過すれば、韓国は全く面目を一新するであろう。

このように、三土編纂教科書の内容にみられる特色は、高学年の教材を中心に「日本」を強調したことにある。日本の対韓政策における支配の正当性を教科書を通じて知らしめるところから出発している。『日語読本』の教材では、日清戦争に関して「清国がむやみに兵隊を送るなら、日本でも兵隊を送って、韓国に住んでいる日本人を保護する」と記述し、日露戦争に関しては「日本が仕方なくやった戦争」であると記述している。この日本の諸行為への全面的な肯定は、同時に日本の優位性をも強調することになった。「日本でも、朝鮮の人を雇って」、「奈良え行つてごらんなさい。朝鮮人の造つたもので、今の朝鮮人に造れないような立派なものが、今でもございます」といった表現にみられるように、日本が肯定するのは古代朝鮮であり、それをも「雇う」という主従関係を示す表現を用いていたのである。

また、『修身書』には、韓国人の風習や生活習慣を否定的に扱った教材が散見していた。「我が国の人々は、衣服はよく洗濯するが、風呂にはあまり入らない」（巻二・四九頁）や、「我が国では（中略）キセルを口にくわえて懶怠をむさぼるものが極度に達していて、国民に活気がない。このような悪い習慣は一日も早く直すべきである」（巻三・一三〜一四頁）などである。三土は渡韓当時の居住地付近の様子を「その頃の京城は想像も及ばぬ不潔な街で景福宮（王宮）の前さえゴミの山がいくつもあった。三土の家の韓人のボーイは服装はよく洗った白衣を着ているので清潔にみえるが、所かまわずツバを吐き散らした。それは韓人の習慣であった[20]」と記憶している。当時、渡韓した日本人が同様の印象を持っていることから、それは事実であったかもしれない。しかし、衛生状態を改善することがねらいであるなら、否定的な教材にせずとも方便はあったはずである。実際のところ三土編纂の教科書は、韓国人子弟に「遅れた韓国」のイメージを植え付けながら親日化を目指したものであり、言語の普及にとどまらず、日本文化を普及し、日本的な精神を普及したものであった。

最後に教育方法における特徴を付言しておくと、三土の教科書は初学年の最初から漢字を導入している点が注目される。『日語読本』を例に取った場合、巻一に「学校」「机」「鉛筆」といった入学当初の児童には難解と思われる漢字が並んでいる。これは当時の普通学校の生徒が、伝統的な初等教育機関である書堂で漢字を学んできており、漢字を媒介として日本語の読みを教えた方が得策であるとの考えから発したものと推察される。

(三)　教科書の普及政策

教科書の編纂事業が進行するなかで、今度はそれを普及させるための政策が展開されるようになる。学部は教科書の普及政策として、教科書の無償給付制度を開始した。後に貸与、販売と変わるが、最初の段階では普通学校学徒に無償で配布したのである。近代学校に無理解な家庭の子弟を入学させるため、当時は教科書の他、昼食や文房具も支給された。これは次章で取り上げる民族系やキリスト教系の私立学校にもみられた光景である。

さらにもう一つの普及政策として、学部は「教科用図書発売規程」を公布した。これは特定の教科書販売者を設けノルマを与えて普及を図るといった方策である。まず、一九〇七年七月に学部令第七号「学部編纂普通学校教科用図書発売規程」が出された。この規程は、各校の校長が所定事項を記入した請願書と教科書代金を学部に納入するといった内容であったが、これでは普及の度合いが芳しくなかったためか、一九〇八年九月一五日、新たに「学部編纂教科用図書発売規程」が制定された。これは発売人に関する規程となっており、一九〇七年の規程とは全く性格を異にしている。その全文は次のとおりである。

図表5　学部編纂教科用図書発売人一覧

日付	所在地	発売人氏名
一九〇九・四・二四	全羅北道群山郡港全州通	福原稲太郎
一九〇九・五・一三	慶尚北道大邱東上面前洞	金薫
一九〇九・五・二〇	黄海道黄州邑内	石井安次郎
一九〇九・六・九	咸鏡南道甲山郡平面西部里	金致魯
一九〇九・六・一五	平安南道安州邑部面義井洞	金翼河
一九〇九・七・一	全羅北道全州郡青石橋十統八戸	申允澈
一九〇九・七・？	黄海道安岳郡	金庸済
一九〇九・九・一三	咸鏡？道咸興郡州南面中里石隅街	豊沛書舗　朴尚濬
一九〇九・一〇・二	黄海道長淵郡雪山面内場洞	大野槌太郎
一九〇九・一二・九	咸鏡南道北青郡南門内	金浩壹
一九一〇・二・二	咸鏡北道会寧郡城内銀座通り	古池奥吉
一九一〇・三・一九	平安南道平壌郡鍾路	耶蘇教冊肆　尹衡弼
一九一〇・四・二〇	平安南道平壌郡隆徳面一里四統五戸	金燦斗
一九一〇・四・二二	漢常北部壮洞小安洞十六統八戸	鄭雲復
一九一〇・四・三〇	咸鏡北道富寧郡清津港	北韓書館　姜鐘璜
一九一〇・五・七	京城北部壮洞四統十五戸	修文書館　朴熙寛
一九一〇・五・七	京畿道坡州州内面西部里一統二戸	宇田質直
一九一〇・六・九	京畿道開城郡成洞二統五戸	開城書市　梁錫潢
一九一〇・六・二四	咸鏡北道城道津府府内里二十二統四戸	廣興書権　康永俊
一九一〇・七・二五	釜山港本町三―二十七	韓興書舎館　権鐘律

出典：旧韓国『官報』一九〇九年四月～一九一〇年七月の広告欄より抽出して作成。

＊学部編集局「学部編纂教科用図書発売人一覧」（隆熙四年一月増補第四版）もある。

学部令第一八号「学部編纂教科用図書発売規程」

第一条　学部編纂教科用図書ヲ発売スル為メ全国必要ノ地ニ若干ノ発売人ヲ置ク

第二条　発売人タラントスル者ハ学部大臣ノ許可ヲ受ク可シ

発売人ニ於テ其業務ヲ廃止シタル時ハ直ニ学部大臣ニ報告ツ可シ

第三条　発売人ニ於テ教科用図書ノ売下ヲ受ケントスル時ハ別記書式ノ請求書ニ売下代金ヲ添ヘ学部大臣ニ提出スヘシ売下代金ハ別ニ之ヲ定ム

発売人ニ於テ学部大臣

図表６　教科用図書頒布高

種別	明治42年度			明治43年度		
	発売冊数	給貸冊数	合計	発売冊数	給貸冊数	合計
修身書	21,900	16,368	38,268	18,677	14,575	33,252
国語（日語）読本	37,896	33,840	71,736	32,589	27,020	59,609
朝鮮語（国語）読本	38,726	33,946	72,672	34,050	28,547	62,597
漢文読本	22,835	12,398	35,233	22,960	25,088	48,048
理科書	3,921	2,464	6,385	4,913	6,717	11,630
図画臨本	8,427	10,030	18,457	7,692	12,467	20,159
算術書	1,672	1,512	3,184	3,059	148	3,207
唱歌集	—	—	—	2,783	8,484	11,267
普通教育学	—	—	—	2,074	2	2,076
習字帖	67,559	48,756	116,315	3,797	13,211	17,008
学校体操教授書	—	—	—	623	—	623
総計	202,936	159,314	362,250	133,217	136,259	269,476

出典：「朝鮮総督府統計年報（第19教育）」、1910年（『史料集成』第66巻所収）

ノ相当ト認ムル有価証券ヲ提供スル時ハ六個月以内ニ前項売下代金ノ延納ヲ許スコトアルヘシ

第四条　発売人ニ対シ売下クヘキ教科用図書ハ毎回二百冊ヲ下ルコトヲ得ス

第五条　教科用図書ノ書目、巻名並発売代価最高額ハ官報ヲ以テ之ヲ公告ス

第六条　発売人ニ於テ教科用図書ノ売下又ハ発売ニ関シ不正ノ所為アリト認ムル時ハ学部大臣ハ第二条ノ許可ヲ取消スコトアルヘシ

第七条　学部大臣ハ発売人ノ許可若ハ許可ノ取消又ハ業務ノ廃止ニ就テハ其都度其年月日及住所姓名ヲ公告ス可シ

附則

第八条　本規程ハ隆煕二年十月一日ヨリ施行ス

第九条　光武十一年学部令第七号学部編纂普通学校教科用図書発売規程ハ之ヲ廃止ス

この規程は、一般の私立学校の需要にも応じるために、全国各地に何ヶ所かの発売人を設けて、

学部編纂教科用図書を卸売的に販売することを明文化したものである。しかし、第四条「発売人ニ対シ売下クヘキ教科用図書ハ毎回二〇〇冊ヲ下ルコトヲ得ス」をみると、発売人となった書店には最低二〇〇冊を売りさばく義務が課されていたことがわかる。これは、この規程が学部編纂教科書の普及を目指したものであることを裏付けている。学部の手の行き届かない地方に発売人を配置することで、地方の私立学校に対しても、教科書を通じた親日的な教育内容の普及を図ったのである。図表5は、全国に配置された発売人の一覧である。全国にあまねく発売人が配置されたことが見て取れる。

こうして三土編纂の教科書は全国に流布することになった。一九一〇年の統計によると、その普及冊数は図表5に示すとおりである。種別に『国語読本』、『朝鮮語読本』とあるのは統計資料が朝鮮総督府の編纂によるもののためであり、正しくは括弧内に示したとおりである。

五、普通学校における日本人「教監」の役割

これまで、三土忠造をはじめとする中央の日本人学務官僚による、カリキュラムの編成や教科書の編纂について述べてきたが、それを実際に教育の現場で推進したのは、各普通学校に配属された日本人「教監」であった。彼らが学部の推進する「模範教育」の中核にあったと言っても過言ではないであろう。教監に課せられた法令上の役割については先に少し触れたが、実際には普通学校においてどのような活動を展開していたのであろうか。そしてそれは、植民地教育政策上、どのような役割を果たしたことになるのであろうか。

(一) 「教監」に課された使命

一九〇八年七月一五日から二一日の一週間、漢城師範学で第二回官公立普通学校教監会議[21]が開催された。この

年の五月に第三次教育拡張計画が実施され、官立普通学校九校、及び公立普通学校五〇校の設置と教監の配置が一通り終了したところであった。会議のおもな参加者は学部大臣李載崐、学部次官俵孫一をはじめとする学部官僚、および病気のため欠席した洪州の田上兵吉教監を除く、官公立普通学校教監五八名であった。会議の式次第は次のとおりである。

李載崐学部大臣の訓示
俵孫一学部次官の訓示
諮問及び答申
協議事項
希望事項
注意事項
学部大臣の閉会の挨拶

教監会議冒頭の訓示のなかで、学部大臣は教監に次の四点を要望している。

一、韓国人と意思の疎通を図ることは困難ではあろうが、先覚者として面倒をみてほしい。
二、私立学校とは特に連絡をとりあって、互いに誤解のないように努めてほしい。
三、喇叭や鐘鼓を吹き鳴らすという弊風をやめさせ、着実勤勉の気風を馴致するよう努めてほしい。
四、学徒のためだけでなく一般人の模範となるように努めてほしい。

この訓示の背景には、当時、学部の親日的な教育政策に反対し、独自の近代教育を行なっていた私立学校が次第に抗日運動機関としての性格を強めてきたことがあった。このことを憂慮した学部大臣が、普通学校と私立学校の摩擦を少なくし、児童だけでなく一般人をも近代化にむけて覚醒させてほしいという願いを込めて発言したものである。

これに続く俵学部次官の訓示は長時間に及ぶもので、教監に対する声明書の色彩を帯びていた。俵はまず、教監が置かれている位置とその使命について次のように説明した。

…諸君ハ官制上校長ノ補佐官又ハ代理官タルガ故ニ其之ヲ指導シ経営スル上ニ於テ特別ノ注意ヲ要スルモノアリ即チ多クノ校長ハ新教育ノ経験ヲ有セズ従ツテ施設経営殆ド皆諸君ノ助力ニ待タザルベカラズ為メニ或ハ校長ヲ軽侮シ度外視スルノ傾向ヲ生ジ易キハ蓋シ人情ノ弱点ナルベシト雖モ諸君ハ特ニ此レニ處スルニ慎重ノ注意ヲ以テシ責ハ自ラ負ヒ功ハ他人ニ譲ルノ覚悟ナカルベカラズ人誰カ多少ノ虚栄心ナカラン余ハ諸君ガ自己ノ虚栄心ヲ充タサントスルノ無理ナラザルヲ諒トスルト共ニ校長同僚ニ対シテモ亦之ヲ満足セシムルノ同情アランコトヲ望ム(22)

これを約言すると、普通学校における教監の位置について、韓国の官僚であることを確認させたうえで、「多クノ校長ハ新教育ノ経験ヲ有セズ。従ツテ施設経営殆ド皆諸君ノ助力ニ待タザルベカラズ」と実際上の責任者であることを述べ、「責ハ自ラ負ヒ功ハ他人ニ譲ルノ覚悟」が必要であると、その心構えを示している。教育の現場で活動する教監には、高圧的な態度を禁じ、謙遜の姿勢を以て親日的な模範教育を浸透させることを命じたのであった。

また、各地方の名士や父母に対する心構えとして、「諸君ノ事業ハ単ニ学校内ノ学徒教育ニ止ラズ亦社会一般ノ教育ヲモ奮ッテ担任スルノ覚悟アルヲ要ス(23)」と述べ、次のように続けた。

吾々ハ外国雇教師トシテ此国ニ臨ンダノデハナイ雇教師ハ只其担任学科サヘ教授スレバソレデ其職務ガ終ル

ノデアル換言スレバ其教鞭ヲ執ッテ居ル時間中ハ無論無責任デハナイガ時間外ハ別段責任ヲ持タナイノデアル私ハ諸君ノ中ニハ外国雇教師トシテノ考ヲ以テ居ラレル者ハ恐ラク一人モ無イコトヲ信ズル、即チ前申ス通リ隣国ノ文明ヲ開発スル一部ノ職務ヲ担任シテ十分此国ノ為メニ尽スト云フ考ヲ以テ居ラレルニ相違ナイト思フ…

このように教監の職務が学校のみにあるのではなく、地域社会に対しても「模範的な近代化ノ指導者」であることを要求したのである。全身全霊を捧げて韓国の教育近代化に当たるようにという指令であった。しかし、当然のことながら、これが日本にとって見返りのない奉仕活動であるはずはなかった。俵は、さらに続けて言う。

…先ニ言フ如ク諸君ハ日本ノ利益ノ為メニ韓国ニ来テ此国ノ普通学校ノ教育ニ当ッテ居ラレル方デハ勿論ナイ即チ韓国ノ教育ノ実績ヲ挙ゲ韓国ニ於ケル新教育ノ普及ヲ図リ其隆盛発達ヲ希望スル為メニ諸君ニ於テ余程苦心サレテ居ルコトハ言ヲ俟タナイノデアルノニ唯日本人ナルガ故ニ韓国ノ利益ヲ図ラズ本国タル日本ノ利益ヲ図ルダラウト考ヘルノハ誤解デアル今日ノ関係上日本ノ利害ト韓国ノ利害トハ決シテ衝突シナイ韓国ノ利益ハ延イテ日本ノ利益トナルノデアル…

要するに、日本人のやることに対し誤解が多いが、日本と韓国の利益は一致するはずであると決めつけ、韓国のために尽くすことが、延いては日本のためになるといった論理を打ち立てたのである。そのため教監には、校長訓導の韓国人と円滑にやること、地方役人である郡守・府尹・観察使とは争わないこと、学部に提出する書類は、郡守＝校長とよく相談してから提出することといった注意が与えられた。

このような心構えを言い渡された教監の職務を大別すると、①普通学校における教授活動、②普通学校の宣伝と入学学徒の勧誘、③普通学校の管理・経営、④保護者及び一般人への啓蒙活動、⑤学部への報告書の提出の五点に集約できる。さて、各校の教監は、これらの項目を遂行するにあたり、どのような工夫をしたのであろうか、またどのような障害があったのであろうか。

(二)　普通学校における教授活動

各普通学校に配置された教監の教育活動は、次にみられるような彼らの韓国人子弟観に基づいて組み立てられていったものと思われる。まず、長所として挙げているのは、教師や年長者を敬愛する姿勢、年長者に対して柔順であり、辞令を重んじるなど儒教の教えが浸透している点、話術に巧みであることや、手先が器用なこと、人懐っこい点である。一方、短所として挙げているのは、不衛生であること、怠惰であること、不誠実であること、依頼心が強く実行力に乏しいこと、共同心や公徳心が乏しいこと、規律を守らないことなどである。図表7にみられるように、長所に関する項目が比較的少数であるのに対し、短所の項目が多いところをみると、各校の教監が韓国人子弟への教育に苦心していた様子がうかがえる。

教監はこれらの短所を改善すべく、まず道徳面における近代化を推進した。なかでも力点がおかれたのが、衛生面の改善と、怠惰な気風を廃し規律正しい生活を身につけさせることであった。図表8は、教監が各自の勤務する普通学校において、実践中の事項、及び将来、実践する計画のある事項をまとめたものであるが、これをみると教科の面では実業系の科目に力が入れられていたことがわかる。

各校における実践をもう少し具体的にみておくと、例えば春川公立普通学校の堀教監は、衛生面を改善し、規律正しい生活を送るために、七ヶ条の校訓（一、従順ヲ旨トスベシ、二、勤倹ヲ力ムベシ、三、慈善ノ心ヲ深クスベシ、四、進取ノ気象ヲ有スベシ、五、公徳ヲ重ンス可シ、六、規律ヲ重ンスベシ、七、衛生ヲ守ルベシ）[24]を発表している。校訓の各条項には、それぞれ数項目の細則が付されていた。他の普通学校においても、同様の校則を定め、賞罰を与えながらそれを導守するように指導していた。

また、晋州公立普通学校の古市教監は、児童に勤倹の習慣を身につけさせるため、貯蓄を奨励した。古市教監の報告には次のようにある。

…本年二月当校教員及下人ト共ニ規約貯金ノ方法ヲ定メ教員率先シテ之カ模範ヲ示シ学徒ヲシテ毎月必ス貯金セシメ居レリ　教員ノ規約貯金ハ教監ノ印章ヲ使用シ学徒印章ハ校長ノ印章ヲ使用シ以テ濫リニ払戻請求ヲナス弊ヲ除カントス　教員及下人毎月ノ貯金額左ノ如シ

校長三〇銭、教監一円、趙秉参五〇銭、斐斗星三〇銭、金容九三〇銭、下人各一〇銭宛、

二月二十日学芸会ヲ開キ出席父兄七十八名ニ貯金ノ必要ヲ説キ左ノ事項ヲ約束セリ

一、家庭

イ、学徒ヲシテ各自養鶏セシムルコト

但シ一人ニツキ牡一羽トス其産卵ヲ以テ貯金スルコト

ロ、学徒ヲシテ家事ノ手伝等ヲナサシメタルトキハ五厘切手ヲ与フルコト

二、学校

イ、学徒ノ掃除当番ニ励精セルモノニ対シテハ貯金台紙ヲ与ヘテ賞ス

ロ、斬髪器械ヲ備付ケ休憩時間中ニ於テ二人互ニ斬髪セシメ一回ニ対シテ必ス五銭ノ仕事ヲ為セシモノトナシ両人ヲシテ各五銭ヲ貯金セシム

ハ、皆出席者ニ貯金台紙ヲ与フ

ニ、人夫ヲ雇フベキ事項ハ凡テ教員及学徒之ニ当リ該賃金ヲ以テ五厘切手ヲ買求メ学徒ニ分ツ(25)

行為上の長所と短所

- 長所
  - 個人的
    - 教師ヲ尊ブ（8校）・談話ニ長ズ（7校）・辞令ニ巧ナリ（6校）
    - 運動ヲ好ム（6校）・勤勉（5校）・手先器用（5校）
    - 容儀端正（4校）・活発（4校）・礼儀正シ（3校）・質朴（3校）
    - 記憶力ニ富ム（3校）・模倣ニ巧ナリ（3校）・好奇心ニ富ム（3校）
    - 教師ニ親ム（3校）・忍耐力ニ富ム（2校）・無邪気ニテ愛嬌アリ（2校）
    - 倹約（1校）・熱狂（1校）・競争心ニ富む（1校）・怜悧（1校）
    - 進取ノ気象ニ富ム（1校）・猥褻ノ言ヲ発セズ（1校）・謹慎（1校）
    - 音楽ヲ好ム（1校）・向学心ニ富ム（1校）・学用品ヲ忘レズ（1校）
    - 名誉心ニ富ム（1校）・物語類ヲ好ム（1校）・移住ヲ意トセズ（1校）
  - 家族的
    - 長幼ノ序ヲ重ンズ（10校）・親族輯睦（4校）・柔順（22校）
  - 社会的
    - 柔順（22校）・共同心ニ富ム（4校）・困難相救フ（3校）・親切（2校）・博愛（1校）
    - 他人ノ秘密ヲ守ル（1校）・愛校心ニ富ム（1校）
    - 階級的秩序ヲ重ンズ（10校）
- 短所
  - 言語
    - 対話ニ拙シ（1校）・多弁（1校）
  - 心性
    - 能力
      - 衛生思想ニ乏シ（31校）・実行力ニ乏シ（10校）
      - 思考力ヲ欠ク（3校）・迷信ニ富ム（3校）・理解力ニ乏シ（2校）
      - 審美心ニ乏シ（2校）・早熟ノ風アリ（1校）
    - 品性
      - 怠惰（33校）・共同心ニ乏シ（16校）・不誠実（14校）
      - 虚言ヲナス（14校）・依頼心ニ富ム（13校）

図表7　学徒の品性・

- 猜疑心ニ富ム（10校）・公徳心ニ乏シ（8校）・傲慢（7校）
- 貯蓄心ニ乏シ（7校）・同情心ニ乏シ（6校）・野卑（6校）
- 進取ノ気象ニ乏シ（6校）・気力ヲ欠ク（5校）・懦弱（5校）
- 諂諛（5校）・不柔順（4校）・自他ノ区別ヲ明ラカニセ《ママ》（4校）
- 無責任（4校）・競走心ニ乏シ（3校）・利己心ニ富ム（3校）
- 激シ易シ（3校）・虚栄心ニ富ム（3校）・狎シ易シ（3校）
- 嫉妬心ニ富ム（3校）・狡猾（3校）・事ニ不熱心（2校）
- 執拗（2校）・事大ヲ好ム（2校）・忘恩（1校）
- 克己心ニ乏シ（1校）・義狭心ニ乏シ（1校）・剛愎（1校）・残忍（1校）

動作

- 不規律（26校）・虚飾ヲ好ム（16校）・忍耐力ニ乏シ（14校）
- 議論ヲ好ム（13校）・粗放ノ行ヲナス（9校）
- 破廉恥ノ行ヲナス（7校）・飲酒喫煙ヲナス（7校）・不活発（6校）
- 投石打銭ヲナス（4校）・粗暴（4校）・時間ヲ守ラズ（4校）
- 物品ヲ粗末ニス（4校）・誹謗ヲ好ム（3校）
- 他人ノ事ニ干渉ス（3校）・間食ヲナス（3校）・早婚（2校）
- 形式ニ流ル（2校）・面従背議ノ行ヲナス（2校）・窃盗ヲナス（2校）
- 壓制ヲ好ム（2校）・大人振ル（1校）・軽率（1校）
- 礼儀ヲ知ラズ（1校）・落書ヲナス（1校）・自暴自棄（1校）
- 長幼ノ序ヲ重ンゼズ（1校）・男色ヲ好ム（1校）

出典：学部「普通学校学徒訓練資料」、1910年、（『史料集成』第65巻所収）。

図表8 各校に於ける現在または将来施行の訓練事項

- 現在ノ部
  - 作業
    - 学校園（19校）・農業養蚕（6校）・植樹（樹栽日ヲ定ム）（1校）
    - 果樹園（1校）・養鶏（1校）・害虫駆除（1校）
    - 標本採集（1校）・酒掃《ママ》（1校）・当番勤務（1校）
    - 商業実習（1校）・手工（1校）・道路修繕（1校）
    - 理髪（1校）・校具修理（1校）
    - 魚族並ニ□（不明）ノ養殖（1校）
  - 施設
    - 校内ノ美的装飾（7校）・学校新聞（4校）復習室（1校）
    - 教室ヘ訓練要目貼附（1校）・風爐場（1校）
  - 訓化
    - 講堂修身（18校）・校訓（5校）・校訓唱歌（5校）
  - 雑件
    - 貯金奨励（14校）・吊《ママ》慰規定（8校）・同窓会（2校）
    - 冷水摩擦（1校）・模範生徒ノ表彰（1校）
    - 喫烟禁止（1校）・机中検閲（1校）・学徒団（1校）
    - 地方部長（1校）・級長部長会（1校）
    - 学校及全校訓練簿（1校）・非常規定（1校）
- 将来ノ部
  - 施設
    - 学校林（1校）・学校園（1校）・学校新聞（1校）
  - 会合
    - 母姉会（1校）・教師学徒懇談会（1校）
    - 学級特別懇話会（1校）
  - 雑件
    - 文具売捌（1校）・通学團（1校）・貯金奨励（1校）
    - 物品取扱規定（1校）

出典：学部「普通学校学徒訓練資料」、一九一〇年、（『史料集成』第六五巻所収）

この試みは、まず普通学校職員が一体となって貯蓄の見本を示し、一方では父母に理解と協力を呼びかけて、児童に勤労と報酬の場を作るという合理的な方法を考案したものであった。

学校園を作り、野菜や植物を育てることを通じて、児童の道徳心を育てようとする学校も多かった。梅洞公立普通学校の土本教監の報告によれば、同校では「各学年ニテ校庭ノ一隅ヲ区画シ草花ヲ植エシメ労働ノ美徳ヲ養成スルト同時ニ理科教材ノ料ニ供スル(26)」ことを目的に学校園の計画を立てていた。

この他にも各校における教監は、植樹祭や運動会、学芸会を催す一方、家庭訪問や集団登校など、工夫を凝らした教授活動を展開したのであった。

(三)　地方民衆の普通学校に対する反応

これまで述べてきた教監の活動は、実際のところ順調に展開されたわけではなかった。それどころか学部設立の普通学校は、地方民衆にとっては受け入れ難い存在であり、激しい拒否反応に遭っていたのである。学部は拒否反応の理由を、①政府及び官公立普通学校に対する誤解、②教科目に対する誤解、③日本人教員に対する誤解、④日本語に対する誤解から生じたものであると分析している。

政府及び官公立普通学校に対する誤解とは、従来、韓国政府の在り方が「重キヲ人民ニ置カズ官吏ハ横暴私欲ヲ逞ウシ動々モスレバ人民ヲ誅求シ財物ヲ押収シタル(27)」といった表現にみられるように、もともと民衆に信頼されていない政府であったことが第一の理由であろう。また、地方民衆はこれまで学んできた私立学校に満足しており、政府が設立する学校を「政府ガ学校ノ財産ヲ掠奪スルモノナリ地方子弟教育ノ為メニ存スル伝来ノ田沓ヲ政府ノ有トナスハ不可ナリ」と頑なに拒んでいる。

教科目に対する誤解とは、普通学校が近代式の学校であったため、一日の就学時間が短いことや、新学問を教授することに対して起こったものである。伝統的な教育機関である書堂では、朝から晩まで授業が継続して行なわれており、教育内容は漢文のみであった。民衆はそれと比較して、普通学校を「授業時間甚ダ僅少ナリ我等ノ子弟ハ遊戯ノ為メ登校セシムルノ必要ナシ官公立学校ハ漢学ノ時間極メテ少シ是レ古来ノ国風ヲ蔑視スルモノナリ(28)」と認識していたのである。

日本人教員に対する誤解とは、商売などを目的に渡韓していた日本人のなかに、傍若無人に振る舞う者がおり、民衆がそういった日本人と教員を同一視している点が挙げられている。

日本語に対する誤解のなかには、近代化を媒介する用語であったはずの日本語が、「同化」の言語となりつつあったことを敏感に捉え、「韓国ノ国民性ヲ滅失セシメント企ツルモノナリ」、「日本語ヲ授ケテ後来日本ノ兵隊タラシメントスルモノナリ」、「日本ニ拉致シテ労働者又ハ奴隷タラシメンガ為メナリ」といった認識が民衆側にあった。これらが全て誤解であるかどうかは別にしても、このような状況の下で、普通学校教員による新教育普及のための努力が継続されたのである。

㈣　教監の「模範教育」啓蒙活動

模範教育を推進するには、その受け手となる学徒を獲得することが必須条件であった。先に述べた民衆の拒否反応のなか、地方の名士や父母を相手に模範教育の啓蒙活動を行なうことも教監の重要な役割であった。啓蒙活動は大きく分けて、次の五通りの方法が用いられていた。

㈠　面長会・有志会・有志訪問
㈡　父兄会・母姉会・家庭訪問
㈢　教授訓練の練習会

(四)　学芸会・展覧会

(五)　農圃・学校園・学校林

(一)の例としては、温陽普通学校の山下教監が、「各部落ノ有力者ヲ往訪シ懇談ノ上尽力方ヲ依頼」したことを報告している。さらにこれが単なる啓蒙ではなく学徒の勧誘となると、韓国人地元権力者を抱き込んだ強硬策が多くなる。

「郡守ニ依頼シテ強制的ニ募集」(鹿田教監／忠州普通学校)

「警察力ヲ籍リテ強制的ニ募集」(堀教監／春川普通学校)

「書堂ノ教師ヲ利用」(根本教監／羅州普通学校)

「郡守ト謀リテ各面ニ五人宛ノ学徒ヲ入学セシム」(照屋教監／南原普通学校)

「書堂ノ生徒四〇名許リ強テ入学セシム」(山田教監／慶州普通学校)

「有力者ヲ学事(務)委員トナシ」(坂井教監／宣川普通学校)

「卒業生ノ義務トシテ少クモ一人ノ入学生ヲ周旋セシメタル」(荻田教監／校洞普通学校)

「就学児童数ノ調査及入学勧誘方ハ漢城府ニ依頼シ又学務委員其他ノ有志ニ諮リ募集上援助ヲ籍リタル」(同)(29)

このように、観察使や郡守といった地方役人、地方民衆の尊敬を集めていた書堂の教師、地方の有力者、最終的には警察力を導入しての勧誘をも躊躇しなかったのである。

(二)の例では、群山普通学校の桑島教監が、「幻燈会、父兄談話会等ヲ開キ興味ト実益ヲ与フ」ことに努めたほか、「女子ニ就テハ家庭ヲ訪問」シ、模範教育について説明したことが挙げられる。

㈢の例として、夏期休暇中の指導を例にとってみると、多くの学校で休暇中に学習会や復習会が開催されている。鎮南浦普通学校の大山教監によれば、午前八時から一〇時まで、午後六時から八時まで、漢文、国語、算術、日語を一時間ずつ毎日復習したとのことである。漢城師範附属普通学校の今井教監は、休暇中に三回登校日を設けて学徒を招集した。一回目は学芸会を開催、二回目は学校園の手入れと遊戯、三回目は試問で保護者に五ヶ条、学徒に一五ヶ条の注意書を配布した。二年生以上には日記を課した。水原普通学校の山崎教監は、一〇日分ずつ宿題を出し、期日毎に登校させた。夏期休暇中に学徒を招集しなかったのは、五九校中六校のみであった。教監自身、休暇といえども帰国することはなかった。

その他の方法として、掲示物やビラ、大道芸や街頭演説による啓蒙活動もあった。それは、「書堂全廃ノコトヲ邑内ニ訓令シ普通学校ノ性質ヲ簡単ニ記シタルモノト詔勅ノ写トヲ配布」（照屋教監／南原普通学校）や、「学徒募集ニ関スル広告ヲ新聞ニ掲載シ就学児童ノ在ル家ニ配布シ及其ノビラヲ大道衆面ヲ惹キ易キ処ニ貼付」（荻田教監／校洞普通学校）、「掲示板ニ広告」（西山教監／大邱普通学校）といった消極的なものから、「楽隊ヲ使用シ学徒ヲ引率シテ募集ニ関スル大道演説ヲ為シタル」（荻田教監／校洞普通学校）という積極的な方法、異色なところでは、江鏡普通学校の小佐々教監が「自分ハ先ツ韓国ノ事情ヲ研究シテ韓人ト融和スルコトノ最モ必要ナルヲ認メ韓人ノ服装ヲナシ務メテ之ト交際シタリ」などの方法が取られていた。

ところで俵学部次官の学徒募集に関する方針は、「学部が書房および私立学校と併存の主義をとっているため、彼らの学徒を奪い取るようなことは慎むべきであるが、普通学校の真価を認めて入学を希望するものに対しては、書房や私立学校の学徒であろうと迎え入れ、一旦入学を許した以上は引き戻そうとするものがあっても断然拒絶すべきである」(30)という、本音と建前を巧妙に使い分けた、不明瞭なものであった。年に一度開催される官公立普通学校教監会議の席上では、学徒募集の成果が公表されたので、各教監は情報交換を行なうと同時に、競って学徒の勧誘に懸命となったのである。各学校の学徒数及び教員数は先の図表2の該当欄を参照されたい。

(五)　普通学校の経営・管理

さて、仮に学徒を獲得できたとしても、普通学校の経営は苦しい状況にあった。官立普通学校の予算は学部から、公立普通学校の予算は地方費からの支弁と学部の援助からということになってはいた。しかし、当の学部自体が財源不足であったので、諸政策は予算の都合で足踏み状態となることがしばしばあった。当時の地方費の内容は、郷校の財産、具体的には学田などから生じる収入金および雑収入であり、これを管理していた郡守ら地方の役人と教監との間にトラブルが多発した。トラブルのいくつかを挙げると次のとおりである。

「付属学田ヨリ生スル収入月額四〇円アリ昨年之ヲ郡守ニ返還シ再ビ取戻セリ」(山田教監／慶州普通学校)

「養賢庫武調田ノ収入ハ昨年四月マデハ公立学校ノ経費ト文廟ノ祭費トニ使用セラレタリ。管理方法ニ就テハ不明ナルモ年額三千圓以上ノ収入アルガ如シ。昨年四月以後其管理ハ開城学会ニ移リ、同学会ハ自己ノ所有ノ如ク為シ来リ。月五〇圓ヲ公立学校ニ支出スルコト、ナレリ。而カモ支出極メテ不規則ニシテ昨年度ノ金漸ク本年四月ニ至リ全部受領セシ位、本年ノ分亦然リ、本来此等ノ収入ハ如何ニ支出シ居ルカ要領ヲ得ザルコト多キ状況ナレバ管理監督ヲ厳ニセザレバ将来如何ニナルベキカ非常ニ憂ヒ居ル次第ナリ」(妹尾教監／開城普通学校)[31]

これらの報告にみられるように、教監は資金の工面や金銭上のトラブルにも巻き込まれ、それを解決することまでが職務だったのである。このことは教監会議でも話題になった。学部事務官小杉彦治は同会議の席上で、この件につき度支部(大蔵省に相当)が調査中であると述べ、度支部次官より各財務監督局長宛に発せられた照会文を読み上げた。

「学校経費ニ充ツル田沓其他財産に関する件」

貴管内公私立学校ノ経費に郷校田、郷屯、学位田屯、齊土膽学庫、養士庫其他田沓ヨリ生スル収入又ハ雑収若クハ手数料等ノ如キ収入ヲ以テ支弁スル向少ナカラザルベシト被存候学部当局者ト協議シテ此際保管ノ方法相講シ度就テハ従来公私学校ノ経費ニ充用シ若クハ講学ヲ目的トスル会所ノ経費ニ充用シ來レルモノハ其財源ノ種類性質沿革乃至管理方法等ヲ学校若クハ会所毎ニ区分シ至急報告相成度此段及照会候也

追テ右ハ過度ノ時ニ際シ田沓ノ如キ財源ノ紛逸ヲ防キ収入ヲ確実ナラシメ一方ニハ教育ヲ発達セシムベキ為メ収支ノ整理上参考ト爲スベキモノニ付其意味ヲ以テ詳細報告ノ上貴見モ有之候ハヾ御申越相成度申添候也(32)

一九〇九年に「地方費法」が制定されることでこの件は落着していく。

管理に関してはその対象が細部に亘る。人事面についてみると、教監は学部に教員の待遇改善を訴えている。当時、日本語に堪能な韓国人教員は普通学校にとって不可欠の存在であった。ところが給与の低廉なことを理由に転任を希望する者があり、教監は学部に韓国人教員の昇給を要求した。漢文の教員にも同様の傾向があった。また身分も他の官吏と同様に官等相当の待遇に改善してほしいとの要求を行なっている。

(六) 報告書の提出

教監の重要な任務の一つに報告書の提出がある。学部は学務官僚を公立普通学校に派遣し、各地の情勢や学校の状況、教師の動静などを視察する必要性を感じていた。実際に視察は行なわれてはいたのであるが、人員や経費の都合で充分に行き届いておらず、各教監に文書による報告を命じ、これを「学事状況報告」と称した。一九〇八年九月二日の学二発第八九号「官公立普通学校教監ニ対スル定期学事状況報告通牒」によれば、報告には定

期報告と臨時報告の二種類があった。定期報告は一年に六回、奇数月の月末に二ヶ月分の学事状況を文章にまとめ、翌月一〇日までに学部次官宛に郵送することになっていた。定期報告の一五項目は次のとおりである。

《定期報告》

一、学校所在地付近ノ一般ノ状態及人民ノ向学心ノ消長
二、学校所在地付近諸学校ノ状況及此等学校トノ関係
三、学徒入学退学及出席奨励ニ関スル状況
四、学徒ノ男女別、年齢別、家庭身分別、職業別、已婚未婚別員数
五、教授、管理、訓練等ニ関シ特ニ施設セル事項
六、諸規程ヲ設ケタルトキハ其写シ及制定ノ事由
七、教科ノ進度ニ関スル状況
八、学校衛生ニ関スル状況
九、校具設備ノ状況
一〇、経費収支ノ状況
一一、卒業生ノ状況
一二、職員ノ異動及勤務ノ状況
一三、学校参観者ニ関スル状況
一四、施設シタル事項ノ結果ニ関スル状況
一五、其他重要ト認ムル事項

一方、臨時報告の内容は以下の六項目である。

《臨時報告》

一、学校所在地付近ニ於ケル教育上関係アル出来事
二、学徒募集ノ状況
三、父兄会、学務委員会其他教育ニ関スル集会ノ状況
四、祝日儀式、運動会、遠足旅行等ノ状況
五、夏季休業中実施セントスル事項
六、前各号ノ外臨時重要ナル事項及定期報告要項中急ヲ要スル事項[33]

これらの項目をみると、学校内外の状況について詳細な報告が求められていたことがわかる。また、臨時報告の一つかと思われるが、韓興普通学校の教監筒井松太郎が、俵学部次官に宛てた一報告[34]がある。報告の文面は次のとおりである。

鉄校発第三七号

平北鉄山郡韓興普通学校
教監　筒井松太郎

五月六日

次官　俵孫一殿

本日学徒家庭訪問ノ帰途本校所在地専輦舘柳亭里金鳳宮ノ店頭図書推積（ママ）他へ発送ノ準備トシテ教科書品目調査

セルニ遭遇シタレハ調査ノ結果左記ノ事実ヲ探知シタレハ其旨当地巡査ニ交渉ノ為メ出署セシモ当時公務ノ為メ他へ出張中ニツキ該荷受人所在警察署へ公文ヲ以テ其旨通報シ差押へ方依頼シタリ昨今教科書発売規程ノ発布セラレ奸商ノ悪手段ヲ弄スルヤモ計リ難ク候へハ御参考ノ為メ報告候也

一　書籍発送人　車（専？）輦舘柳亭里　張簭漢

一　荷受人　宣川邑内總支店　黄旺逸

（以下に、品目・冊数・著者の一覧あり。ここでは省略。）

約言すると、筒井教監は家庭訪問の途中に、学校付近の書店で発送の準備のために積まれている図書（教科用図書）を目にした。これらの教科書が反日的な活動に使用されるのではないかという危惧を抱き、品目・冊数・著者名をリストにして学部に送付してきたのである。この例が示すように、教監は地方教育の「見張り番」でもあった。

学部の初等教育普及計画は、三土忠造のプランニングの下に、日本人学務官僚、普通学校教監のネットワークでその体制を整えていった。三土がカリキュラム編成方針で明らかにしたように、実利面を強調して日語を導入したこと、全教科にわたって道徳教育を盛り込んだことが教育内容の特徴となろう。三土らの意を受けて、韓国全土に点在する普通学校に派遣された教監は、模範教育の推進者であると同時に、学部の日本人学務官僚にとっては貴重な情報網でもあった。おそらくは言語には不自由しながらも、任務を全うしようと努力した彼らは、学部の教育政策を推進したといえる。しかし、その実は日本の韓国植民地化に向けての斥候的な役割をも果たしていたのである。要するに、新教育の導入に熱意をもって邁進した彼らではあるが、統監府及び日本政府の忠僕の域を出ることはなかった。

六、学務委員の設置

先に、普通学校教監の役割には、普通学校の宣伝や入学学徒の勧誘、さらには模範教育の啓蒙活動があると述べたが、これらの活動の支援役として学務委員が設置されたことについて触れておかなければならない。学部編『韓国教育ノ既往及現在』では、学務委員設置の目的を「学務委員ハ（中略）公立普通学校ノ事業ニ利便ヲ与フル機関ナリ其周旋役ナリ学務委員設置ニ関スル訓令即チ学務委員規程準則ニ基キ道令ヲ発シテ之ヲ設ケシメ地方ノ有志家ヲシテ公立普通学校ノ経営ニ参加セシムルモノ[35]」と説明している。「公立普通学校ノ事業ニ利便ヲ与フル」、または「周旋役」とあるのは、具体的には学徒の勧誘や模範教育の宣伝活動を援助し、日本人教監と韓国民衆の橋渡し的な役割を果たすことを意味するのであろう。「学務委員規程準則」は次に掲げるとおりである。

学部訓令第六十六号　学務委員規程準則

漢城府
十三道

（前文略）

第一条　官公立学校所在地ニテハ必要ニ応シテ学務委員ヲ置クコトヲ得

第二条　学務委員ハ官公立普通学校ニ関シテ左開事項ニ就キ府尹郡守学校長ヲ輔佐シ又ハ其ノ諮問ニ応ジテ意見ヲ陳述ス

一、入学ノ勧誘及出席ノ督促ニ関スル事

二、設備ニ関スル事
三、其他普通教育奨励ニ関スル事
第三条　学務委員数ハ官公立普通学校一校ニ対シ七人以下ニ定ム
第四条　学務委員ハ観察使及ビ漢城府尹ガ嘱託ス
第五条　学務委員ノ任期ハ二個年トシ但シ補缺就任者ノ任期ハ前任者ノ余任期トス
第六条　学務委員ハ名誉職トス
第七条　府尹郡守ガ必要ヲ認メタル時又ハ学校長ノ請求ガ有ル時ハ学務委員会ヲ開クベシ
第八条　学務委員会ニハ府尹或イハ郡守ハ会長トナリ学校長及ビ教監ハ参与スベシ

隆熙二年六月二十二日

学部大臣　李載崑

この準則が公布された後、各府道は競うように「学務委員規程」を公布した。そして『官報』には、各校の学務委員の決定を知らせる人事情報が連日掲載された。

第三節　実業教育普及政策

一、韓国近代における実業教育の実施

韓国近代における最初の実業教育は、一八九九年（明治三二）六月二四日の「商工学校官制」によって規定された。官制制定の背景には甲午改革があり、商工学校官制は、その一環として制定されたと考えられる。また一八世紀前後の教育思想であった「実学」(36)が開化派の人々によって受け継がれており、儒学及び漢学が重んじられ

る風土にあって、学部大臣が開化派の人間であったことも、商工学校官制制定の一因であったと考えられる。

ところで、商工学校が学校として機能していたかというと、実際は官制制定と学校職員の雇用のみに終わっている。官制制定三カ月後の九月二五日、最初の教官として李炳善と玄檍が、書記として李文赫が雇用された。李炳善の前職は医学校の教官であった。校長はかなり遅れて、一九〇一年一一月九日、学部学務局長の張世基が兼任した。教官の人事異動は非常に激しく、一九〇二年からは「定員一〇名以下」と規定された教官が六名ずつ、僅か一日の任期で交替している。さらに同年八月一四日からは一〇名全員が翌日に交替する状態であった。一九〇四年六月の「農商工学校官制」の制定に伴い、商工学校官制が廃止されるまでの五年間に、都合二三〇名の職員が雇用されたことになる。また、当時は各外国語学校や医学校が盛んであり、これらの学校が施行規則を制定し、『官報』紙上で学員募集を行なっているのと比較して、商工学校には何の動きもなかった。この二点からみて、実業教育導入の試みは確かにあったものの、学校としては機能しないうちに農商工学校に受け継がれていくことになったと言える。

「農商工学校官制」は、一九〇四年(明治三七)六月八日に制定された。商工学校官制制定の五年後である。二カ月後には「農商工学校規則」も制定され、法的な整備が進んだ。商工学校官制と大差はなく、改編されたのは農科が加わったことと、外国人教官に関する条項である第十条・第十一条が削除されたことのみである。規則が制定されたことは進展であった。規則には、予科一年、本科三年の四年制の課程とすること、入学年齢は満一七歳から二五歳までとすること、予科の教科目などが明文化された。予科の教科目をみると実業系の教科は皆無で、実業教育の準備段階としての一般教養を教授するにとどまっている。

ところで農商工学校はどの程度、機能していたのであろうか。少なくとも『官報』紙上において二度の学員募集を行なっていることが確認されている。最初の募集広告は農商工学校内の工業科で、一九〇四年八月二九日から九月二二日にかけて一六回の募集広告を掲載している[37]。二度目の募集広告は医学校との同時募集で、農商工の何れの学科かは明記されていないが、翌一九〇五年の八月一〇日から二八日にかけて八回の募集広告が掲載されていた[38]。一方、職員は、安定した採用状況となっている。官制制定のあった六月中に書記二名、校長一名、教官一名が既に決まっており、半年後の一九〇四年一二月には全職員の顔ぶれが揃った。商工学校の頃からの教官には玄櫶が、また、その後も学部官僚として活躍する李晩奎が名を連ねている。官制廃止までの三年弱の期間に合計二一名が雇用された[39]。さらにこの学校は一九〇六年七月、二八名の予科卒業生を輩出している[40]。規則制定、学員募集広告の掲載、職員の採用状況、予科卒業生の輩出といった点から、商工学校官制制定期と比較して、進展した状況にあったと言える。しかしながら「実業」教育と呼ぶところまでは到達せず、教育内容が一般教養にとどまっていた点では不充分な機関であった。

さて、韓国の実業教育に日本が最初に関与したのがこの時期である。官立漢城中学校の教師であり、翌年から学政参与官となる幣原坦が学部に自説を進言した。この時の実業教育の導入をめぐる学部大臣閔泳煥とのやりとりは既に述べた通りである。閔泳煥は、一八世紀前後の実学の系譜を引く開化派の人物であったため、実業教育の導入に関しても前向きに対処していたとみることができる。しかし、第二次日韓協約締結の際に閔泳煥は自害し、この時期に韓国人による主体的な実業教育の導入は終わりを告げるのである。

一方、閔泳煥の意向を受けた幣原坦は、農商工学校を分野別に分科し、それぞれに先進知識・技術の導入者として日本人教員を配置する計画を立てていた。前出の幣原の韓国教育改良案報告書は、農業部門に農学士赤壁次郎、工業部門に工学士久野末五郎が着任したこと、商業部門には日本に留学して商業を修めた韓国人が就任する計画であることを告げている。ところが、農商工学校は一九〇七年三月三一日を以て廃止となる。これに代わる学部所管の学校は設立されず、農科は農商工部所管の農林学校が、商科は日本人大倉喜八郎（おおくらきはちろう・一八三七―一九二八）による私立（韓国財団設立）善隣商業学校が、工科は農商工部所管の工業伝習所が肩代わりすることになった。そして学部の教育政策は専ら初等教育面に傾注していくことになる。

しかし、幣原の改良案をみると、「農工商学校ハ対韓経営ノ進行ニヨリテ頗興味アル所タラントス。須ク専門家ヲ聘シテ正式授業ノ緒ニ就カシムヘシ」とあり、改良第二期には、その方策として「之ヲ分チテ商工学校及農林学校トシ現在ノ校舎ヲ商工学校トシ農林学校ヲ他所ニ移シ農業及植林ノ法ヲ授クルヲ最有益トス」と提言されていた。実際に農商工学校から農林学校が分離し、後に水原に移設されたことなど考え合わせると、学部・農商工部と所轄は異なっていても、幣原の改良案がそのまま反映されたとみることもできる。

学部が再度、実業教育に着手するのは一九〇九年である。このとき創設された実業学校は、普通学校卒業生にとって唯一の中等教育機関であり、そこでは低度の農業教育や土地測量員の養成などが行なわれた。こうしてみると、実業学校には二つの流れが存在したことになる。先にみた技術修得機関としての実業学校と中等教育機関としての実業学校である。ここでは、普通学校と連結していた中等教育機関としての実業学校についてみていくことにしよう。

なお、参考に供するため、韓国における実業教育がどのような順序で実施されたか(41)を図表化したので参照されたい。

二、中等教育機関としての実業学校の設立と教育内容

㈠　俵学部次官の対韓実業教育方針

学部が実業教育の導入に本格的に乗り出したのは一九〇九年（明治四二・隆熙三）四月のことである。既に述べてきたように、学部独自の実業教育導入の試みは、一九〇四年に農商工学校が予科の卒業生を輩出したところで中断していた。その後、一九〇五年一一月の「第二次日韓協約」による韓国保護国化の成立、一九〇六年二月の統監府の設置、一九〇七年七月の「第三次日韓協約」による次官政治の開始と、日本が韓国内での権力を欲しいままにしていく過程で、学部のイニシアチブは日本人官僚が掌中に収めていった。従ってこの時期の実業教育は、日本人学務官僚が主体となって推進したといっても過言ではない。

実業教育の導入に熱心であったのが学部次官俵孫一である。俵には少年期に天秤棒をかついで醤油を売り歩いた経験があるが、そんな幼少期の体験が少しは影響しているのであろうか、実業教育の導入には積極的であった。俵の対韓実業教育計画を明確に示したのが、「学部の実業学校教育施設に関する俵学部次官の講話」(42)である。

俵は、その中で実業学校設置の意義を次の三点であると述べている。まず、「国家人民共に興産致富の計画を立つるは即ち是れ国を立つるの基礎にして亦其捷径なり」。換言すると、国家の独立を望むなら空理空論を弄ぶのではなく、「産業の興隆」を通じて「国力培養」を目指すべきと説いている。実業学校こそ産業の興隆に貢献できるといった論旨である。

次に中等教育機関としての実業学校の意義を説いている。一九〇六年に開校した修業年限四年の普通学校が卒業生を輩出する時期となったにも拘わらず、進学すべき教育機関がない、そこで進学先としての実業学校が考え

図表9 韓国近代における実業教育の実施

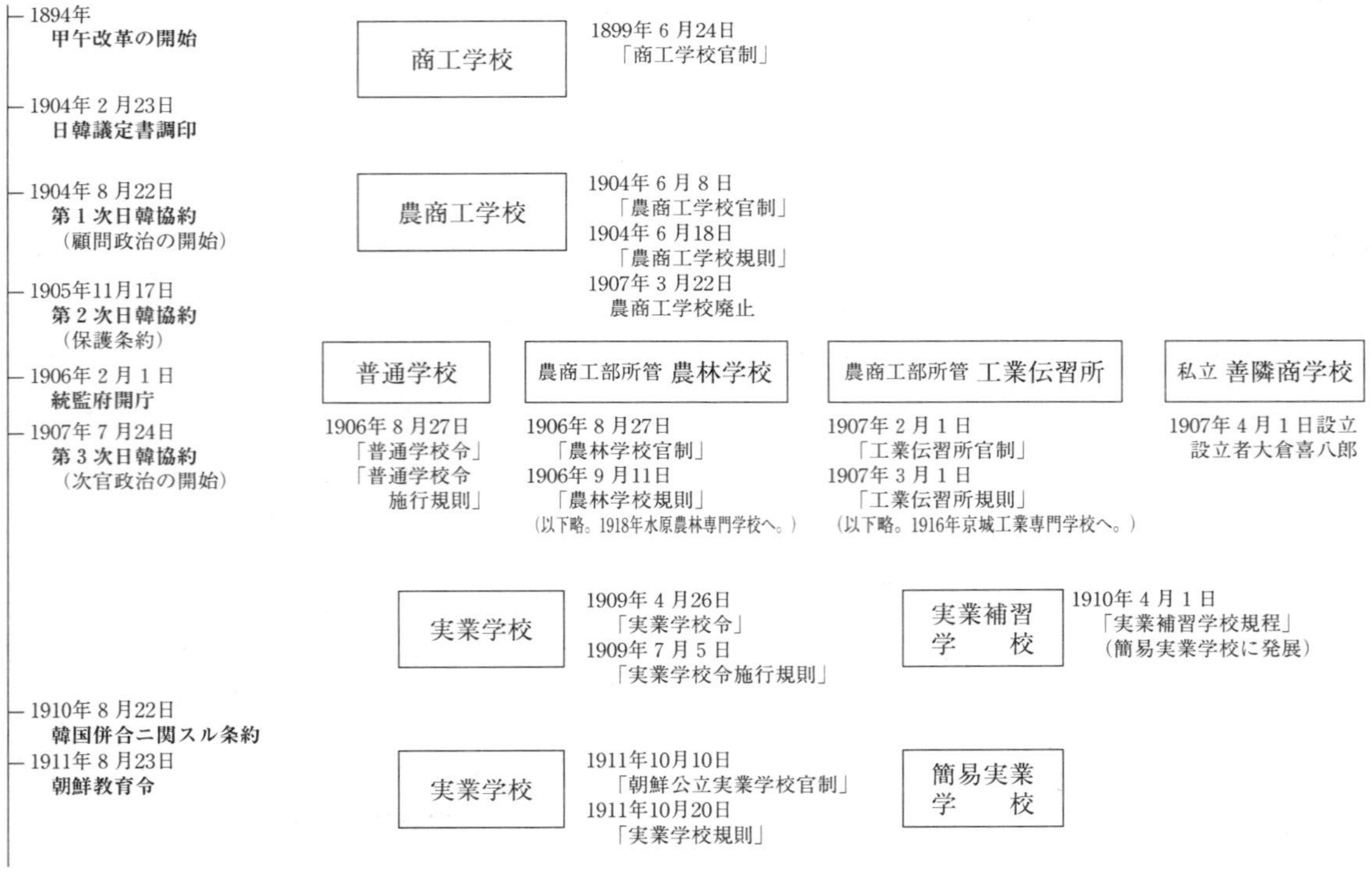
1894年
甲午改革の開始
1904年2月23日
日韓議定書調印
1904年8月22日
第1次日韓協約
（顧問政治の開始）
1905年11月17日
第2次日韓協約
（保護条約）
1906年2月1日
統監府開庁
1907年7月24日
第3次日韓協約
（次官政治の開始）
1910年8月22日
韓国併合ニ関スル条約
1911年8月23日
朝鮮教育令
商工学校
1899年6月24日
「商工学校官制」
農商工学校
1904年6月8日
「農商工学校官制」
1904年6月18日
「農商工学校規則」
1907年3月22日
農商工学校廃止
普通学校
1906年8月27日
「普通学校令」
「普通学校令施行規則」
農商工部所管 農林学校
1906年8月27日
「農林学校官制」
1906年9月11日
「農林学校規則」
（以下略。1918年水原農林専門学校へ。）
農商工部所管 工業伝習所
1907年2月1日
「工業伝習所官制」
1907年3月1日
「工業伝習所規則」
（以下略。1916年京城工業専門学校へ。）
私立 善隣商学校
1907年4月1日設立
設立者大倉喜八郎
実業学校
1909年4月26日
「実業学校令」
1909年7月5日
「実業学校令施行規則」
実業補習学校
1910年4月1日
「実業補習学校規程」
（簡易実業学校に発展）
実業学校
1911年10月10日
「朝鮮公立実業学校官制」
1911年10月20日
「実業学校規則」
簡易実業学校

られたわけである。

最後に、土地測量員養成機関としての実業学校の役割も挙げられた。韓国政府度支部及び統監府は一〇年計画で、全国土地調査事業に着手しており、土地測量技術をもった人材が多数必要であった。その人材を実業学校で養成しようという思惑だったのである。

(二)　澤誠太郎の「農業教育ニ関スル私見」

俵が明言したような実業教育の在り方、殊に農業教育の在り方に関して、それを植民地教育全体のなかでの位置づけを含めて理論化したものに、澤誠太郎の「農業教育ニ関スル私見」がある。執筆者の澤誠太郎は[43]、一九〇九年一〇月二六日に学部事務官として学部入りした人物である。「農業教育ニ関スル私見」(以下「私見」と略す)は、おそらく一九一一年前半[44]に執筆されたものであろう。韓国併合前後に朝鮮教育令の制定に向けて他の学務官僚が執筆した草案と同様の性格をもつ、実業教育制度に関する一試案であった。但し、澤の構想では韓国における実業教育は農業に限られていた。澤は「私見」の総論のなかで、「朝鮮ニ於ケル風土ハ頗ル農業ニ適シ」ており、「農業ニ対スル自然的要素ハ特殊ノ天恵」であるとしている。そして、「研究勤労等ノ人的要素ヲ以テセバ将来農事ノ発展ハ非常ノ勢ヲ以テ進ム」はずであるとし、「教育ノ方面ニ於テ適当ナル農業教育ヲ普及奨励スル」ことが緊要と述べている。

澤が「私見」で具体化した実業教育は「低度ノ農業教育」であった。それは主として、普通学校三・四学年の農業科、普通学校の補習科、実業補習学校、実業学校速成科など、初等教育機関、若しくは簡易な実業学校で実施される農業教育を指していた。そして、当該校を卒業した者が「民間ニアリテ当局ノ指導ヲ了解シ、率先進歩経営ヲナシ一般人民ヲシテ之ニ倣ハシム」れば、低度農業教育の効果は一層高まると説いている。また、低度農業教育は普通学校教監が希望するところでもあると、教監会議における京畿道・江原道・全羅北道の各教監の報告からも裏付けている。さらに、低度農業教育機関では、カリキュラムに農業科だけでなく、修身・読書・算術など「人トシテ日常生活ニ必須ナル」科目を加え、国語（日本語）の時間数を多く設定することが望ましいと考えられていた。そして最終的には、「青年子弟ニ向ヒ実業思想ヲ注入スルト同時ニ更ニ国語普及ノ目的ヲモ達スル」ことを企図していたのである。「私見」では、普通学校の補習科が普通学校第五学年のような、高等程度の学校に入学を志望する者たちの予科のような役割を果たしていることを指摘し、これは学部が本来推進するところの実業教育ではないと断言している。むしろ、実業補習学校の施設を充実させることの方が時宜に適しているとし、実業教育の中心を実業補習学校に置こうとするのが澤の主張である。

また中等程度の農業教育機関においては、「其卒業者ヲ恰カモ軍隊ニ於ケル下士ノ如ク、下級指導者トシテ主事、技手、若シクバ（ママ）学校ノ実科教員等ニ採用シ官憲ノ勧業機関ノ手先トシテ活用セシムルハ頗ル当ヲ得タル事」であると臆面もなく述べている。これが当時の植民地支配者側の意識なのであろう。さらに澤は、道立農業学校に測量科を設置することを提案している。「農業学校卒業生ヲ測量員ニ採用スルノ制度ハ農業学校成立ヲ容易ナラシメ且卒業生ニ確実ニ職ヲ与フル等ノ点ヨリ考フレバ頗ル妙味ノ存スル」という理由である。実際に測量科は設置され、やがて澤の計画は実現されるに至るのである。

では、実業教育普及政策が事実上、どう展開したかについて述べていくことにしよう。

(三) 実業学校の法的基盤

実業学校の法的な基盤は一九〇九年（明治四二・隆熙三）四月制定の「実業学校令」、及び同年七月制定の「同施行規則」である。以下に実業学校令の全文を掲載、及び実業学校令施行規則を抄録しよう。実業学校令は全一一条から成る。

勅令第五十六号　実業学校令

第一条　実業学校ハ実業ニ従事スルニ須要ナル教育ヲ施スヲ以テ目的トス
第二条　実業学校ノ種類ハ農業学校、商業学校、工業学校及実業補習学校トス
蚕業、林業、畜産及水産ニ関スル学科目ヲ主要ニ教授スル学校ハ農業学校ト見做ス徒弟学校ハ工業学校ノ種類トス
第三条　実業学校ハ二種類以上ヲ合セテ一校トスルヲ得
第四条　実業学校ハ其設立ノ区別ニ従ヒ国ノ費用ヲ以テ設置スルモノヲ官立トシ道、府又ハ郡ノ費用ヲ以テ設置スルモノヲ公立トシ私人ノ費用ヲ以テ設置スルモノヲ私立トス
第五条　公立又ハ私立実業学校ノ設置及廃止ハ学部大臣ノ認可ヲ受ク可シ
第六条　実業学校ノ修業年限ハ三個年トス但土地ノ情況ニ依リ一個年以内ヲ伸縮スルコトヲ得
実業学校ニ二個年以内ノ速成科ヲ置クコトヲ得
第七条　実業学校ニ入学スルヲ得ル者ハ年齢十二歳以上ノ男子ニシテ普通学校ヲ卒業シタル者又ハ此ト同等ノ学力ヲ有スル者タル可シ但速成科ニ関シテハ本文規定ニ依ラサルコトヲ得
第八条　実業学校ノ教科用図書ハ学部ニテ編纂ノモノ又ハ学部大臣ノ検定ヲ受ケタルモノヲ用フ可シ
学校長ハ学部大臣ノ認可ヲ受ケテ前項以外ノ図書ヲ用フルコトヲ得
第九条　実業学校ニ於テハ授業料、入学料ヲ徴収スルコトヲ得
第十条　実業補習学校及徒弟学校ニ関シテハ学部大臣ニ於テ別途ノ規定ヲ設クルコトヲ得
第十一条　本令施行ニ関スル規則ハ学部大臣ガ定ム

附則

本令ハ頒布日ヨリ施行ス
隆熙三年四月二十六日
内閣総理大臣　李完用
学部大臣　李載崑

次に実業学校令施行規則であるが、七章構成で附則を併せると全三五条から成る。ここでは主要な条文のみを抜粋することにする。

学部令第一号　実業学校令施行規則（抜粋）

第一章　総則

第一条　実業学校ノ名称ニハ其学校ノ種類又ハ学科目名ヲ表ス可シ但単ニ実業学校ト称スルヲ得

前項学校名称ニハ官立、公立、又ハ私立ノ文字ヲ冠ス可シ

第二章　学科目及其程度

第二条　実業学校本科ノ学科目ハ実業ニ関スル科目及実習以外ニ修身、国語及漢文、日語、数学、理科トス但数学、理科ハ之ヲ欠キ又地理、歴史、図画、法規、統計、測量、体操及其他ノ学科目ヲ加フルヲ得

農業ニ属スル学校ノ実業ニ関スル科目ハ気候、土壌、水利、肥料、農具、作物、園芸、病虫害、農産製造、養禽、養蚕及製種、桑樹栽培、製糸、造林、林産製造、養畜、獣医、漁撈、養殖、採藻、水産製造、農業経済及其他事項ヨリ選択シ又ハ便宜分合シ此ヲ定ム可シ

商業ニ属スル学校ノ実業ニ関スル科目ハ商業地理、商業簿記、商業文、商業算術、経済、商品、商事要項、商業英語等トス

工業ニ属スル学校ノ実業ニ関スル科目ハ用材、用具、測量、製図、絵画、機織、染色、製紙、化学製造、分

拆、造家、家具、髹漆、陶磁器、採鉱冶金、鋳工、鍛工、板金細工、竹細工、工業経済及其他事項ヨリ選択シ又ハ便宜分合シ此ヲ定ム可シ

第五章　設置、廃止、授業料、入学料

第十二条　公立又ハ私立実業学校ヲ設置セントスル時ハ公立ニ在リテハ観察使、府尹又ハ郡守ガ左記第一号乃至第七号ノ事項ヲ具シ私立ニ在リテハ設立者ガ左記各号ノ事項ヲ具シ学部大臣ニ申請ス可シ

一　名称、位置
二　学員ノ定数
三　修業年限
四　学科目
五　校地、校舎ノ平面図
六　一箇年ノ収支予算
七　設立地方ノ実業状況
八　維持方法
九　設立者ノ履歴書

前項第六号及第七号以外各号ノ事項ニ変更ヲ有スルトキハ学部大臣ニ報告ス可シ但第九号設立者変更ノ境遇ニ在リテハ承継者ノ履歴書ヲ添付ス可シ

隆熙三年七月五日

学部大臣李載崐

これらの法令の特徴として次の三点を挙げることができる。まず、実業学校令第三条・第六条に明らかなように、設立主体が学校の種類や就学期間を決定できる自由裁量権のあること、次に、そうは言っても、第五条・第

八条及び施行規則の第一二条から明らかなように、実業学校が学部(大臣)の監督下に位置づけられていること、最後に、第七条の入学年齢は「一二歳以上の男子」とあることや、施行規則二条に一般科目が置かれていることから、実業教育機関でありながら中等教育機関としての色彩が濃いことである。

また、学部は実業学校令・実業学校令施行規則に次いで、一九〇九年（明治四二年）七月一〇日、学部訓令第七号「実業学校令頒布ニ関スル訓令」により、実業教育奨励の趣旨を説明した。次の五項目を参照されたい。

一、実業学校ノ目的ハ各種ノ実業ニ従事セントスル者ニ対シ、適切ナ教育ヲ施スコトニ在ルヲ以テ、之ヲ彼ノ普通教育ノ為ニ設クルモノトハ又其間趣旨ヲ異ニスル所アリ。故ニ之ガ施設ニ当リテハ須ラク其ノ本質ニ鑑ミ、且ツ地方産業ノ現状及ビ将来ノ趨向ニ照ラシ適当ノ経営ニ出デンコトヲ要ス。

二、実業学校ノ種類ニ関シ実業学校令第二条ニ規定スル所ノモノハ普通ノ種類ニ基キ之ヲ大別シタルニ過ギザルヲ以テ、実際ノ施設ニ当リテハ必ズシモ此等数種ノ学校ノミニ限ルニ非ズ。苟モ其ノ実業ニ関スル学科ヲ教授スルモノハ均シク是ノ実業学校トシテ設置スルコトヲ得ヘキヤ論ヲ俟タズ。随ッテ単ニ農業、商業、工業ノ一種ヲ選ビ設置スルモ、或イハ二種、或イハ三種ヲ合ワセテ一校トナスモ将又蚕業ニ林業ヲ加ヘ畜産ト水産トヲ併セ置クモ、此等ハ総テ土地ノ情況ニ依リ斟酌ノ余地ヲ与ヘラレタルモノナルヲ以テ、其ノ種類ノ選択ハ特ニ意ヲ加ヘテ法令ノ趣旨ヲ愆ラサランコトヲ要ス。

三、実業学校ニ於ケル実業ニ関スル科目ハ、其ノ学校ノ種類ニ依リ必ズシモ一定セラルヘキモノニアラス。実業学校令施行規則第二条ニ揚グル所ノモノハ唯其ノ一班ヲ例示シタルニ過ギス。此等ノ科目ハ適宜分合取捨シ得ベキノミナラス、例示以外ノ事項ト雖、必要ニ応ジ之ヲ加ヘ得ルコトハ勿論ナルヲ以テ、須ラク其ノ地方産業ノ情態ニ鑑ミ適切ナル科目ヲ選定センコトヲ要ス。

四、実業学校ハ土地ノ情況ニ依リ、其ノ種類及ビ学科目ヲ異ニスルコト以上述フル所ノ如シ。従ッテ修業年限ノ如キ、又之ヲ限定スルヲ避ケ唯其ノ最モ短キ期間ヲ限定セルノミナルヲ以テ、或イハ之ヲ三箇年トナスヲ得ベク、或イハ伸縮シテ四箇年若クハ二箇年トナスヲ得ベシ。又、入学者ノ年齢ハ一二才以上トシ、学力ハ普通学校ノ卒業程度ヲ以テ之ヲ標準トナセリト雖、速成科ノ如キハ主トシテ設立地方実業上ノ急需ニ応ジ又ハ簡易速成ノ目的ニ依リ設ケラルベキ趣旨ナルヲ以テ、特ニ年齢学力ノ規定ヲ置カサルコトトセリ。

五、由来教育ノ弊トシテ往々智育ニ偏傾シ人格修養ニ重キヲ置カサルガ為メ、学生ヲシテ不知不識ノ間ニ軽佻浮薄ニ流レ、実践躬行ヲ忌ム風ヲ馴致スルニ至ルモノアリ。是レ実ニ教育ノ本旨ヲ誤ルモノト謂フベシ。特ニ実業学校在リテハ其ノ修得シタル智識技能ヲ以テ直ニ其ノ執ルベキ業務ノ実際ニ施スヲ主眼トスルモノナレバ、学校ニ於テハ務メテ堅忍質実ノ美風ヲ涵養シ、信用公益ヲ重ンジ労役力行ヲ尚ブノ習慣ヲ得シムル等強要指導其ノ道ヲ愆ラサランコトヲ要ス。

実業学校では、地方の実状に見合った産業の教授を目的とし、学校の種類、学科目、修業年限、入学年齢の決定を設立主体の自由裁量に任せたのである。また、実業教育を通じて人格修養をも目指したのであった。

㈣　実業学校の教育内容

実業学校の設立は、一九〇九年度より三万円の予算でスタートした。まずは国内樞要の地、四箇所（大邱・平壌・全州・咸興）で実業学校の開設が実現し、一クラス五〇名程度、修業年限二年、普通学校卒業生を優先入学させることなどが取り決められた。また地方費で実業学校新設を計画している地域もあり、学部は補助金の給付を決め、拡張に努めたのである。この法令に基づいて設立された実業学校が「実業学校一覧」の一八校である。内訳は農業及び測量学校が一六校、商業学校が二校であった。また、農・商・工各校のカリキュラムと週当りの授業時数も表にしたので併せて参照されたい。

カリキュラムの特徴は、全般的に普通科目と実業科目が半々の割合であること、学年が進むにつれて日本語の時間が減り、実業科目の時間数が増えたことである。各種学校別にみてみると、農業学校では第一学年の普通科目が二一時間、実業科目が九時間の計三〇時間プラス実習であり、第二学年では普通科目が一三時間、実業科目が一七時間（農業一五時間、測量二時間）の計三〇時間プラス実習であった。第三学年では普通科目が一一時間、

図表10　実業学校一覧

学校名	設立年月	学科	修業年限	定員（実数）	教員
官立仁川実業学校（旧仁川日語学校）	一九〇九・六・五	商業	三年	一五〇名（一八四名）	校長　金潤晶（兼仁川府尹一九一〇・九・三〇辞職） 学監　岩崎厚太郎（一九〇九・八・九辞職） 教授　高山雅経（岩崎辞職後兼学監） 副教授　李根浩（元仁川日語学校副教授） 副教授　崔鼎夏（同上） 副教授　茂田龢（同上） 副教授　西村秀雄（同上）（一九一〇・五・一六辞職） 副教授　丁奎明（同上）
公立釜山実業学校（旧私立開成学校）	一九〇九・四・九	商業	三年	五〇名（一二六名）	校長　金彰漢（一九一〇・九・三〇辞職） 学監　福士徳平 教授　坂根久人 事務取扱嘱託　岩林喜之助

公立大邱農林学校	一九一〇・三・一四	農林業及測量	本二年 速一年	本科五〇名 速成科五〇名 （一三二名）	（岡山県立商工学校教諭を休職） 校長　三浦直次郎（兼勧業模範場技師） 学監　石澤雄右衛門 教授　矢野八百蔵 教授　豊田四郎（兼土地調査局技師） 副教授　谷本貞幸（元土地調査局技手） 副教授　李元祚（同上） 副教授　朴鐘舜 〃事務取扱嘱託　小川瑛哉
道立平壌農学校	一九一〇・三・一四	農林業及測量	本二年 速一年 測速一年	五〇名 （一一一名）	校長　花井藤一郎（兼勧業模範場技師） 学監　松尾幸太郎 教授　池田活之祐（兼土地調査局技師） 教授　安永牛之助 副教授　李鶴林（前普通学校教員） 副教授　崔元慶（前群山普通／実業学校教員） 林業科講師嘱託　柳町寿男（道技手） 副教授・事務取扱嘱託　杉崎勝蔵
公立全州農林学校	一九一〇・三・一四	農林業及測量	二年	五〇名	校長　岸秀次（兼種苗場技師）

				（九〇名）	学監　松村豊吉 教授　斎藤勤 副教授　石川利政（元土地調査局技手） 副教授　宋秉泰（元農林学校教授補）
道立咸興農業学校	一九一〇・四・八	農林業及測量	本二年 速一年以内	五〇名 （八五名）	校長　李範來（兼任監察使一九一〇・九・三〇辞職） 学監　高山徹 副教授　金洙梧（前普通学校教員）
公立晋州実業学校	一九一〇・四・四	農林業及測量	二年	？（六七名）	校長　佐藤政次郎（兼種苗場技師） 学監　船津至精 副教授　全珍植（夏） 測量科講師嘱託　多田猪之造（道技手）
公立光州農林学校（六月より道立に）	一九一〇・四・二〇	農林業及測量	本三年 速一年	？（八八名）	校長　申応熙（一九一〇・九・三〇辞職） 学監　伊藤繁 副教授　宋國龍
公立春川実業学校	一九一〇・三・二四	農林業	二年	？（四一名）	校長　李奎完（兼観察使一九一〇・九・三〇辞職） 学監　堀摠次郎（一一・六まで兼普通学校教員） 教授　野村盛之助（学監事務取扱嘱託）

					副教授　許興龍
公立群山実業学校	一九一〇・三・一九	農林業	二年	？（四〇名）	学監　桑島兼三郎（兼任普通学校教員） 副教授　崔元慶（同上・後平壌農学校に移動） 副教授　趙承律（兼普通学校教員） 副教授　金正鳳（同上）
公立定州実業学校	一九〇八・一〇・一六（一九一一・三・三一廃止）	農林業	二年		学監　鹿子木義明（兼普通学校教員） 学監　森新助（同上） 教授　福江久雄 副教授　鄭基都
公立済州農林学校	一九〇九・一二・一二	農林業	本三年 速一年	？（五三名）	校長事務嘱託　李載華（郡主事） 学監　小松兼吉（兼普通学校教員） 教授　伊東五八郎 副教授　曹秉采 副教授　洪淳寧 学監事務取り扱い嘱託　吉峰源十郎
道立公州農林学校	一九一〇・七・二六	農林業及測量	二年	五〇名（七一名）	校長　指宿武吉（兼種苗場技師） 学監　桑畑一平 副教授　金永鎮
公立北青実業学校	一九一〇・八・二三	農林業	二年	？（三二名）	学監　樋口虎之助
道立海州農業学校	一九一〇・一二・一九	農林業及測量	二年	？（五九名）	校長・教授・事務取扱嘱託　末田新松

道立義州実業学校	一九一一・五・一一	農林業	二年	？（七九名）	校長事務取扱嘱託　伊東五八郎
公立寧辺実業学校	一九一一・五・一八	農業（養蚕）	一年	？（六〇名）	校長事務取扱嘱託　渋谷元良（道事務官）
道立清州農林学校	一九一一・九・一	農林業	二年	？（五〇名）	

出典：旧韓国『官報』一九〇九年四月～一九一〇年八月の学事欄・広告欄及び『朝鮮総督府官報』第三五三号より作成。
※定員は初学年の定員であり、実数は学校全体の学生数を表している。

実業科目が一九時間の計三〇時間プラス実習で、学年が進むにつれて日語が六→三→二時間と減少し、実業科目が九→一七→一八時間と増加している。商業学校も農業学校と同様の傾向を示していた。日語の時間数が圧倒的に多いのは、商業学校の教育目的が日本との通商を念頭においているためであろう。この時期に設立された仁川実業(商業)学校では、先に表示した実業学校施行規則にもとづくカリキュラム図表12を大枠で踏襲しながらも、図表14のカリキュラムを編成した。その特徴は、歴史と英語を配置したこと、商業を法制経済、商事要項、簿記、商品の教科に細分化したことである。また、仁川実業学校は旧仁川日語学校であり、日語の教授は十分に為されたと推測される。先の図表10に明らかなように教員も日語学校時代と殆ど変わっていない。商業を誰が教授したのかは、疑問が残るところでもある。

なお、工業学校のカリキュラムも同様の特徴を持ったが、この時期に設立された実業学校に工業学校はなかった。

(五)　実業学校における教育の実際

さて実際のところ、実業学校は実業教育機関として機能していたのであろうか。また、当時の韓国社会に実業教育を受容する態勢ができていたのであろうか、さらに、民衆の実業教育に対する理解度はどうだったのであろ

図表11　農業学校カリキュラム及び週当たりの授業時数

学科目	第1学年 時数	第1学年 程度	第2学年 時数	第2学年 程度	第3学年 時数	第3学年 程度
修身	1	実践道徳	1	同左及実業道徳	1	同左
国語及漢文	3	購読・作文・習字	2	購読・作文	2	同左
日語	6	読法・解釈・会話 作文・習字	3	読法・解釈・会話 作文	2	同左
数学	5	算術・幾何	4	幾何・代数	4	代数・簿記
理科	4	博物・物理	3	物理・化学	2	化学・生理衛生
図画	1	自在画				
法規					1	農業に関する法規の大要
農業	9	農業に関する事項	15	同左	15	同左
実習	6～10	農業実習	6～10	同左	6～10	同左
測量			2	平面測量	3	平面・高低測量
体操	1	学校体操				
計	30		30		30	

出典：旧韓国『官報』4424号、1909年7月9日付。

うか。かつて、幣原坦が実業教育の導入を志した際、農商工学校の生徒募集状況は惨憺たるものであった。その有様を幣原は、「一人も生徒の希望者が無いのでございます。そこで書生を集めて、山林の話をしますやら、原野の利用を述べるやら、非常の骨折りの末に、やっと生徒が出来た。何人か。たった四人であります[45]」と述べている。また、民衆の受取り方についても、「実業教育とは何んぞや、農業するもの、工業するもの、商業するもの、是れは即ち今度這入った日本人の参与官なるものが、朝鮮の人を、他人に使はるゝ国民にする積りであるに相違ないと謂って、誰れも入学する者はなかった[46]」と述べている。このような状況の背景には、学部のいう「日本人に対する誤解」と儒教の影響があった。当時、韓国で学問といえば漢学を指しており、農業や商業、工業については学校で習うという感覚がなかったのである。

しかし、実際に実業学校が設立されると民衆の動

図表12　商業学校カリキュラム及び週当たりの授業時数

学科目	第１学年		第２学年		第３学年	
	時数	程度	時数	程度	時数	程度
修身	1	実践道徳	1	同左及び実業道徳	1	同左
国語及漢文	4	購読・作文・習字	2	購読・作文	2	同左
日語	10	読法・解釈・会話 作文・習字	8	読法・解釈・会話 作文	7	同左
地理	2	本国地理 外国地理				
数学	5	算術・珠算	4	幾何・代数	3	同左
理科	4	博物・物理	4	物理・化学	2	地文・生理衛生
図画	1	自在画	1	用器画		
法規					1	商業に関する法規の大要
商業	6	商業に関する事項	13		13	
実習					3～6	商業実習
体操	1	学校体操	1	同左	1	同左
計	34		34		30	

出典：旧韓国『官報』4424号、1909年７月９日付。

図表13　工業学校カリキュラム及び週当たりの授業時数

学科目	第１学年		第２学年		第３学年	
	時数	程度	時数	程度	時数	程度
修身	1	実践道徳	1	同左及び実業道徳	1	同左
国語及漢文	3	購読・作文・習字	2	購読・作文	2	同左
日語	6	読法・解釈・会話 作文・習字	3	読法・解釈・会話	2	同左
数学	5	算術・幾何	5	幾何・代数	5	代数・三角術・簿記
理科	4	博物・物理	4	物理・化学	4	化学・生理衛生
図画	1	自在画				
法規					1	工業に関する法規の大要
工業	9	工業に関する事項	15		15	
実習	6～10	工業実習	6～10	同左	6～10	同左
体操	1	学校体操				
計	30		30		30	

出典：旧韓国『官報』4424号、1909年７月９日付。

図表14　仁川実業学校カリキュラム及び週当たりの授業時数

学科目	第1学年		第2学年		第3学年	
	時数	程度	時数	程度	時数	程度
修身	1	実践道徳	1	同左及び実業道徳	1	同左
国語及漢文	3	購読・作文・習字	2	購読・作文	2	同左
日語	10	読法・解釈・会話 作文・習字	6	読法・解釈・会話 作文	4	同左
地理	3	本国地理	2	本国地理 外国地理	1	外国地理
歴史				本国歴史		
数学	5	算術・珠算	5	同左・代数	5	同左・幾何
理科	3	博物・物理	3	物理・化学	3	地文・生理衛生
図画	1	自在画	1	用器画		
法制経済			1	商業に関する法規の大要 経済大意	2	同左
商事要項	3	商業大意	3	各論	3	同左
簿記	3	商業簿記	3	同左・銀行簿記	3	銀行簿記・会社簿記 官庁簿記
商品			3	重要商品	3	同左
英語			2	読法・解釈・書取 作文	2	読方・解釈・書取 会話・作文
実習					3	商業実習
体操	1	学校体操	1	同左	1	同左
計	33		33		33	

出典：「官立仁川実業学校学則」旧韓国『官報』4468号、1909年9月1日付。

向にも変化が生じてきた。一九一一年九月の道立咸興農業学校長の報告には次のようにある。

　一般人民は最初本校の性質を辨へず。農業実習等を見て甚だ奇異の感を抱き、甚だしきは学問を教授するにあらずして唯百姓を稽古せしむる所なりとして冷笑したる位なりしも、一方地方庁の始めとし一般官民が切に実業教育の必要を勧誘奨励せると又一方本校学員の成績等に依り漸次本校の性質も一般に知らるるに至りし為、従来の誤解も稍氷解し始むるに至れり。然れども元来労働を賎む習慣あるが故に真に実業を好愛し労働を尊重して子弟を本校に入学せしむるもの少なきが如し。尤も普通学校の卒業生中には訓育の感化により実業を好愛し自ら進んで本校に入学を希望する者なきにあらすと雖、是等は甚だ少数なりとす。惟ふに本校の入学志願者が他私立学校に比し著しく増加したるは（一）本道唯一の高等学校程度の道立学校なること（二）卒業後奉職の見込あること（三）修業年限短きこと（四）学資を要すること少なきこと等に帰因すること多かるへし(47)。

この報告は幣原の計画から六年後に提出されたものである。既に親日的な教育を受けた普通学校の卒業生が入学したこともあり、実業学校が徐々に一般民衆に受け入れられてきたことが示されている。

次に、清州公立農業学校校長の報告(48)から実業学校における教育の実際をみておこう。清州公立農業学校は一九一一年六月の設立で、一〇月以来四五名の生徒が異動なく学んでいる状況(49)であった。実習は道の模範農場の刈り入れ後を借用して行なわれた。栽培できる作物の種類も作業の種類も限られたが、労働の習慣や規律の養成に重点が置かれた。この時の実習作業の結果報告は以下の通りである。

教授日数　九九日　　実習課業日数　五五日　　実習出席百分比九六・五％

実習作業の種類

蔬菜の除草、中耕、間引き及び収穫	一八日
麦畑整地播種、中耕	一〇日
校地及び圃場の整理	一三日
藁細工	一四日

全教授日数の過半数を実習にあて、殆ど全員が実習時間に出席していることがわかる。借用田畑をフルに活用

したカリキュラムであった。

また、同校では日記と金銭出納簿の記入を生徒に義務づけ、一〇日に一度、教員が査閲を行なうことになっていた。その目的は、①各自の個性や日常行為を把握し訓練を行なうため、②生徒に自修反省の美風を養わせるため、③教科の補習をさせるため、④日常の記録を残し記憶を確かにさせるため、⑤作文能力を高めるため等であった。日誌に記載すべき事項は、天候・起居・学科・実習・感想の五項目で、感想の中に「実習等に対する当日の反省並びに見聞の所感」を記録するよう指導されていた。ここでは李聲魯・孫在益両名の日記感想欄の記述から、学校での実業教育の様子を探ってみよう。

李聲魯の日記（感想欄）一二月三〇日

午後一時ニ隣ノ方へ往キシニ隣ノ人多数集マリテ或ハ索縄或ハ藁鞋ヲ作リテ居リ皆ニ対シテ今年ノ稲作収穫量ヲ聞クニ今年ハ稲ノ白穂非常ニ多クシテ今年ノ収穫量昨年ヨリ少シト云ヒ清州農業学校ニテ勉強シタルモノハ是等ノ稲ノ病気モ予防スルコト出来ルヤト聞カレタリ詳ク知ラサルモノナレトモ考ノ通リ答ヘタリ私ハ学校へ入学シテ漸ク四箇月ニナリテ詳クハ分カラサレトモ其ノ稲ノ病気ニハ非ルモノナリ。其レハ螟虫ト云フ虫害ニシテ初メ其ノ螟虫ノ蛾苗代ノ時卵ヲ産付シテ其ノ孵化シ稲ニ大害ナルモノニシテ其レヲ予防スルニハ第一苗代ヲ短冊形トシ其レテ卵ヲ取リ又内地ニハ共同ニ誘蛾灯ヲ設ケ其ノ蛾ヲ誘殺シ又稲株中ニテ被害セル株ヲ取リ又ハ被害シタル藁ヲ温突ノ燃料トナシ田ノ畦畔ヲ焼ク等ナセハ予防スルヲ得ルナリ

孫在益の日記（感想欄）一月四日

朝五時ニ起床シテ九時ニ朝食ヲ食ヒタ《（ママ）》後ニ隣ニ居ル人カ来テ学校ノ有様ヲ聞キタルニ学校ハ校長諸先生及ヒ委員方ノ御熱心テ段々盛ニ成リテ来タリト答ヘタリ然ル後又課目ハ何々テ生徒ハ皆幾人テ有ルカト聞キタルニヨリ課目ハ何々テ生徒ハ現在出席スル生徒カ四十五タト答ヘタリ而シテ私シカ稲ノ事ハ皆学ヒタルカ故ニ朝鮮在来ノ稲作リ方ノ欠点

ト成ル所ト内地改良種ノ利益ナル事ト害虫予防方法ノ事ヲ知ルタケ説明シテ聞カセルト成ル程ト云ハレタリ

両者とも農業学校で得た知識を隣人に披露したという内容である。学校側に提出する日記であるため、否定的な内容が書けないのは当然であるが、少なくとも害虫に関する知識は既に学んでいたようである。また彼ら在校生は、実業学校の宣伝役、及び実業奨励思想の啓蒙役も担っていたことになる。

三、実業補習学校と普通学校における実業教育

(一)　実業補習学校の開設

実業教育の母体となったのは実業学校ばかりではなかった。実業学校は先にみた一八校のみであり、徐々に発展してはいたものの、全体からみれば僅かに過ぎなかった。しかしながら、実業学校を新設するには予算不足であったので、学部は実業補習学校の設立を開始した。実業補習学校とは「簡易・速成」型の実業学校である。普通学校、または実業学校の付属機関として設立され、短期間で実業教育及び実業思想を教授する機関であった。実業補習学校の概要を次の「実業補習学校規程」からみてみよう。

学部令第一号　実業補習学校規程

第一条　実業補習学校ハ簡易ナル方法ニ依リ実業ニ従事スルニ須要ナル教育ヲ施スヲ以テ目的トス

第二条　実業補習学校ノ修業期間ハ二個年以内ニ此ヲ定ム可シ
実業補習学校ハ土地ノ情況及職業ノ種類繁簡等ニ依リ学徒ノ修業ニ便宜ナル時間及季節ヲ選ヒテ教授スルコトヲ得
此境遇ニハ前項ノ修業期間ヲ延長スルコトヲ得

第三条　実業補習学校ノ教科目ハ修身、国語及漢文、日語、算術、実業ニ関スル科目トス
　前項ノ教科目中国語及漢文、日語、算術ヲ闕キ又土地情況ニ依リ他ノ教科目ヲ加フルコトヲ得
　実業ニ関スル科目ハ実業学校令施行規則第二条第二項以下ノ科目中ニ就キ適宜此ヲ定ム可シ
第四条　実業補習学校ニ入学スルコトヲ得ル者ノ資格ハ土地ノ情況及実業ノ種類ニ依リ適宜此ヲ定ム可シ
第五条　実業補習学校ハ普通学校、実業学校又ハ其他ノ学校ニ付設スルコトヲ得
　附則
　本規程ハ頒布日ヨリ施行ス
隆熙四年四月一日
学部大臣　李溶植

実業学校令や実業学校施行規則と比較すると、設立主体に自由裁量権が与えられていることがわかる。最優先されるのが地域事情であり、生徒の事情である。設置期間が二年以内であれば、通年型でも短期集中型でも構わないとしている。一般科目も国語・漢文・日語・算術のみであり、まさしく「簡易・速成」実業学校であった。この時期に設置された実業補習学校は、図表15の実業補習学校一覧のとおりである。

㈡　普通学校における実業教育

この時期、最も実業教育を盛んに行なったのは普通学校であった。普通学校令施行規則に「農業・商業・工業に関する科目を加えることも可」とあることは既に述べたが、カリキュラムに配置されなくとも、学校生活のなかで実業教育の萌芽ともいうべき教育実践が為されたのであった。その目的は産業技術の習得にあったのではなく、実業思想を通じて人間形成を行なおうという色合いのものであった。

普通学校で試みられた実業思想奨励のための実践としては、農業実習（江景普通学校／原州普通学校／尚州普

図表15　実業補習学校一覧

学 校 名	設立年月日	学科	修業年限	学生数（1911. 6 調）	教　　　員
渼洞実業補習学校	1910. 4 .15	農商業	１年	38名（前年度35名）	金顕亀・田淵績・二町経夫 上田冨弥・朴斗星・鹿田哲吉
水下洞実業補習学校	1910. 4 .13	商業	１年	68名（前年度30名）	鄭崙源・鹿小生儀三郎 土本録三郎・柳基駿
於義洞実業補習学校	1910. 4 .13	農商業	１年	46名（前年度28名）	原田甚内・今井猪之助 金重煥・宋在晩
水原実業補習学校		農業	１年	33名	
公州実業補習学校	1911. 6 .10	農業	１年	67名	
洪州実業補習学校	1911. 6 .10	農業	１年	50名	
尚州実業補習学校	1910.12.14	農業	１年	22名	
鎮南浦実業補習学校	1911. 5 .16	商業	１年	50名	
成川実業補習学校	1911. 5 .16	農業	１年	23名	
江陵実業補習学校	1911. 5 . 2	農業	１年	18名	李起遠
原州実業補習学校	1911. 5 .16	農業	１年	14名	朴弘緒
鏡城実業補習学校	1911. 6 . 5	農業	１年	49名	
高原実業補習学校	1911. 6 .12	農業	１年	？	遠山一浩
元山実業補習学校	1911. 9 .25	？	１年	？	

出典：旧韓国『官報』1910年４月～1911年９月より抽出して作成。

通学校）・学校菜園及び収穫物の品評会（南陽普通学校／鉄原普通学校／稷山普通学校／高原普通学校／清州普通学校／星州普通学校）・農業科加設（私立彰明普通学校）・手工練習会（江陵普通学校）・記念樹植栽（南原普通学校／尚州普通学校／潭陽普通学校）・桑園及び養蚕実習（慶州普通学校／咸興普通学校／南陽普通学校／驪州普通学校）・学校林（星州普通学校）・養鶏（星州普通学校）・一坪農園（漢城師範学校附属普通学校）・草鞋奨励会（定平普通学校）[50] 等がある。

　この中から三件の事例を取り上げてみることとしよう。まず、学校園の経営を行なった咸北公立高原普通学校の吉永教監の報告による。当校では一九一〇年三月に土地の開墾、植物の栽培を開始した。研究不足で予想した収穫量には至らなかったが、観賞園の花と蔬菜園の根菜が成功し、収穫物の根菜は女子学生が調理して全員で試食した。土地の気候に適合した根菜の種子は学徒の家庭や地方人民に頒与された。収穫物の一部は売却し、売上金で学用品を購入した。また余剰物として、今まで人夫を雇い賃金を支払って山野に捨てていた不浄物を、肥料として使用するため学徒が率先して便所掃除を行なうようになった。来年度からは分担耕作させ、収益を貯金させる習慣にするという報告であった。吉永教監はこの実践を通じて勤労と貯金の精神を養成することができるとしている。

次に官立漢城師範学校附属普通学校桑原校長の報告による「一坪農園」の実践を紹介しよう。これは三～四学年の学徒に学校園を一坪ずつ割り当て、収穫物を競い合わせる方法である。審査委員会を開き上位一二名に賞与を授け、その後の収穫物は家庭に持ち帰らせた。家庭に実業教育の成果を知らしめる一方法となったと桑原校長は報告している。

また、咸南公立定平普通学校河井教監は「草鞋奨励会」について報告した。「草鞋奨励会」とは河井教監が当地の憲兵分遣所長と協議して組織化したものである。その仕組みは各村で、地元民が草鞋を作成し各地域の幹事に提出する。幹事が持ち寄った草鞋を奨励会が審査し、優秀なものに賞が授与されるというものであった。普通学校学徒もこれに出品した。出品された草鞋は何れも商品として売却され、売上金は郵便貯金として各自に還元されたのであった。この実践は学徒の教育上のみならず、社会改善の一助として有用であると河井教監は報告している。(51)

このように実業学校だけでなく、その周辺でも実業教育思想奨励のための実践が展開されていたのである。学徒数からみれば、むしろ実業学校よりも普通学校で実業教育思想を養成されたケースの方が多かった。何れにしろ、一九〇九年四月の実業学校令に基づく実業学校は、技術的な面及び専門的な知識を教授する実業学校というよりは、人間形成や道徳心の養成を行なうための手段として、実業教育思想を応用した面が強かった。実業教育機関であると同時に、中等教育機関としての色彩が濃かったのである。

三土忠造　略年譜

一八七一（明治　四）高松県大内郡水主村（現・香川県大川郡大内町水主）にて、父・宮脇清吉、母・ヤスの次男として誕生。（政治家の宮脇長吉、内務官僚の宮脇梅吉は実弟。）

一八八七（明治二〇）高等小学校卒業後、愛媛県立師範学校に入学。

一八八九（明治二二）香川県立師範学校に転学。

一八九二（明治二五）同校卒業後、一年間尋常高等小学校の教員を務める。

一八九三（明治二六）三土セツと結婚。高等師範学校文科に入学。

一八九五（明治二八）三土幸太郎（梅堂）の養子となり、三土姓を名乗る。

一八九七（明治三〇）同校卒業後、高等師範学校付属中学校勤務。

※「中等国文典」「女子国文典」「中学国語読本」等の教科書を編纂。

一九〇二（明治三五）休職し、小笠原幹伯爵の留学監督役として英国渡航。

ケンブリッヂ大学にて近世史と教育学を研究。

一九〇五（明治三八）ドイツのベルリン大学で教育学と文学を研究。（翌年帰国、復職）

一九〇六（明治三九）高等師範学校教授となり、韓国学校参与官に任命され渡韓。教科書編纂の任に就く。

一九〇七（明治四〇）学部書記官となり、後に外国語学校長を兼任する。

一九〇八（明治四一）衆議院議員選挙出馬のため帰国。当選し、立憲政友会に属す。

一九一三（大正　二）雑誌『教育界』の主筆となる。

一九二〇（大正　九）大蔵勅任参事官に就任。

一九二一（大正一〇）高橋内閣の書記官長に就任。（～一九二二［大正一一］年）
一九二四（大正一三）加藤高明内閣の農商務（後、農林）政務次官に就任。（～一九二五［大正一四］年）
一九二七（昭和　二）田中義一内閣の文相として入閣。後、蔵相に転じる。（～一九二九［昭和四］年）
一九三一（昭和　六）犬養内閣の逓相として入閣。（～一九三二［昭和七］年）
一九三二（昭和　七）斉藤内閣の鉄相として入閣。（～一九三四［昭和九］年）
一九四〇（昭和一五）枢密院顧問官に親任さる。
一九四六（昭和二一）幣原内閣の内相兼運輸相として入閣。貴族院勅撰議員となる。
一九四八（昭和二三）七七歳で没する。

出典：平凡社『平凡社人名事典』
広瀬英太郎編『三土忠造』
朝日新聞社『朝日人物事典』等

俵　孫一　略年譜

一八六九（明治　二）石見国那賀郡浜田町（現在の島根県浜田市真光町）にて、醤油製造業を営む父・三代目俵三九郎（祐信）、母・みなの七男四女の五男として誕生。（次弟に鉄冶金学の権威・俵国一がいる。）

一八八二（明治一五）浜田の県立中学校に入学。

一八八三（明治一六）大阪にて藤沢南岳の漢学塾・伯園書院に学ぶ。

一八八四（明治一七）東京にて神田の共立学校（後の開成中学校）に入学。

一八八七（明治二〇） 第一高等中学校に入学（同期生には浜口雄幸、幣原喜重郎らがいる）。

一八九二（明治二五） 帝国大学法科大学法律学科に入学（一八九五年卒業）。

一八九六（明治二九） 沖縄県参事官に就任。

一八九九（明治三二） 東京府参事官に就任。

一九〇〇（明治三三） 石川県書記官に就任。

一九〇二（明治三五） 鹿児島県書記官（後、官制改革により事務官）内務部長に就任。

一九〇六（明治三九） 韓国統監府書記官（韓国学部囑託）に就任。

一九〇七（明治四〇） 日韓新協約以後、韓国学部次官として教育行政に携わる。

一九一〇（明治四三） 朝鮮総督府臨時土地調査局副総裁に就任。

一九一二（明治四五・大正一） 官制改正により廃官となり、帰国。三重県知事に就任。

一九一四（大正 三） 宮城県知事に就任。

一九一五（大正 四） 大隈内閣の北海道庁長官に就任。

一九二〇（大正 九） 島根県第五区より総選挙に出馬、落選（憲政会所属）。

一九二三（大正一二） 第二次山本権兵衛内閣の拓殖事務局長に就任。

一九二四（大正一三） 第一五回総選挙で衆議院議員に当選（立憲民政党所属）。

（一九三七〔昭和一二〕年の第二〇回総選挙まで連続六回当選。）

鉄道政務次官に就任。その後、内務政務次官に就任。

一九二九（昭和 四） 党幹事長に就任（以後、党内の役職を歴任）。

浜口内閣の商工大臣として入閣。（～一九三一年）

一九四一（昭和一六） 翼賛議員同盟に参加するも翌年の総選挙で落選。

一九四四（昭和一九） 七六歳で没する。

出典：吉川弘文館『国史大事典』第八巻
朝日新聞社『朝日人名事典』
島根県教育委員会『島根の百傑』
俵孝太郎『わが家のいしずえ』他

三土忠造編纂主要教科書目次

【修身書】

修身書巻一
第一課　学校
第二課　よい学徒
第三課　活発な気性
第四課　情に厚い朋友
第五課　司馬温公
第六課　けんかをするな
第七課　うそつきな児童
第八課　ワシントン（一）
第九課　ワシントン（二）
第十課　父母の楽
第十一課　身体
第十二課　自己の物他人の物
第十三課　物をよく見守ること
第十四課　物を大切にする児童
第十五課　約束

修身書巻二
第一課　生物
第二課　隣人は四寸
第三課　他人に妨害を与えないこと
第四課　礼容
第五課　朋友
第六課　他人の過失
第七課　兄弟
第八課　一家和睦
第九課　忍之為徳
第十課　婢僕
第十一課　正直
第十二課　清潔
第十三課　尊徳一
第十四課　尊徳二

修身書巻三
第一課　規則
第二課　礼儀
第三課　身分と衣服
第四課　程よく学び程よく遊び
第五課　フランクリン
第六課　他人の名誉
第七課　真正な勇者
第八課　君子の競争
第九課　寛大

第十課　愚人の迷信（一）
第十一課　愚人の迷信（二）
第十二課　慈善
第十三課　節制

修身書巻四

第一課　独立自営
第二課　職業
第三課　共同
第四課　公衆
第五課　衛生
第六課　皇室
第七課　良吏
第八課　租税
第九課　公私の区別
第十課　博愛
第十一課　動物の待遇
第十二課　赤十字社
第十三課　朋友

【国語読本】

国語読本巻一

四五課構成　目次なし

国語読本巻二

第一課　童子一
第二課　童子二
第三課　四時
第四課　鶏
第五課　牛と馬
第六課　懶者一
第七課　懶者二
第八課　家
第九課　園圃
第十課　我家一
第十一課　我家二
第十二課　馬
第十三課　葉書と封函
第十四課　郵便局
第十五課　昼夜
第十六課　汽車
第十七課　停車場
第十八課　欲心の多い犬
第十九課　太陽の力
第二十課　山上羨望
第二十一課　水
第二十二課　米と麦
第二十三課　母心
第二十四課　我郷
第二十五課　猟夫と猿

国語読本巻三

第一課　草木生長
第二課　桃花
第三課　英祖大王仁徳
第四課　空気
第五課　鳥類
第六課　時計
第七課　有事探聞
第八課　練習功効
第九課　順序
第十課　竹筍生長
第十一課　蝙蝠
第十二課　蝙蝠の話
第十三課　蓮花
第十四課　海浜

第十五課　蛤と鶴の争い
第十六課　職業
第十七課　汽車の窓
第十八課　開国紀元節
第十九課　牝鶏と家鴨
第二十課　鯨
第二十一課　正直の利
第二十二課　洪水
第二十三課　洪水寒暄

国語読本巻四

第一課　正直の利
第二課　洪水
第三課　洪水寒暄
第四課　韓国の地勢
第五課　韓国の海岸
第六課　運動会に請邀
第七課　運動会一
第八課　運動会二
第九課　雁
第十課　水鳥
第十一課　材木
第十二課　植物の功効
第十三課　文徳大勝
第十四課　我国の北境
第十五課　漢城
第十六課　乾元節
第十七課　新鮮な空気
第十八課　公園
第十九課　石炭と石油
第二十課　平壌
第二十一課　玉姫の慈善
第二十二課　金続命の歎息

国語読本巻五

第一課　古代朝鮮
第二課　象の重量
第三課　五大江
第四課　皮膚の養生
第五課　気候
第六課　凧と独楽
第七課　三韓
第八課　他人の悪事
第九課　政治の機関
第十課　母親に写真を送呈する
第十一課　同答書
第十二課　三国の始起
第十三課　蜜蜂
第十四課　驟雨
第十五課　平安道
第十六課　蚕
第十七課　養蚕
第十八課　咸鏡道
第十九課　時計
第二十課　麻
第二十一課　廃物利用
第二十二課　支那の関係
第二十三課　井蛙の所見

国語読本巻六

第一課　明君の英断
第二課　三国と日本
第三課　軍艦
第四課　燈火
第五課　江原道
第六課　無益な労心

第七課 蝶
第八課 牛
第九課 孔子と孟子
第十課 儒教と仏教
第十一課 俚語
第十二課 黄海道
第十三課 鉄の談話一
第十四課 鉄の談話二
第十五課 鉄歌
第十六課 京畿道
第十七課 隋唐の来侵
第十八課 林檎を贈与する書礼
第十九課 同答書
第二十課 忠清道
第二十一課 水の蒸発
第二十二課 雨露
第二十三課 雨
第二十四課 百済、高句麗の哀亡
第二十五課 全羅道
第二十六課 塩と砂糖

国語読本巻七

第一課 読書法
第二課 一村の模範
第三課 新羅の滅亡
第四課 淡水と減水
第五課 慶尚道一
第六課 慶尚道二
第七課 工夫して遊ぼう
第八課 虎
第九課 学術の進歩
第十課 農家の兼業
第十一課 重要物産
第十二課 書籍を請借すること
第十三課 同答書
第十四課 移秧
第十五課 仏教の全盛
第十六課 種痘
第十七課 ジェンナー一
第十八課 ジェンナー二
第十九課 学問歌
第二十課 交通機関
第二十一課 禁酒
第二十二課 俚諺
第二十三課 元と日本
第二十四課 梟眼

国語読本巻八

第一課 美術工芸の発達
第二課 漂衣
第三課 清国
第四課 満洲
第五課 与妹弟書
第六課 勧業模範場
第七課 学術の盛衰
第八課 俚諺
第九課 バクテリア
第十課 地球上の人種
第十一課 種子の選択
第十二課 善友
第十三課 高麗が亡ぶ
第十四課 会社
第十五課 友人の慈親の喪を弔慰する
第十六課 同答状
第十七課 統監府

【日語読本】

日語読本巻一

第一課　本、教場、先生、運動場、生徒、門、学校、黒板

第二課　紙、筆、墨、硯、机、椅子、腰掛、窓

第三課　長イ筆、短イ筆、太イ筆、細イ筆、広イ教場、狭イ教場、高イ机、低イ机

第四課　大イ生徒、小イ生徒、厚イ本、薄イ本、黒イ墨、白イ紙、ナガイ煙管、短イ白墨

第五課　読ミ、新聞、ヲ、人、マス、ガ

第六課　木、草、花、青イ、赤イ、アリ

第七課　此処、其処、彼処、カ、ニ

第八課　犬、居、馬、牛、兵隊

第九課　私、アナタ、ワ、モ、エ、ハイ、行キ

第十課　此、其、彼、イイエ、マセン

第十一課　字、絵、カキ、マシタ

第十二課　読本、出シ、ナサイ、開ケ、挙ゲテ

第十三課　コレ、ソレ、アレ、笠、帽子、石筆、デス

第十四課　何、誰、サン、橋、知リ

第十五課　ドレ、ドコ、家、屋根、鳥

第十六課　一、二、三、四、五、六、七、八、九、十、数エ、枚

第十七課　子供、金、円、銭、厘

第十八課　害虫

第十九課　益虫

第二十課　郊外散歩を勧誘する

第二十一課　同答書

第二十二課　陸地の海洋

第二十三課　世界の強国

第十八課　見、幾、匹、起キ、寝

第十九課　朝、夜、何時、早ク、遅ク

第二十課　クダサイ、イクラ、幾本、マショウ、アゲル、ドノ

第二十一課　教エ、習イ、立チ、皆、坐リ

第二十二課　帰リ、今日、オトウサン、ニモ、オカアサン、ネ、カラ、ト

第二十三課　昨日、明日、遊ビ、日曜日、月

第二十四課　買イ、デ、イツ、美シイ、デシタ

第二十五課　汽車、走リ、来、出、モウ、行キ

第二十六課　マデ、里、時間、カカリ、半、賃、等、デショウ
第二十七課　礼、シ、今、ゴザイマス、言イ、善イ
第二十八課　兄、弟、ダイジ、ヨク、勉強、悪イ
第二十九課　桃、問ウ、沢山、答エル、イクツ
第三十課　連レル、父、母、後、内、親
第三十一課　女ノ子、男ノ子、石、姉、妹、前、ソウ
第三十二課　暑イ、涼シイ、晩、外
第三十三課　雨、降リ、止ム、風、吹キ、大層
第三十四課　郵便、端書、手紙、ゴラン、月（ガツ）、日（ニチ）、デワ
第三十五課　切手、貼リ、ナゼ、代リ、中
第三十六課　マダ、ユックリ、歩キ、話
第三十七課　今朝、カラ、ナイ、汗、ヨ、休ミ
第三十八課　日、月、入ル、スグ、今夜
第三十九課　方、向、壁、右、左

日語読本巻二

第一課　東、西、南、北、毎日
第二課　オボエ、忘レ、タチ、注意、ヘン
第三課　眠リ、覚メ、目、昨夜、気持
第四課　顔、洗ウ、眠イ、ズイブン
第五課　穴、耳、鼻、口、ア、ソレデワ
第六課　大分、頃、明ケ、暮レ
第七課　枝、テツポウ、思イ、羽、笑イ、ウチ、聞キ
第八課　野、山、明ルク、暗ク、心配、喜ブ
第九課　上、下、魚、水、流レ、叉
第十課　オ祖父サン、オ祖母サン、針、廻ル、事
第十一課　店、売ル、両方、ヤ、ズツ
第十二課　雪、積モル、強イ、弱イ、アンナニ、コンナニ、恐レ、寒サ
第十三課　ヨウ、奇麗、ドンナニ、テモ、真白
第十四課　葉、散リ、シマイ、松、庭、少シ
第十五課　春、夏、秋、冬、好キ、嫌イ
第十六課　モラウ、貸ス、借リル、返ス、アリガトウ
第十七課　一番、川、凍ル、足、身体、切レル
第十八課　正南、正午、午前、午後、時、後
第十九課　隣、生レ、馴レ、名、附

イテ、ヤル
第二十課　掃除、苦シイ、モノ、ケレドモ、快イ、タメ
第二十一課　病気、介抱、飲ミ、ソウ、薬
第二十二課　今年、去年、月、今月、来月、先月
第二十三課　暖、溶ケル、道、畠、照ル、今日中、氷
第二十四課　照ラス、昼、星、隠レ、マルデ
第二十五課　オマエ、一度、ナオル、スッカリ、安心、兄サン
第二十六課　受取リ、ナラ、払イ、倍、返事
第二十七課　殖エル、減リ、河、芽、延バシ、猫、鶏
第二十八課　欠席、遅刻、決シテ、必ズ、試験、賞メ、デキル

日語読本巻三

第一課　新シイ、古イ、ナガラ、金持、貧乏
第二課　凡ソ、旅行、便利、以上
第三課　サア、上（アガ）ル、参リマス（行ク、来ル）、イラッシャイマス（行ク、来ル、居ル）
第四課　客、主人、行儀、茶、菓子、娘
第五課　立派、屋敷、咲ク、樫、一層
第六課　岸、生エ、泳ギ、柳、蔭、痛イ、ナド
第七課　【「ナリマス」と「降ル」の語尾活用】
第八課　海、船、向ウ、唯、遠イ、近イ、指
第九課　帆、煙、帆前船、受ケ、蒸気船、ドウシテ、ワカリ
第十課　イタシマス・ナサイマス（為ル）、モウシマス・オッシャイマス（言ウ）
第十一課　ハッキリ、露、玉、物、色、麦
第十二課　穂、嬉シ、働キ、農夫、黄色ク、熟シ、米
第十三課　楽シイ、農業、面白イ、作物
第十四課　噛ム、盗人、盗ム、頭、タタキ、叱ル、デスカラ
第十五課　濱、浅イ、深イ、ケンノンナ、ダンダン
第十六課　一面、天気、濡レル、刈ル、急イデ、忙シイ
第十七課　空、雲、動ク、晴レ、曇ル、乾キ
第十八課　家内、嫁、村、寂シ、賑カ、合セ
第十九課　田地、食ベル、ダケ、野菜、果物、卵、産ム、医者

第二十課 老人、植エ、茂ル、生キ、死ニ、孫
第二十一課 恐シイ、夢、着物、蛇、逃ゲ、オウ、声
第二十二課 ホントウニ、湯、胸、載セ
第二十三課 ステーシヨン、切符、アマリ、停ル、下(オ)リ、飛ブ
第二十四課 室、汚イ、コム、スク、タカイ、ヤスイ、次
第二十五課 集ル、自分、商人、町、味、作ル、売買

【理科書】

理科書巻一

第一課 李の花
第二課 菜の花
第三課 蝶
第四課 蜜蜂
第五課 花と蟲
第六課 蠶
第七課 昆蟲
第八課 桑
第九課 燕
第十課 蒲公英
第十一課 大麦
第十二課 蛙
第十三課 蛇
第十四課 蚯蚓
第十五課 條蟲
第十六課 麻
第十七課 草綿
第十八課 茶と煙草
第十九課 鯉
第二十課 章魚と烏賊
第二十一課 蝸牛と蛤
第二十二課 蝦と蟹
第二十三課 柿の実
第二十四課 蕨
第二十五課 椎茸
第二十六課 昆布
第二十七課 雛
第二十八課 鷲と梟
第二十九課 猫
第三十課 馬
第三十一課 牛
第三十二課 蝙蝠
第三十三課 鯨
第三十四課 骨
第三十五課 筋肉
第三十六課 食物の消化
第三十七課 血液の循環
第三十八課 呼吸
第三十九課 排泄
第四十課 神経
第四十一課 五官

理科書巻二

第一課 空気
第二課 気圧
第三課 気圧と天気
第四課 ぽんぷ一
第五課 ぽんぷ二
第六課 噴水

第七課　飲料水
第八課　洗濯
第九課　熱
第十課　熱の伝導
第十一課　風
第十二課　寒暖計
第十三課　水の三態
第十四課　雨雲
第十五課　雪
第十六課　蒸気機関
第十七課　酸素と炭素
第十八課　燃焼
第十九課　炭酸瓦斯
第二十課　呼吸
第二十一課　体温
第二十二課　動物と植物
第二十三課　音
第二十四課　人の声
第二十五課　音の反響と共鳴
第二十六課　耳
第二十七課　光
第二十八課　光の反射
第二十九課　光の屈折
第三十課　写真
第三十一課　眼
第三十二課　近眼鏡と老眼鏡
第三十三課　顕微鏡
第三十四課　ばくてりあ一
第三十五課　ばくてりあ二
第三十六課　ばくてりあ三
第三十七課　電気
第三十八課　雷と電
第三十九課　避雷針
第四十課　電池
第四十一課　電気燈
第四十二課　磁石と電磁石
第四十三課　電信機
第四十四課　電話機
第四十五課　電車
第四十六課　土と岩石
第四十七課　陶器と瓦
第四十八課　石灰
第四十九課　水晶硝子
第五十課　金属一
第五十一課　金属二
第五十二課　錆
第五十三課　地球の引力　重さ
第五十四課　梃子
第五十五課　歯車
第五十六課　振子柱時計
第五十七課　斜面

【算術書（教員用）】

巻一

一学期（二十以下の数）

計法

書法（漢字、数字）

加法

減法

乗法

除法（加減及乗算九九）

二学期（五十以下の数）

計法

書法

加減
乗法
除法
（乗算九九）
筆算の形式
（符号+、−、×、÷の読法、
用法）
三学期（百以下の数）
計法
書法
加減
乗法
除法
（乗算九九）
巻二
一学期
計法
書法
加減
二学期
乗除

三学期
括弧用法
加減乗除
巻三
一学期（一万以下の数）
計法
書法
加減
乗法
二学期（一万以下の数）
除法
加減乗除
三学期（一万以上の数）
計法
定位法
書法
筆算加減乗除
小数の意義・呼法・定位法・
書法
小数の種類・加減乗除
巻四

一学期
諸等数の意義・名称・通法・
命法・加減乗除
二学期
倍数
公倍数
約数
公約数
分数の意義及種類・書法・約
分・通分・加減乗除
小数と分数の関係（循環小数）
三学期
歩合算
単利法
複利法
附録
求積
メートル法
外国度量衡

注

（1）この段落の記述は、林権助述『わが七〇年を語る』、第一書房、一九三五年、二一二～二一六頁、及び二二三～二三〇頁による。

（2）「韓国施政改善ニ関スル協議会」の会議録は、神川彦松監修、金正明編『日韓外交資料集成』第六巻（上）（中）（下）、厳南堂書店、一九六五年に収録されている。

（3）「重野安鐸・竹村鍛同纂漢文読本入門を批判す」は、『東京苑渓会雑誌』一九四号所収、「斉藤鹿三郎君実用教育学批判」は、同一九六号所収、「小学読本編纂法」は、同一七二～一七四号所収となっている。

（4）ここまでの記述は、広瀬英太郎『三士忠造』、三士先生彰徳会、一九六二年、八八～九〇頁による。

（5）俵孝太郎『わが家のいしずえ』、サンケイ出版、一九八二年。俵孫一とその弟で冶金の権威、俵國一を育てた島根県浜田市の俵家子育ての記録。副題に「明治の父権教育」とある。俵孝太郎氏からご提供いただいたものである。

（6）学部『韓国教育』一九〇九年、七頁、（『史料集成』、六三巻所収）。

（7）学部には参与官房が存在したことが明らかであるが、その設置時期が不明である。事務官の小杉彦治が学校令の制定に関与したとの記録があることから、遅くとも一九〇六年八月には参与官房が存在していたものと推測できる。何れにしても参与官の三土と嘱託の俵が中心となって教育改革を計画・遂行したものと思われる。

（8）奎章閣文書　図書番号一七七七四。

（9）韓国人学部官僚二一名の氏名は以下の通りである。

学部大臣　李載崐

学部次官　李圭桓

学部書記官　閔健植・金思重・尹世鏞

学部視学官 李晩奎・柳基泳
書記郎 李夏珽・韓普源・李貞善・白萬奭・洪在九・韓悳淳・金完鎮
沈宣軾・金公植・尹鵬植・李完應・方漢宗・尹弘植
技手 趙臣鏞

（10）本著では、このうち普通学校のみを取り上げていくが、師範学校に関しては、朴成泰『韓国近代学校における民族主義教員養成の成立過程』（風間書房、一九九六年）が、外国語学校のなかでも中心的な存在であった日語学校に関しては、稲葉継雄『旧韓末「日語学校」の研究』（九州大学出版会、一九九七年）がある。

（11）学部大臣官房秘書課『学部職員録』一九〇九年、五二～五八頁（『史料集成』六四巻所収）。

（12）（11）に同じ。五八～六一頁。

（13）学部『韓国教育』一九〇九年、九頁（『史料集成』六三巻所収）。

（14）旧韓国『官報』一九〇六年、七三七頁。

（15）広瀬英太郎『三土忠造』（三土先生彰徳会、一九六二年）によれば、三土は五月に行なわれる第一〇回総選挙出馬のため四月末には帰国している。しかし、一九〇八年六月二〇日の官立普通学校職員会、及び七月の第二回官公立普通学校教監会議に出席の記録があり、離任後も必要に応じて会議には出席したものと推察される。

（16）以下の答弁の内容は、高橋濱吉『朝鮮教育史考』、帝国地方行政学会朝鮮本部、一九二七年、一六七～一七七頁、（『史料集成』、第二七巻所収）による。

（17）小田省吾「朝鮮教育の回顧」、和田八千穂・藤原喜蔵共著『朝鮮の回顧』、近澤書店、一九四五年、一一三頁。

（18）広瀬英太郎前掲書、九三頁。

（19）教科書の内容分析に関する先行研究には李淑子『教科書に描かれた朝鮮と日本』があり、ここでは一九五頁から二一一頁を要約・引用している。

（20）広瀬英太郎前掲書、九一頁。

（21）この会議の記録は、学部『第二回官公立普通学校教監会議要録・付録統監内訓其他関係事項』（『史料集成』第六五巻所収）に収録されている（以下『教監会議要録』及び『付録関係事項』と略す）。
（22）『教監会議要録・付録関係事項』「第四俵学部次官訓示大要」、一九〇八年、一二～一三頁。
（23）（22）に同じ。及び『教監会議要録』「第三俵学部次官訓示」、一九〇八年、一三・一五頁。
（24）『普通学校学徒訓練資料』（以下『訓練資料』と略す）、五四～五六頁、（『史料集成』第六五巻所収）。
（25）『訓練資料』、四一頁。
（26）『訓練資料』、一四頁。
（27）学部『韓国教育』、一九〇九年、一〇～一一頁。（『史料集成』第六三巻所収）。
（28）（27）に同じ。
（29）『教監会議要録』「第四諮問及答申」、四八～五四頁より抜粋。
（30）『教監会議要録・付録関係事項』「第四俵学部次官訓示大要」、一五頁。
（31）『教監会議要録』「第四諮問及答申」、五四～五六頁。
（32）（31）に同じ。
（33）『教監会議要録・付録関係事項』「第十一回官公立普通学校教監ニ対スル定期学事状況報告通牒」、六〇～六二頁
（34）平北・韓興普通学教監筒井松太郎「教科用図書取締ニ関スル報告」（『史料集成』第六七巻所収）
（35）学部『韓国教育ノ既往及現在』、一九〇九年、四一頁、（『史料集成』第六三巻所収）。
（36）実学は次のように定義づけられている。朝鮮、李朝時代の支配的なイデオロギーである性理学に対抗して、一八世紀前後に発達した学問。実事求是（学）を略して実学という。実学は虚学に対比される概念であるが、実体は時代によって異なっている。朝鮮では、李朝後期の実用、実証、現実的な側面をもつ「利用厚生」の学風をさし、その一連の学者を実学派とよぶ。（平凡社『アジア歴史事典』）。

(37) 募集広告一六回の日付、及び掲載された官報の号数は以下に示したとおりである。一九〇四年八／二九（二九一七）・三〇（二九一八）・九／一（二九二〇）／三（二九二二）・／六（二九二四）・／七（二九二五）・／八（二九二六）・／一〇（二九二八）・／一三（二九三〇）・一四（二九三一）・一五（二九三二）・一六（二九三三）／一七（二九三四）・／一九（二九三五）・／二一（二九三七）・／二二（二九三八）

(38) 募集広告八回の日付、及び掲載された官報の号数は以下に示したとおりである。一九〇五年八／一〇（三二一四）・／一一（三二一五）・／一二（三二一六）／一四（三二一七）・／一五（三二一八）・／一八（三二二一）／一九（三二二二）・／二八（三二二九）

(39) 農商工学校職員の詳細は次表のとおりである。

一九〇四年勅令第一六号「農商工学校官制」に基づく農商工学校に配属の教官

配属年月日	職分及び氏名		免職年月日	備考
一九〇四年 六月 八日	農商工学校書記叙判任官一等	権鴻周		
一九〇四年 六月二三日	農商工学校書記	宋武用	同年一二月二一日	
一九〇四年 六月二七日	農商工学校教官叙奏任官六等	李晩奎		六月二九日まで官立小学校教員と兼任。
一九〇四年 七月 六日	農商工学校教官	玄 檲	翌年一〇月 九日	
一九〇四年 七月 六日	農商工学校教官	安衡中		
〃	〃	金祥演		
一九〇四年一〇月 八日	農商工学校教官叙判任官六等	洪仁杓		
一九〇四年一〇月一二日	〃 五等	卞志庠	翌年一〇月一〇日	
〃	〃 六等	金澤吉	翌年一〇月 九日	
〃	〃	宋再観		
一九〇四年一二月二一日	農商工学校書記	金永善	翌年 二月二〇日	

一九〇四年一二月三〇日	農商工学校教官叙判任官六等　金大熙		
一九〇五年二月二〇日	農商工学校書記　全命秀	同年　四月二五日	
一九〇五年　四月二五日	農商工学校書記　李熙文		
一九〇六年　一月一五日	農商工学校教官叙判任官六等　李章襄		兼任農事試験場技手

(40) 二八名の予科卒業生の氏名は以下のとおりである。
全載億・権錫圭・申鉉泰・宋達?・尹始金庸・曹鼎煥・李康烈・権?哲・金潤桓・李必熙・文衡王旋・申明均・金運金庸・権麟洙・李鳳煥・金鎭・尹舜金庸・兪鎭斗・申完植・兪奭濬・李思震・洪在夏・姜大先先・金永相・朴宗奎・南敬熙・金?龍・尹哲鉉このうち最後の三名が優等生であった。（?印は印刷不鮮明のため判読不可能）

(41) 実業教育の実施については、拙稿「韓国における実業教育の導入と日本の関与」、国立教育研究所『研究集録』第三〇号、一九九五年、一～一五頁を参照されたい。

(42) 「学部の実業学校施設に関する俵学部次官の講話」（『史料集成』第六五巻所収）は、『朝鮮』第二五号掲載の「実業学校の施設及韓国現時の教育制度と宗教とに就き」の前半部分、及び『韓国中央農会報』第四巻第二号掲載の「韓国実業学校の施設」のオリジナル原稿である。

(43) 澤誠太郎の履歴は、奎章閣文書一七七七二号に明らかである。

(44) 「農業教育ニ関スル私見」（『史料集成』第六九巻所収）の執筆の時期は明確でないが、次の四点から推察して一九一一年前半とみることができる。① 澤誠太郎の渡韓が一九〇九年一〇月であること。② 本文中に「小松原文部大臣ノ地方官会議ニ於ケル訓示」が引用されているが、小松原文部大臣の在任期間は一九〇八年七月～一九一一年八月であること。③ 本文中に「国語普及」・「朝鮮人」・「同化」といった語が散見されること。④ 明治四四年度の予算が掲載されていること。

（45）幣原坦「韓人の教育」『東洋時報』一三四号、一九〇九年一一月二〇日、二七頁

（46）幣原坦「国民の発展」『朝鮮教育研究会雑誌』二五号、一九一七年一〇月、八～九頁

（47）朝鮮総督府内務部学務局『普通学校・実業学校学事状況報告要録　自明治四三年一〇月至同四一四年九月』、一九一二年、（『史料集成』第六六巻所収）。

（48）「清洲ノ農業教育（忠清北道清州公立農業学校校長報告抄録）」『朝鮮総督府調査月報』一巻五号、明治四五年四月、九八～一〇四頁

（49）前掲「清洲ノ農業教育」によれば、入学志望者は約一三〇名であったが、不合格者および学資困難により入学しなかった者、中途退学したものを除き、一〇月に四五名で定着したものと思われる。

（50）朝鮮総督府内務部学務局「普通学校実業学校学事状況報告要録　自明治四三年一〇月至同四四年九月」、一九一二年、四一～六二頁（『史料集成』第六六巻所収）。

（51）（50）に同じ。

第三章　「次官政治」の開始と教育救国運動の取締り

――俵孫一・隈本繁吉・小田省吾――

日本人学務官僚が先導する教育政策が推進・展開するなか、韓国社会に新しい教育の息吹が起こってきた。それは親日的な教育に反対する、さらに言えば、日本の韓国植民地化政策に反対する韓国民衆指導者による民族のための教育推進運動であった。武力で国家の独立を守ろうとする義兵運動は既に各地で多発していたが、この運動は教育の力で国家、そして民族の独立を勝ち取ろうとするものである。具体的には、愛国心に富んだ学徒を育成するための私立学校の設立や、地方の民衆を啓蒙するための学会活動がその中心であった。

一方、一九〇七年（明治四〇・隆元）七月の「第三次日韓協約」の締結で「次官政治」が開始されると、韓国政府における日本人官僚の権限は一層拡大していった。そのことは教育行政の分野においても同様で、日本人学務官僚の職務は、これまで述べてきた教育政策の推進から、教育救国運動を弾圧するための取締り政策へと移行していったのである。教育救国運動団体に対する法的な規制、教育現場の視察、教科書内容の検定、地方官吏・憲兵・警察による監視など、徹底した取締りが行なわれた。学部は、韓国民衆の教育救国運動とどのように対峙しながら、自らの教育政策を推進していったのであろうか。

第一節　次官政治の開始と日本人学務官僚

一、次官政治の導入と軍隊の解散

第二次日韓協約の締結により、韓国保護国化を掌中にした日本であったが、統監伊藤博文はさらに強力な支配権の収奪を計画した。この契機となったのがハーグ密使事件である。一九〇七年六月、オランダのハーグで万国平和会議が開催された。この会議の目的は、列強諸国の植民地分割を平和的に行なうためのものであった。国王高宗は、日本の韓国支配の無謀性を世界に訴えるために密使を遣わしたのである。ところが会議では、当時の韓国に外交権はないと見做され、結局、高宗の請願は無視された。このことを知った伊藤は、参政大臣李完用と一進会幹部に高宗の退位を脅迫させたのである。結果、高宗は退位し純宗が即位した。伊藤はこの事件により内政干渉権も収奪する必要性を痛感し、それが同年七月二四日に、統監伊藤博文と韓国側代表李完用によって調印された第三次日韓協約（別名を丁未七条約・日韓新協約）の締結に結びついていった。この協約は全七条から成っている。しかし、これらの条文よりも未公表の覚書の中に、次官政治の開始や軍隊の解散といった重大な案件が規定されていた。協約と覚書の全文は、次のとおりである。

第三次日韓協約

第一条　韓国政府ハ施政改善ニ関シ統監ノ指導ヲ受クルコト
第二条　韓国政府ノ法令ノ制定及重要ナル行政上ノ処分ハ予メ統監ノ承認ヲ経ルコト
第三条　韓国ノ司法事務ハ普通行政事務ト之ヲ区別スルコト

第四条　韓国高等官吏ノ任免ハ統監ノ同意ヲ以テ之ヲ行フコト
第五条　韓国政府ハ統監ノ推薦スル日本人ヲ韓国官吏ニ任命スルコト
第六条　韓国政府ハ統監ノ同意ナクシテ外国人ヲ傭聘セサルコト
第七条　明治三十七年八月二十二日調印日韓協約第一項ハ之ヲ廃止スルコト
覚書（不公表）
第一　日韓両国人ヲ以テ組織スル左記ノ裁判所ヲ新設ス
一　大審院　　一箇所
位置ハ京城又ハ水原トス
院長及検事総長ハ日本人トス
判事ノ内二名書記ノ内五名ヲ日本人トス
二　控訴院　（以下略）
三　地方裁判所　（以下略）
四　区裁判所　（以下略）
第二　左記ノ監獄ヲ新設ス　　九箇所
一　監獄　九箇所
位置ハ各地方裁判所所在地ニ一箇所及島嶼ノ内一箇所典獄ハ日本人トス
看守長以下吏員ノ半数ヲ日本人トス
第三　左記ノ方法ニ依リテ軍備ヲ整理ス
一　陸軍一大隊ヲ存シテ皇宮守衛ノ任ニ当ラシメ其ノ他ハ之ヲ解隊スルコト　（以下略）
第四　顧問又ハ参与官ノ名義ヲ以テ現ニ韓国ニ傭聘セラルル者ハ総テ之ヲ解傭ス
第五　中央政府及地方庁ニ左記ノ通日本人ヲ韓国官吏ニ任命ス

一　各部次官
一　内部警務局長
一　警務使又ハ副警務使
一　内閣書記官及書記郎ノ内若干名
一　各部書記官及書記郎ノ内若干名
一　各道事務官一名
一　各道警務官
一　各道主事ノ内若干名
右ノ外財務警務及技術ニ関スル官吏ニ日本人ヲ任用スル件ハ追テ別ニ之ヲ協定スヘシ

この協約の締結によって、日本は韓国の裁判所・監獄・中央政府・地方庁の主要ポストに日本人を配置し、その権利を手中に収めた。そして何よりも重大なことは、覚書のなかで「皇宮守衛ノ任ニ当」る「陸軍一大隊」を残して、韓国の軍隊を解散させたことである。このことは、韓国が独立国の最低条件である自国の防衛手段を失ってしまったことを意味すると同時に、日本にとっては、韓国を保護国化から植民地化するための大きな前進を意味したのである。

二、学部の再編と日本人学務官僚の増員・配置

第三次日韓協約締結の下、学部組織は次のように改編された。図表16の「学部内の分掌とその職務」と「学部官制」を参照されたい。

図表16　学部内の分掌とその職務

- 学部
  - 大臣官房
    - 秘書課
      - 機密に関する事項
      - 官吏の進退身分に関する事項
      - 大臣官印及部印の管守に関する事項
      - 公立学校職員の進退身分に関する事項
      - 教員の検定に関する事項
    - 文書課
      - 公文書類及成案文書の接受発送に関する事項
      - 統計報告の調査に関する事項
      - 公文書類の編纂保存に関する事項
    - 会計課
      - 本部所管経費及諸収入の予算決算並会計に関する事項
      - 本部所管官有財産及物品並其帳簿調製に関する事項
  - 学務局
    - 小学校及学齢児童の就学に関する事項
    - 師範学校に関する事項
    - 中学校に関する事項
    - 外国語学校専門学校技芸学校に関する事項
    - 外国留学生に関する事項
  - 編輯局
    - 教科用図書の翻訳に関する事項
    - 教科用図書の編纂に関する事項
    - 教科用図書の検定に関する事項
    - 図書の購入保存管理に関する事項
    - 図書の印刷に関する事項
  - 観象所
  - 成均館

出典：勅令第54号「学部官制」他より作成。

勅令第五四号　学部官制　一九〇七年一二月一三日

第一条　学部大臣ハ教育学芸ニ関スル事務ヲ管理ス
第二条　大臣官房ニ於テハ各部官制通則ニ掲グルモノノ外ニ教育上ノ褒賞ニ関スル事務ヲ掌ル
第三条　学部ニ左開ノ二局ヲ置ク
　学務局
　編輯局
第四条　学務局ニ於テハ左開ノ事務ヲ掌ル
　一　師範教育ニ関スル事項
　二　普通教育及幼稚園ニ関スル事項
　三　実業教育及専門教育ニ関スル事項
　四　各種学校ニ関スル事項
　五　教員検定ト許状ニ関スル事項
　六　通俗教育ト教育会ニ関スル事項
　七　学校衛生ト学校建築ニ関スル事項
　八　外国留学生ニ関スル事項
　九　教育費補助ニ関スル事項
第五条　編輯局ニ於テハ左開ノ事務ヲ掌ル
　一　図書編輯翻訳及出版ニ関スル事項
　二　図書給与及発売ニ関スル事項
　三　教科用図書検定及認可ニ関スル事項
　四　暦書ニ関スル事項

第六条　学部書記官ハ専任七人トス
第七条　学部事務官ハ専任四人トス
第七条ノ二　学部ニ編輯官専任二人ヲ置キ奏任トス
　編輯官ハ上官ノ命ヲ承ケ図書ノ編輯検定及認可ノ事務ヲ掌ル
第八条　学部ニ技師専任三人ヲ置キ奏任トス技師ハ上官ノ命ヲ承ケ技術ヲ掌ル
第九条　学部翻訳官ハ専任二人トス
第十条　学部主事ハ専任三十四人トス
第十条ノ二　学部ニ編輯官補専任三人ヲ置キ判任トス
　編輯官補ハ上官ノ指揮ヲ承ケ図書ノ編輯検定及認可ノ事務ニ従事ス
第十一条　学部ニ技手専任六人ヲ置キ判任トス
　技手ハ上官ノ指揮ヲ承ケ技術ニ従事ス
第十二条　図書ノ編輯ト検定ヲ為スタメ予算範囲内ニ於テ委員ヲ置クコトヲ得
附則
第十三条　本令ハ隆熙二年一月一日ヨリ施行ス
第一四条　光武九年勅令第二十二号学部官制ト同年勅令第二十四号観象所官制ハ廃止ス

この官制に基づいた最初の学部人事が、翌年一月二九日付の「官報」第三九八三号に掲載されている。

〈役職〉　　〈人名〉
学部大臣　　李載崐
学部次官　　俵孫一

秘書官　　金思重
書記官　申海永・三土忠造・本多常吉
事務官　澁谷元良・上村正巳・小杉彦治・柳田節
翻訳官　李晩奎・朴成圭
技　師　石原定（錠）太郎・李敦修・劉漢鳳

このうち日本人学務官僚についてみると、三土・上村・小杉・石原の四名が学部参与官房時代から継続して登用されていることがわかる。韓国人官僚は、外国語学校副教官の経歴を持つ、秘書官の金思重が一九〇七年六月から学部書記官に叙されている。李晩奎は官立漢城師範学校の卒業で、小学校・師範学校・農商工学校と教育現場を渡り歩いてきた人物である。一九〇四年一〇月には学問制度視察随員として渡日経験もある。日本語に精通した親日派と推測される。技師の李敦修と劉漢鳳は観象所の出身であった。

しかし、この人事は官制で規定された人員を満たしてないことや、三土が四月末に帰国することから、後に増員や異動の可能性があることを含んだ暫定的なものであったと思われる。一九〇九年七月の学部大臣官房秘書課編『学部職員録』によれば、七月一五日現在で図表17の学部職員一覧にみられる人員の配置が確定している。

一九〇八年一月の人事と比較すると、日本人官僚側の動きとしては、三土忠造の後任に隈本繁吉と小田省吾が着任している。隈本が教育行政面での後任となり、小田が教科書政策面での後任となった。また、新しく編輯官（翻訳官・官立漢城外国語学校教授兼任）として上田駿一郎が採用されている(1)。一方、韓国人官僚は秘書官金思重と翻訳官朴成圭の代わりに、金漢奎（会計課書記官）・尹致旿（学務局局長）・閔健植（学務局書記官）・李敏應（学務局書記官）・李完應（学務局翻訳官）・玄櫶（編輯官・翻訳官）・魚允廸（編輯局局長）らが学部入りした。閔健植は官立漢城師範学校校長を務めた人物、李完應は官立漢城中学校で学んだ人物である。時期からして幣原坦の教え子と推測できる。玄櫶は官立漢城外国語学校日語部の卒業生である。こうしてみると日本が関与した教育を受けた、親日派の韓国人が官僚に登用されたことになる。日本にとってみれば、韓国植民地化に向けての布陣を敷いたことになろう。

これに関連して、当時師範学校学監であった増戸鶴吉は、学部本庁の様子を次のように述べている。

「……今日では、学部本庁のみでも、勅奏任官を始め判任官に至るまで三十人許の日本人があって、すべて組織的系統的に孜々として執務して居らるゝのである。序でながら学部の状況一班をお話しすると、学部には大臣次官の下に学務局編集局の二局があって、学務局が更らに第一課第二課と分れて居る、師範教育や普通教育の事は第二課の司掌する所であって、隈本繁吉氏は其の課長である。又大臣官房に直隷して秘書課、文書課、会計課があるが、文書課長には本田常吉氏がなって居られる。其の他の課長は韓人であるが之れには夫々有力なる日本文(ママ)の事務官があって、着実に敏捷に其の事務に鞅掌して居られるのである[2]」。

これは、一九〇八年七月に発表されたものであるため、「三十人許の日本人」となっているが、先にみたように一九〇九年七月には半数に当たる四五名を日本人が占めていた。さらに、課長は韓国人であっても、日本人がマンツーマンで指導し、主導権を握っていた様子が示されている。

ここでは日本人学務官僚のなかから、三土忠造の後任として俵孫一を補佐した隈本繁吉と小田省吾をとりあげ、その人物を紹介しておきたい。彼らは植民地体制の確立に向けた、実務上の指導者としての役割を担っていた。

図表17 学部職員一覧

官職名	官種	韓国人職員 役職	韓国人職員 人名	韓国人職員 人数	日本人職員 役職	日本人職員 人名	日本人職員 人数	合計人数	備考
学部大臣	親任官		李載崐	一			○	一	
学部次官	勅任官		—	○		俵孫一	一	一	
（小計）				一			一	二	
〈大臣官房〉									
秘書課秘書官	奏任官	課長	李晩奎	一			○	一	
書記官	〃	（兼）	〃	一		—	○	一	
事務官	〃		—	○	（兼）	渋谷元良	二	二	
〃	〃		—			上村正巳			
主事	判任官			二			二	四	
雇				○			一	一	
文書課書記官	奏任官		—	○	課長	本田常吉	一	一	
事務官	〃		—	○	（兼）	上村正巳	一	一	
主事	判任官			四			三	七	
会計課書記官	奏任官	課長	金漢奎	一	（兼）	本田常吉	一	二	
主事	判任官			五			三	八	
技手	〃	（兼）		一			○	一	
雇				○			二	二	
委員				三			○	三	
（小計）				一八			一六	三四	
〈学務局〉									
局長	勅任官		尹致旿	一		—	○	一	
第一課書記官	奏任官	課長	閔健植			—			
〃	〃	※監督	中海永	三	（兼）	隈本繁吉	一	四	※留学生監督
〃	〃		李敏應			—			
事務官	〃		—	○		渋谷元良	一	一	

繙訳官	〃		李完應	一		─	〇	一	
主事	判任官			四			四	八	
雇				〇			一	一	
委員				一			〇	一	
※嘱託	奏任官			〇			一	一	※留学生監督嘱託
第二課 書記官	〃	（兼）	閔健植	一	課長※	隈本繁吉	一	二	※兼 官立漢城外国語学校長
事務官	〃		─			小杉彦治			
〃	〃		─	〇		柳田節	二	二	
技師	〃		─	〇	（兼）※	石原錠太郎	一	一	※建築所技師
繙訳官	判任官	（兼）※	玄檍	一		─	〇	一	※編輯官
主事	〃			二			五	七	
技手				〇			二	二	
雇				〇			三	三	
（小計）				一四			二二	三六	
〈編輯局〉局長	奏任官	※	魚允迪	一		─	〇	一	※兼 官立漢城高等女学校長
書記官	〃		─	〇		小田省吾	一	一	
事務官	〃		─	〇	（兼）	柳田節	一	一	
編輯官	〃	※	玄檍	一		上田駿一郎	一	二	※兼 繙訳官・官立漢城外国語学校教授
技師	〃		李敦修			─			
〃	〃		劉漢鳳	二		─	〇	二	
主事	判任官			二			一	三	
編輯官補	〃			一			一	二	
技手	〃			三			〇	三	
雇				〇			一	一	
委員				二			〇	二	
（小計）				一二			六	一八	
合計				四五			四五	九〇	（註：人命は奏任官以上のみ掲載）

出典：学部大臣官房秘書課「学部職員録（隆熙三年七月十五日現在）」（『史料集成』第六四巻）より作成。

三、学部書記官隈本繁吉の人物と活動

(一) 渡韓まで

隈本繁吉は、一八七三年（明治六）一月に、福岡県八女郡水田村尾嶋の堤喜十郎の三男として誕生している。九歳のときに縁戚の隈本伍平の養子となったが、両家とも学者を生んだ家柄で、幼少の頃から漢籍に親しんで過ごした。地元の塾で学び始めてから、久留米藩の明善校、福岡の藩校、修猷館中学、熊本の第五高等学校と学歴を積み、二〇歳のとき帝国大学文科大学史学科に入学している。

卒業後一年間は国学院講師嘱託など務めていたが、一八九八年（明治三一）六月三〇日、文部省図書審査官補に任ぜられた。隈本が図書審査官の職にあったのは、一九〇五年（明治三八）二月四日までの七年間である。途中、教科書疑獄（一九〇二年）で「休職満期退官」の処分を受けたので、実際は四年間の勤務ということになる。文部省退官後は、福井県立福井中学の校長に任命された。

隈本の渡韓は一九〇八年三月二日である。同日付で、東京高等師範学校の教授兼文部省図書審査官に就任し、その肩書をもってのの渡韓であった。二つの肩書のうち前者は、幣原坦、三土忠造と同様の「格上」であるが、後者は何を意味するのであろうか。教科書疑獄で裁かれた身でありながら文部省図書審査官の職に返り咲いている。おそらくは、韓国の私立学校で使われる教科書を対象にした検定制度を念頭において、その創設の担当者とするために付与されたものと推測される。

(二) 渡韓後の職務

隈本の職分は学部書記官であり、学務局第二課長（五月から官立漢城外国語学校校長を兼任）を務めていた。

学務局の職務内容は既に述べたところであるが、実際上、隈本が行なったのは、教育救国運動取締り政策の遂行であった。隈本の渡韓した一九〇八年は、教育救国運動が頂点に達するほどの昂まりを見せていた時期であり、一連の運動を取り締るために、学部が規制法令を相次いで公布した年でもあった。八月二六日には、勅令第六二号「私立学校令」、勅令第六三号「学会令」、学部令第三号「書堂ニ関スル訓令」が、二八日には、学部令第一六号「教科用図書検定規程」が公布されている。これらの法令の制定に参与するとともに、その施行にあたったことが隈本の第一の職務であったと考えられる。隈本は法令の制定と並行して、教科書の検定制度を創設した。隈本自身も検定委員ではあったが、実際の作業は編輯局に任せ、学事視察へと乗り出して行った。隈本が足を延ばしたのは、教育救国運動の最も活発であった西北地方を中心とする地域である。数回にわたる視察のうち、視察記録が現存しているのが「平安北道教監会議経過要録（於・定州）」、「安州ニ於ケル学事視察情況要領」、「平壌ニ於ケル学事視察情況要領」(3)である。これらの記録には、私立学校における教育救国運動の様子が克明に綴られている。

さらに、韓国併合に至る時期には、新学制の立案に忙しくなる。隈本は学部に「学政ニ関スル意見」、「学制案修正要点」、「朝鮮公立普通学校及官立諸学校整理案」など数点の意見書を提出している(4)。新学制の制定については後に述べるとして、隈本の韓国（朝鮮）における活動は、これらの意見書の提出を以って打ち切られることになる。朝鮮総督府学務局の初代学務課長として新学制の立案を終えると、一九一一年二月一七日、隈本繁吉は台湾総督府に転任する。朝鮮教育令の制定前に当地を離れていったのである。ちなみに隈本は、台湾には九年間とどまり、新学制の制定や施行に参与した。当時、台湾には統一的な教育令はなく、隈本の韓国での経験が生かされたことと思われる。

章末の略年譜からも明らかなように、隈本は、東京帝国大学史学科の出身で、学校長の経験があるなど、幣原坦や後述の小田省吾との共通項が見いだされる。しかし、韓国の風土や歴史に興味を持ち、文化を尊ぶといった姿勢が隈本にはあまり見られない。文部省図書審査官時代の影響が色濃く、教育家・学者というよりは、はるかに実務型の官僚であった。

四、学部書記官小田省吾の人物と活動

㈠　渡韓まで

小田省吾は、一八七一（明治四）年五月、三重県鳥羽に有馬百鞭の次男として誕生した。一二歳のとき伯父である小田健作の養子となり、小田姓を名乗ることになった。小田の学歴を辿ると、最初は地元三重県伊勢市にある神宮皇学館に学び、その後、東京英語学校、第一高等中学校予科を経て帝国大学文科大学史学科に入学している。卒業後、一時は大学院進学を考えたものの、家の事情により断念、教員として現場の教育に携わっていくことになる。教職歴は長野県師範学校教授嘱託・山口県萩中学校教諭・徳島師範学校教授・畝傍中学校校長で、およそ一〇年間に及んでいる。

小田の渡韓は一九〇八年（明治四一・隆熙二）一二月、やはり第一高等学校教授の職分に格上げされてのことであった。渡韓の経緯は明らかではないが、次のように推測される。小田は一八九三年（明治二六）、二二歳の時に嘉納治五郎の講道館に入門している。嘉納と言えば柔道で有名であるが、東京高等師範学校校長や一高教授の職にもあり、当時、嘉納の推薦で多くの教育職の人材が清国や韓国に送り込まれていたことは既に述べたとおりである。小田の前任者である三土が同様に嘉納ルートで渡韓していることから、小田を渡韓させたのも嘉納で

はないかと思われる。

(二)　渡韓後の職務

小田の滞韓歴は長きにわたっている。韓国学部編輯局書記官として渡韓してから、日本の敗戦による引き揚げまでの三七年間を韓国（朝鮮）で過ごしている。幣原が約六年、三土が約二年、俵が約五年、隈本が約三年の赴任期間であるから、それは圧倒的な長さであった。朝鮮に留まったのは「成り行き上」とのことであるが、三七年間の小田の歩みはどのようなものであったのだろうか(5)。

渡韓直後、小田の職分は学部編輯局書記官であった。編輯局の職務は既に述べてあるが、実際には三土がやり残した普通学校教科書の編纂・出版作業の継続と、私立学校教科書の取締り作業であり、後者に比重が置かれていた。その後、併合に際しての「教授上ノ注意並ニ字句訂正表」の作成や、併合後の教科書の編纂・発行に従事していくようになる。

また、小田は史学科出身であるため、朝鮮の古蹟や歴史にも造詣が深かった。教科書事業の傍らで、朝鮮史学界の指導者的役割も果たしていた。朝鮮史専門家としての小田の足跡は、次にあげる著書及び行動に明らかである。

『朝鮮文廟及陞廡儒賢』朝鮮史学会（大正一三年三月）※魚允迪との合著。
『朝鮮史大系』朝鮮史学会（昭和二年）
「李氏朝鮮時代に於ける倭館の変遷（就中絶影島倭館に就て）」京城帝国大学法文学会第二部論纂・第一輯『朝鮮支那文化の研究』刀江書院（昭和四年九月）
『初版・朝鮮小史』財団法人魯庵記念財団（昭和六年九月）

『鎮海要港部附近史蹟概説』鎮海要港部
『辛未洪景来乱の研究』小田先生頌壽記念會（昭和九年九月）
『朝鮮小史』京城大阪屋書店（昭和一二年一一月）
『徳壽宮史』李王職（昭和一三年）
『朝鮮陶磁史文献考』学藝書院
※朝鮮史学会編『朝鮮史講座』を刊行（大正一二～一五年）
※全羅南道順天松広寺に於いて高麗続蔵大般涅槃経疏を発見
※『高宗・純宗実録』の編纂（昭和五～一〇年）
※朝鮮総督府『施政二五年史』の編纂（昭和九年）
※朝鮮総督府『施政三〇年史』の編纂（昭和一五年）

小田は京城帝国大学の創設に伴い、一六年間勤めた学部編輯局を辞す。京城帝国大学創設委員会にも参加しており、当初は予科部長兼寄宿舎館長として朝鮮史及び修身の教授や学生指導に当たった。京城帝国大学を停年退職した後は、朝鮮総督府の施政史編纂に従事し、その後は帰国するまで私立淑明女子専門学校の校長を勤めている。

小田の職歴や著作をみると、初代学政参与官幣原坦との共通点が見いだされる。史学科出身であること、日本国内での教員（校長）の経験を有していること、韓国において教職に就いたこと、韓国の古蹟（歴史・文化）に畏敬の念を抱いていたことなどである。しかし、その研究業績である史学関係の論文や雑誌記事に執筆された文章を比較してみると、幣原が主観的な論述法を用い時にエッセイ風な著作であるのに対し、小田は事実を列挙した客観的な論述法を重んじた綿密な研究となっている。

ちなみに、京城帝国大学同窓会編纂の『紺碧遥かに』では、小田の勤務する学務局編輯課が別名「仙人洞」と呼ばれ、「ペンの紙面をすべる音だけが聞こえる」ような部屋であったことや、小田は課長であるから「仙人洞」のなかでも、さらに奥まった別室に居たことを記している。同書中には小田省吾を形容する語として実直・真面目・几帳面・包容力のある人柄等が並んでいる。直筆の履歴書には克明な履歴がしたためられており、これらを総合してイメージされる小田省吾像は、学者肌の勤勉な学務官僚の姿であった。

第二節　韓国民衆による教育救国運動

一、韓国民衆の抵抗運動

日本の韓国統治が植民地化へと進行する過程において、その高圧的な侵攻にも屈することなく抵抗運動を続けたのが韓国民衆であった。日本が第二次日韓協約締結時に国王や大臣を脅迫しつつ調印を迫ったのも、第三次日韓協約締結時に軍隊の解散という最も重要な事項を不公表の覚書としたのも、民衆の激しい抵抗を危惧したためではないであろうか。

韓国民衆による武装蜂起の歴史は長く、開国前後の衛正斥邪思想を背景としたものから、壬午軍乱、東学党の乱、甲午農民戦争、独立協会の活動など、腐敗した政府権力を相手取って、時には全国的な規模で闘争が繰り広げられてきた。日清・日露戦争を経て韓国内での日本勢力が台頭してくると今度は排日義兵闘争が多発した。特に一九〇五年（明治三八・光武九）一一月の保護条約の締結後と、一九〇七年七月の軍隊の解散後に、義兵闘争は一層激しくなった。主な闘争は次のとおりである。

一八九五～一八九六年　慶尚道・忠清道・全羅道・江原道にて閔妃暗殺に対する排日義兵闘争
一九〇五年一一月　慶尚北道・忠清北道で保護条約に反対する義兵闘争
一九〇六年五月　忠清南道藍浦で義兵蜂起、洪州城占領
一九〇六年六月　儒者崔益鉉を中心に全羅北道にて起兵を決議、義兵闘争
一九〇七年七月　日韓新協約における軍隊の解散により軍人と一般市民が一斉に蜂起

これらの義兵闘争は、すべて日本の軍隊・憲兵隊・警察によって鎮圧された。なお、これ以後の衝突回数と義兵数については、一九〇七年度（八～一二月）が三二三回、四四、一一六名、一九〇八年度が一、四五一回、六九、八三二名、一九〇九年度が八九八回、二五、七六三名、一九一〇年度が一四七回、一、八九一名、一九一一年度（一～六月）が三三回、二一六名という数字がある。これらの義兵闘争は朝鮮半島全土で繰り広げられていた。(6)

二、私立学校を母胎とした教育救国運動

(一)　私立学校の設立状況

韓国では一九世紀の終わりから民間人有志による私立学校が設立され始めていた。これらの私立学校が近代的な文物の導入と民衆の啓蒙を目指していたのに対し、第二次日韓協約、第三次日韓協約以後に設立された私立学校は、その目的や性格を異にしていく。それは、この時期の私立学校が、保護国化の屈辱を受け、次官政治を許し、軍隊の解散を強いられたことに対する怒りと、民族の独立が危機にさらされた焦燥感から、教育の力で国家

を守ろうとする教育救国運動の一環として設立されたためである。

それでは、この時期、どのくらいの私立学校が設立されたのであろうか。まず、一九〇六年以後に設立された私立学校を地域別にみたのが、図表18の府道別民族系私立学校設立状況である。

図表18 府道別民族系私立学校設立状況（明治四十三年五月現在）

府道別	民族系私立学校	宗教系私立学校	合計
漢城府	七〇	二四	九四
京畿道	一三六	六四	二〇〇
忠清北道	四一	七	四八
忠清南道	七五	一六	九一
全羅北道	四六	三一	七七
全羅南道	三二	四	三六
慶尚北道	七五	七五	一五〇
慶尚南道	八六	一八	一〇四
黄海道	一〇四	一八二	二八六
平安南道	一八九	二五四	四四三
平安北道	二八〇	一二一	四〇一
江原道	三七	六	四三
咸鏡南道	一九七	二一	二一八
咸鏡北道	五九	〇	五九
合計	一四二七	八二三	二二五〇

出典：学部編『韓国教育ノ現状』、一九一〇・七、四九～五〇頁、（『史料集成』第六三巻）より作成。

学校数からみると、圧倒的に関西地方（黄海道・平安南道・平安北道）に集中している。学校の規模やその充実度は図りかねるが、このように関西地方に私立学校が数多く設立された理由は、一般的には次のように説明されている。まず、古来から韓国の精神社会を支配していた儒教精神が強くなかったこと、それに伴い両班と平民の身分制度がそれほど厳格でなかったこと、古くから中国に近い商業地域であり、新しい文物を導入するのに抵抗が少なかったこと等である。これらの地域は、同時に教育救国運動が隆盛した地方といってもよいであろう。

次に比較的、規模も大きく、知名度の高い私立学校を取り上げてみた。設立者は、王室や民族の指導者・学会等であり、Seoulを中心として関西地方において最も盛んであったことが、ここでも確認できる。これ

図表19　私立学校一覧

設立年代	学　校　名	設　立　者	所在地
1906	徽文義塾	閔泳徽	Seoul
1906	進明女学校	厳貴妃	Seoul
1906	明新女学校	厳貴妃	Seoul
1906	普成中学校	李容翊	Seoul
1906	中東学校	申圭植（後　崔奎東）	Seoul
1906	峴山学校	南宮檍	襄陽
1906	養閨義塾	金重煥・泰学新他	Seoul
1906	華野義塾	李哲鎔	抱川
1906	貞和学校		開城
1907	新学院	女子教育会	Seoul
1907	西友師範学校	西友学会	Seoul
1907	同寅学校	大韓同寅会	Seoul
1907	漸進学校	安昌浩	平壌
1907	大成学校	安昌浩	平壌
1907	講明義塾	李昇薫	定州
1907	五山学校	李昇薫	定州
1907	鳳明学校	李鳳来	Seoul
1907	五星学校	西北学会	Seoul
1907	精理舎	柳一宣	Seoul
1907	錦城中学校	李鐘浩	錦城
1907	養実学院		義州
1907	楊山小学校	金　九	安岳
1907	長薫学校		Seoul
1908	畿湖学校(中央学校)	畿湖興学会	Seoul
1908	同徳女子義塾	李載克	Seoul
1908	大東専修学校	大東学会	Seoul
1908	輔仁学校	輔仁学会	Seoul
1908	昭義学校	張志瑛	Seoul
1909	隆熙学校	兪吉濬	Seoul
1909	楊山中学校	金鴻亮	安岳

出典：孫仁銖「韓国近代学校の設立過程」、『韓』１巻９号、1972年、韓国研究院、70頁と各学校誌より作成。

は日本人学務官僚が主導する模範教育の前に立ちはだかった一大勢力であった。

では、これらの学校では具体的にどのような活動が繰り広げられていたのであろうか。関西地方のなかでも生え抜きの民族学校である五山学校と大成学校を取り上げ、設立者や教育内容、同校が果たした役割など、その具

体相をみていくことにしよう。(7)

(二)　五山学校における教育実践

設立者李昇薫の閲歴と教育理念

南岡李昇薫（一八六四～一九三〇）は一八六四年三月二五日、平安北道定州に生まれた。母は彼が生まれると間もなく亡くなり、落ちぶれたソンビ（官職に就かない学者）であった父と、祖母と兄の四人家族となった。六歳の年、定州から納清亭に家族で転居する。納清亭は定州から一五キロ程の距離にある、交通の要地であると同時に鍮器製造工業の中心地であった。ここでの生活は後に褓負商（行商人）となって各地を歩いた李昇薫の人間形成に大きな影響を与えている。七歳から書房に通い始めるが、一〇歳のとき父も亡くなり学業を断念。納清亭で鍮器の卸売販売を行なう林商店で働き始める。父も祖母も、彼が両班になることを強く望んでいたため、働きながら科挙の応試を夢見ていた。当時、商工業に従事するものに科挙の応試資格はなかったが、腐敗した政治は両班の身分を金銭で買うことを許していたのである。商工業に従事する者であっても金銭さえ積めば両班になれるわけである。林商店の店主も郡守の身分を買い入れていた。これに倣って李昇薫も両班の地位を買い取ったのである。その後、商売に才覚を発揮した李昇薫は一角《ひとかど》の卸売商となっていく。商人としての李昇薫に関する記述は割愛するが、商売を通じて体得したものは、後の教育家としての李昇薫に大きな示唆を与えたにちがいない。

教育家としての李昇薫が登場するのは、事業に失敗して隠居した一九〇五年（明治三八・光武九）、四二歳の時であった。五山（定州）に帰った李昇薫は、書堂で子供たちに漢学を教えたり、自らも詩や文章を作る練習をするなどして時を過ごしていた。当時の民族的有力紙であった『大韓毎日申報』の記事を、子どもたちに分かりやすく読み聞かせるなど、社会の動向に目を向けることも忘れてはいなかった。ある時、社会情勢を肌で感じようと平壌にでかけた李昇薫は、アメリカ帰りの青年、安昌浩に出会う。街頭演説で安昌浩は次のように述べていた。

いたずらに興奮することなく、冷静に自分たちの今おかれている境遇を考えてみよう。(「人必自侮而後人侮之」という言を引用して)自分の徳をみがき行為を正しくすれば侮られることはない、二千万の国民と四千年の歴史を有するわが国が、日本によって、伝来の財宝はもって行かれ、子どもたちは僕婢にさせられているではないか。日本人は西洋文明を取り入れ、新教育を施したので、世界の大勢に通じ、国民は団結して一塊りとなっている。我々もまず精神をこしらえなければならぬ。古くなった思想をもってしては到底改革はできない。義兵を起こすのもよい。しかし規律なく教養のない軍人をいくら集めても用はなさない。後進を新教育で教えることこそわが国を救う第一の方法である。(8)

この演説に共感した李昇薫は、安昌浩のもとに歩み寄り、お互い国家事業に誠心誠意尽くすことを誓いあったのである。それまで金銭と両班という身分、そして旧教育に固執していた李昇薫が、生まれ変わる契機となったのがこの出会いであった。

李昇薫は、郷里に帰って早速、教育事業に取り掛かる。まずは今まで使用していた書房を近代教育の機関に改め、「講明義塾」と名付けた。講明義塾では黒板にチョークを用いた教室で、教員金徳庸が算術・地理・体操・歴史・修身などの新教育を開始した。関西地方初の私立普通学校の誕生である。しかし、李昇薫はこれに満足せず、中学校設立計画を開始する。手持ちの全財産を投入し、平安北道観察使朴勝鳳の協力と定州郷校財産からの寄付を得て、一九〇七年一二月に五山学校を開校したのである。開校式で李昇薫は次のように述べた。

いまわが国の形便(情況)は日に日に傾いていっており、われわれはこのまま坐していることはできない。

わが祖上たちが生きた地、われわれが育った故郷、これを怨讐の日本人に供してまかせることがどうしてできよう。銃をとる人、剣を磨く人もいなければならないが、しかしそれより重要なことは何か？　われわれの世の中のことがどうなって行くのかを知らずにいる人がいるから、そういう人たちを覚らせることこそ第一の急務である。私が今日、この学校を建てたことも、後進を教えて、万分の一でも国の助けになろうかと考えて設立したものであるから……(9)

李昇薫の教育理念は国民の覚醒にあった。安重根の伊藤博文暗殺事件に際しての演説でも、「この一人の青年が自らを犠牲にして我が祖国を救おうとしたのである。皆さんも民族と国のために身も心も捧げなければならない」(10)と述べている。民衆が一致団結して国家の独立を勝ち取るために、教育の力が必要であると説き続けたのであった。

五山学校における教育実践

では、五山学校ではどのような教育が行なわれたのであろうか。まず、教科目であるが、教育学・地誌・歴史・物理・博物・算術・語学・体操が設置されていた。この他に専門科目として国家学・法学通論・憲法大義等も教えられた。近代的な学問とされた一般教科目に、李昇薫の「韓国が国権を失ったのは国民が法律を知らなかったことが原因である」という見解から専門科目が加わった。

教授陣には呂準・徐進淳・申采浩が名を連ねた。呂準・徐進淳が主要科目を教授し、申采浩は歴史を教えるために招聘された。当時学部では地理・歴史は読本の内容から教えることを通達していたが、五山学校では敢えて民族主義的色彩の濃厚な歴史教育を行なったのである。李昇薫は歴史を正しく教えることが国の独立を守る道であると信じており、著名な民族史家である申采浩を招いたのであった。

教科書として使用されたのは玄采の『東国史略』・『万国史記』、兪吉濬の『西遊見聞』、梁啓超の『飲氷室文集』といった書物である。

玄采(一八五六〜一九二五)は、歴史家であり、教科書編纂者であった。生涯において二三冊の教科書を編んでいるが、その殆どが日本・中国・朝鮮の漢文著書の翻訳である。翻訳のための書物を選ぶときは、愛国心に訴えた書物であることを優先しており、必然的に本国及び外国の地理・歴史に関する書物が多くなっていることが明らかにされている。[11] 上掲の二書も歴史書である。『東国史略』は日本人林泰輔の『朝鮮史』を翻訳したものであり、その序文で玄采は、①(本書は)日本人のものではあるが水準の高い歴史書なので訳したこと、②現在国権が奪われて文明においてすら日本に負けているといわざるを得ず悔しさを感じていること、③各人が自国や世界の歴史を知り、実践事業に努力すれば、再び日本に勝てると信じていることを述べている。この書物は一九〇九年の出版法で発禁処分を受けるが、それは内容そのものよりも、序文に表れた著者の反日感情や、愛国心の養成に使用されるという危惧が処分の対象であったと思われる。一方、『万国史記』は一九〇五年に完成した一四巻から成る歴史書である。歴史家玄采の集大成とみることができる著作で、日本・米国・清国・英国の著書に範をとり編んだものである。

兪吉濬(一八五六〜一九一四)は、開化思想に傾倒した政治家である。一八八一年には紳士遊覧団の一員として日本に留学、慶応義塾で学んでいる。八三年に渡米し、八五年に帰国。『西遊見聞』は、福沢諭吉の『西洋事情』に影響を受けつつ、留学経験を綴ったものである。

梁啓超(一八七三〜一九二九)は、清国の啓蒙思想家であり、政治家であり学者でもある。そして『飲氷室文集』は、梁啓超が生涯に記した文章の殆どが収録されている著作集である。これらの書物が五山学校で教科書として使用されたのは、自国の歴史を教授することによって愛国心を育てることや、他国の事例から独立に必要なものを学ぶといった意図があったためであろう。

さらに李昇薫は、歌を通じて学生に民族主義の精神を養成することを重要視した。「五山学校の歌」をはじめとして、「愛国歌」・「精神歌」・「運動歌」・「独立歌」・「血竹歌」・「亡国歌」等があった。このうち、「愛国歌」・「運動歌」・「独立歌」の歌詞(12)を次に掲げる。

愛国歌

萬国の主　我天の神は　　世界剏立の其際に
大韓帝国小なるも　　今日迄特に愛し給へり
学徒々々（ママ）々よ　　在大韓帝国の学徒等よ
勤めや勤めや勤めよや　　忠君愛国を勤めよや
二千萬の我同胞等　　相愛し相扶けば
我皇上喜ばれん　　白頭山より漢羅山に至る
三千里の江山皆我家　　大韓帝国独立を
永遠に整固ならしめよ　　萬歳々々帝国萬歳
天の神顧み賤ふ　　官民和合、老少同楽
日月朗かに大韓を照さん　　学徒や学徒青年学徒
忠義愛国の（ママ）を誠を忘る、な

運動歌

大韓国萬世富強の基は全く国民を教育するに在り
社会の職責を追はんには体育の完全必要なり

清明なる天気は広き庭、大極旗の下に集り、勇敢なる
精神を以て赴き、活発に走り速に出でよ
前に立つものは暫く待て、萬人中一等賞は我物なり
上帝稟賦の貴き人物にて、何事も奮発せば目的を達すべし
勝を喜び負くるを好まざるは一国の人皆一般なり
出で行け高喊を挙げつゝ、精神を励まし出ゞ視よや
韓半島に名誉を挙げ、我等学徒の名誉を輝かせ学徒や
学徒、青年学徒、忠義の心、愛国の誠を忘るゝな

独立歌

独立せん　　独立せん
我らの国　　独立せん
我ら青春少年たちよ　独立せん
悲憤いや増す　我ら大韓の国
如何にせん　奴隷の今を
悲憤いや増す　我ら大韓の国
如何にせん　卑屈の今を
悲憤いや増す　我ら大韓の国
如何にせん　自虐の今を
悲憤いや増す　我ら大韓の国
如何にせん　社会不安の今を
悲憤いや増す　我ら大韓の国　（二番以降、略）

「愛国歌」と「運動歌」の最後のフレーズ、「学徒や学徒青年学徒　忠義愛国の誠を忘るゝな」と「学徒、青年

学徒、忠義の心、愛国の誠を忘るゝな」は酷似している。「独立歌」は前出の玄采の書いたものであるが、「独立」・「大韓」という語をふんだんに使用していることが一目瞭然である。これらの歌は、日常的に歌われており、学部官僚などの巡視の際には、誦唱を止めて普通の教科書を講じ、官僚の後姿が見えなくなると、また「悲憤慷慨」の歌を歌い出すといった具合に愛唱されていたのである。

李昇薫は安昌浩らの所属する秘密組織、新民会のメンバーでもあった。新民会は民衆啓蒙のための活動を展開していたが、李昇薫もその中心的役割を果たしていくことになる。新民会の事業で彼が積極的に執り行なったものに太極書館の設立があった。「民族両班論」を提唱していた彼が、「我が民族のために健全な書籍を出版し、彼等にこれらを読ませることが不可欠である」と考えたのである。李昇薫は社長の席に就き、出版を通じた啓蒙活動に乗り出したのであった。

その他の活動としては師範講習所の設立がある。講明義塾・五山学校の設立者である李昇薫が、切実な問題として受け止めていたのが教員不足であった。民衆の向学熱の高まりは、私立学校の設立といったかたちで開花したが、新学問を伝授できる教員が不足していたのである。不足に対処するために、中学校に僅か一～二カ月在籍しただけの者を教員として登用するという方法が取られていた。このような状況に量・質の両面から対処するために設けられた機関がこの師範講習所であった。当校では最低一年間の就学期間を義務づけるなどの方策が取られていた。

李昇薫は高学歴を持った人物ではない。海外への留学経験がないばかりか渡航経験もなく、検挙されても投獄されても亡命を選択しなかった。生涯を韓国の土の上で過ごし、民族が両班になることを目指し、教育救国運動に身を投じた人物である。机上の空論として教育を語るのではなく必ず行動に移していった教育実践家として位置づけることができる。日本の植民地教育の推進を阻んだ偉大な教育家だったのである。最後に五山学校の卒業生について触れておくと、そのほとんどが平壌神学校に進学し牧師の道を歩むか、または教員となった。何れにしろ、五山学校の建学の精神を受け継いで民衆の啓蒙に努める職に就いたのである。

(三) 安昌浩の大成学校における教育実践

設立者安昌浩の閲歴と教育理念

島山安昌浩(一八七八〜一九三八)は一八七八年一一月平壌に生まれ、幼年時代は郷里の私塾で漢学を学んだ。一七歳の頃、日清戦争を経験し「国力」を思い知らされた。そして韓国が国力を付けるには、道徳心があり、知識があり、団結できる国民を育成することが必要と考えた。この時、安昌浩が取った行動はキリスト教に入信し、そこから西洋の文物を吸収することであった。一八九七年に独立協会入会、民衆啓蒙のために各地を行脚していた安昌浩は、自分自身を修養することの必要性に気付いた。そこで一九〇二年に渡米、サンフランシスコに定住し、教育学を修めたのである。

一九〇七年、帰国した安昌浩は新民会を結成する。先にも少し触れたが、新民会は教育救国運動を推進するための地下組織であり、運動家が集い、数々の事業を起こした活動の母体であった。太極書館の設立同様、大成学校の設立も新民会が起こした事業の一つである。

一連の教育事業に対する安昌浩の教育理念は「務実力行精神」・「忠義精神」・「勇敢精神」の三点であった。「務実力行精神」とは「真実に努め、実践に努めよ」の意であり、「忠義精神」の「忠」は忠誠を、「義」は信義を表した。「勇敢精神」はプラトンから引いたもので、人間には知恵・勇気・節制・調和の四徳があるが、このうち勇気を最重視したものである。大成学校の教育方針が、

①　誠実を基本哲学とした健全な人格の涵養
②　愛国精神にあふれた民族運動者の養成
③　実力を具備した国民としての人材の育成
④　強健な体力づくり
⑤　務実力行して時間、約束を守ること

であったことからみても、安昌浩が虚偽を厭い、誠実を重んじたことが認められる。また心的にも肉体的にも健全な人間の育成を目指すこと、これが安昌浩の教育理念だったのである。

大成学校における教育実践

大成学校の設立は一九〇八年（明治四一・隆熙二）のことである。設立に先立ち、『大韓毎日申報』は、大成学校設立の目的を説明する趣旨書を意味する「賛成勧告書」を掲載し、広く各界に配布した。その内容は次のとおりである。

あゝ今日わが韓国民は、果していかなる時代に直面しているか。列強が競争するも我は弱く、各族が猛進するも我は雌伏し、群虎が咆哮するも我は眠りを貪り、文明の花が六洲に燦爛たるも我は暗黒界に陥っており、自由の鐘が万国に轟き渡るも我は劣魔獄に堕しており、英国男子仏国女子は華厳楼閣に生活するもわが檀君子孫は三間の草屋も破れ、欧州種米国産は黄金世界に競争するもわが朝鮮族は一片の田土も荒れ果てている。あゝ今日わが韓国民は、果していかなる時代に直面しているか。……

……今日わが韓国民が汲々として目指すものは、知識啓発の四字ではないか。然らば知識啓発の機関は何であるかといえば、これは万国が口を揃えて教育だという。……あゝ今日わが韓国民が教育を捨てれば、ついには生活の方法がなくなるであろう。思うに西道は、気風がやや開け教育が緊要であることをみな知っているが、完全な知識を授ける中学校がひとつもない。惜しむべきことではないか。いま幸いに尹致昊・李鍾浩・安昌浩らが、これを憂えて西道の中心地たる平壌郡内に大成学校を設立し、遠近の青年の中学教育に従事する。一般人士のともに祝賀するところである。しかし、このように重大な事業を彼らにのみ頼り恬然として傍観するならば好結果に達することが難しいので、同胞諸公に賛助を仰ぐ次第である。あゝ、諸公よ、これに賛成することは、平壌の学校にのみ賛成することでなく西道の教育に賛成することであり、西道の教育に賛成することは、すなわち大韓の前途に賛成することである。あゝ同胞諸公よ。(13)

約言すると、現在の国情に必要なのは民衆の知識の啓発であり、そのために教育が不可欠であること、現在、安昌浩らが大成学校を設立し教育の普及に励んでいるが、これらは民衆の支持がなければ成功しないことが書かれていたのである。

一方、韓国社会は、この民族主義学校の誕生を次のように歓迎した。

年来わが韓国に文明の空気が漸次輸入され教育程度が進歩し、全国に学校が日増月加する中にあって西道(における学校数)が最も多い。平壌には小学校・普通学校・女学校・師範講習所・法律専門学校・耶蘇教会・大学校などが次第に興起したが、今なお中学校の設置がないので、これが一大欠点である。然るに最近安昌浩氏が、教育界に完全精美な模範を示すため苦心努力して有志に諮り、中学校を特設しようと現在奔走中だという。われわれも、これに対して望みをかけ賛成するが、況んや関西人士は、その義侠の気風と開明思想をもって誰しもこれに同情し協力するであろう。まして安君の真摯な性格と純潔な理想と高尚な品行と卓越した識見は、一般社会の信じ愛慕するところである。してみれば、生活困難の中といえども、該地人士

の義務心によって中学校の計画が完全成立すること、確信するに足る……（14）

教育界のみならず、言論界においても安昌浩と大成学校にかける期待は大きかったのである。

大成学校の設立過程について少し付け加えておくと、学校設立を思い立った安昌浩は二人の同志に相談を持ちかけた。李鍾浩（一八八五〜一九三二）と尹致昊（一八六五〜一九四五）である。李鍾浩は資産家であると同時に、教育事業に多大な関心を抱いていた人物である。安昌浩から大成学校の財政面における援助依頼を受け、その信頼に応えて校舎建築費用十万元を寄付した。一方、尹致昊は教育内容に関する援助を依頼された人物である。日本・アメリカ・中国への留学経験があり、海外の教育事情には最も詳しい人物であった。この二人の援助があってこそ、大成学校の運営は軌道に乗り出したのである。

では大成学校ではどのような教育が行なわれていたのであろうか。その教育内容をカリキュラムから検討してみる。全体的にみて、学部の中等教育機関が設定したカリキュラムと類似しているが、日語が外国語として英語・中国語と同等に扱われていること、歴史・地理も一教科として位置付けられていること、法制の時間が設定されていることなどが特色となっている。外国語としてこの三ヶ国語が選択されたのは、これら三国が当時、交流せざるを得ない国家であったことと、近代的な教育を導入するための手段として、外国語を習得することの必要性を指導者たちが認めていたためであろう。歴史・地理をそれぞれ一教科としたのは、愛国心育成のためであったろうし、法制を設定したのは、「韓国の独立が危ぶまれるのは国民が法律を知らないからである」といった認識が指導者たちにあったからであると推察できる。

教員には金鎮初・張膺震・金斗和・玉成彬・安泰国・車利錫・羅一鳳・張基永・文一平・黄義敦・崔叡恒・柳祈熱・金絃軾・劉鎮永・李相在・李祥来・鄭仁穆の他十名が在職していた。このうち誰がどの教科を教授したの

図表20 大成学校カリキュラム

教科／学年	予備科	第一学年	第二学年	第三学年
修身	中等修身	倫理学教科書（上）	倫理学教科書（下）	心理学
国語	大韓文典	大韓辞典		
漢文	漢文読本	御定五経百選	中学文法	高等文法
作文	論、書緘	策、記、書緘	銘、箴、序、書緘	疑、表、疏、伝、公文式
歴史	東国史略	東西洋歴史（上）	東西洋歴史（下）	
地理	大韓地理	万国新地誌	地文学	天文学
数学	自四則至分数	自比例至求積	代数、幾何、簿記	幾何、三角、測量
博物	新編博物学	植物学	動物学	砿物学
理化学	初等理化学	中等物理学	物理、化学	化学
法制	経済	国家学	法学通論	経済学
農学	農学入門	林業学	水産学	農政学
商業	商業大要	商業大要		
工業				
外語	英・清・日語	英・清・日語	英・清・日語	日・英・清語
図画	自在画	自在画	自在画	用器画
音楽	単音唱歌	上同楽器用法	複音唱歌、楽器用法	複音唱歌、楽器用法
体操	普通・兵式	普通・兵式	普通・兵式	普通・兵式

出典：『大韓毎日申報』一九〇八年一〇月六日付（影印本、韓国新聞研究所、一九七七年）。

か、その全容は明らかではない。金鎮初が農学を担当し、後に付設された農林講習所で一般民衆をも相手に農学を教授したことや、張膺震が教育行政を担当し、師範教育所の開設を行なっていることがわかっている。金鎮初は東京帝国大学農学部の卒業であり、張膺震は東京高等師範学校の卒業であった。共に日本留学経験を本国の民族学校で生かしたのである。

大成学校で使用されていた教科書のうち明らかになっているものに、崔光玉著・李商在校閲『大韓文典』がある。これは国語科で使用されたものであろう。「飲冰室自由書」（梁啓超『飲冰室文集』所収）も用いられた。漢文科の教科書であった。

さらに大成学校における教育実践として特筆すべきものを挙げておくと、まず、文一平教師が行なった作文教育がある。学生に祖国愛について繰り返し考えさせた。試験問題では「国権回復」という課題を出し、「爆弾と暗殺」を最良の答えとしたのも同教師である。大成学校の生徒作文にまつわる次のような事件も起きた。

学部の官僚隈本繁吉は視察旅行中、平壌高等学校において展覧会の開催に遭遇した。展覧会は官公立学校の主催で、模範教育の推進を図ることや私立学校との親睦を深めることを目的に、時々開催されていた。この視察で隈本は児童・生徒の作文に目をとめた。学部の模範教育を推進するはずである官公立学校在籍の児童・生徒の作文にも、「自由」、「独立」の文字が散逸し隈本を失望させたが、ここに大成学校生徒による作文も展示されていた。

生徒の作文（漢文）と、それを書き下し文にしたものを次に挙げる。

獨立者不藉他人之扶助而屹然自立於世界者也、人而不能獨立時曰奴隷、於民法上不認為公民、国而不能獨立時曰附庸、於公法上不認為公国、嗟乎獨立之不可以已如是也、易曰君子以獨立不惧孟子若豪人雖無文王猶興、又彼丈夫也我丈夫也、吾何畏彼哉、人苟不居君子而自居細人、不自命豪傑而自命儿民不自為丈夫而甘為妾婦則亦已、苟不然則當自養獨立之性、

大成学校一年甲班　金景鎭[15]

人にしてよく独立すること能はざる時は附庸と曰ひ、公法上に於いて公告たるを認めず。国にしてよく独立すること能はざる時は奴隷と曰ひ、民法上に於いて公民たるを認めず。嗟乎、独立の不可欠なること已にかくの如し。易に曰く、君子は以て独立して虞れずと。若し豪人たれば、文王無しと雖も猶ほ興るが如しと。又曰く、彼は丈夫なり、我も丈夫なり、吾何ぞ彼を畏れんやと。人苟も君子たらずして自ら細人となり、自ら豪傑たるを命ぜずして自ら凡民たるを命じ、自ら丈夫たらずして甘んじて妾婦とならば、則ちまた忌む。苟も然らざれば則ちまさに自らの独立の性を養ふべし。独立とは他人の扶助に藉らずして、屹然として世界に於いて自立する者なり。

隈本はこれを大成学校生徒の作文として報告した。しかし、これは作文ではなく、梁啓超の思想的影響を強く受けた生徒によって書かれた書写であることが明らかにされた[16]。一九〇二年八月二八日、清議報館から発行された梁啓超著『飲冰室自由書』第二版に収められている「独立」とこの作文が酷似しており、大成学校が当時、使用していた『飲冰室自由書』のなかにも、この部分が翻訳紹介されていることがその根拠である。隈本の見誤りなのか、故意に「不穏」な作文としたのかは判然としないが、何れにしろ、大成学校が民族主義的な教育活動を続けていたことの証明となる事件であった。

また、大成学校では体育の時間にも力が注がれた。安昌浩は身体を独立闘争を戦う民力の基礎であると考えていた。それに加えて、第三次日韓協約の覚書による軍隊の解散で解雇された職業軍人が巷にあふれており、彼らも教育救国運動の担い手として体操の教授に加わったのである。

最後に忘れてはならないのが、精神の鍛練である。大成学校で教科教育よりも重視されたのが精神教育であった。具体的には、学校に太極旗を翻えらせ、毎朝、愛国歌を歌うという愛国心育成のための実践や、登校の際、一人ひとつの石を拾って来させ、講堂を建築するための材料にするといった協同の精神の育成であった。また嘘をついた者を退学処分にすることさえあった。嘘は堅く禁じられていたのである。安昌浩は直接、生徒一人一人に会って個人的な指導をする等、精神面が重視されたのであった。

安昌浩のその他の活動

安昌浩は新民会が主催した他の活動にも積極的に尽力した。若者たちの人格修養を目的とした青年学友会、書籍の出版・販売を担当した太極書館、産業振興のための平壌馬山洞の磁器会社などでの活動である。

安昌浩は、アメリカ留学中には、サンフランシスコ在住の韓国人のために、共立協会及び国民会を創立した。また韓国併合で中国に亡命した翌年、アメリカに亡命、国民会を国民総会に改編し、海外在住の韓国人の団結を目指した。一九一三年（大正二）には同様の目的で興士団を創立、一九一九年に三・一独立運動が起きた際には、上海に渡り大韓民国臨時政府の樹立に中心的役割を果たしたのである。その後、日本官憲によって投獄され、五九歳で世を去るまでの間、どこにあっても韓国の独立のために生涯を捧げた人物であった。安昌浩の思想や活動は、大成学校においてのみ実践されたのではなく、その他の私立学校や教育救国運動を推進する各種団体、一般民衆に多大な影響を与えた。前出の李昇薫が韓国内にとどまって教育救国運動を戦ったのに対して、安昌浩は亡命して海外を活動の舞台とする方法をとった。その方法は異なるが、両者は日本による植民地化政策に抵抗する防波堤としての役割を果たしたのである。

㈣　キリスト教主義学校における教育実践

韓国におけるキリスト教主義学校は、一九世紀末に欧米の宣教師が医療と教育を通じて布教活動を開始した際に設立されたのを嚆矢とする。その後、韓国人キリスト者による地方教会学校が設立されていき、この両者は民族主義学校と並んで、韓国の私立学校の一翼を担う存在に発展していく。そして、教育救国運動が隆盛するに伴い、これらのキリスト教主義学校もこの運動を戦うことになる。ここでは、宣教師設立の培材学堂と地方教会学校における教育救国運動がどのように展開したのかをみておきたい。

培材学堂における教育実践は、一八九六年（明治二九）に徐載弼（一八六六～一九五一）を教授として招聘したところから本格的に展開する。徐載弼は独立教会を創立した代表的な愛国啓蒙家で、アメリカ留学経験もあり西洋事情に精通しており、創設者のアッペンゼラーとは親しい関係にあった。徐載弼就任後の培材学堂は人気も益々高くなり、教育内容も充実していった。教育活動のなかで特筆すべきは、協成会の設立である。協成会は一八九六年一〇月に、徐載弼指導の下に結成された学生組織で、討論会の開催・国文の使用・近代教育の実施・体育及び衛生の重視・産業開発などに力を入れていた。この会の目的は「互いに勤勉に学問に力を注ぎ、有益なことは勧めあい、誤りがあれば戒めあい、同窓の親睦を深め、一心に学んで後に万分の一でも国家の恩恵に応える」とともに「学んで有益なものがあれば、全国の同胞に知らせ、……全国の同胞を勤勉にさせ、互いに親睦を深め一心に国家に尽くし、国家を保護すること(17)」であった。「国家」という語が散見するが、培材学堂での教育は常に国家が念頭に置かれていたようである。また培材学堂はミッションスクールであることや、徐載弼がアメリカの市民権を持っていることから治外法権が適用されていた。その利点を生かし、討論会では日本の財政や軍事権の侵略問題をテーマに日本批判をすることもできた。独立新聞が「我々の考えでは、議政府大臣たちは培材学堂に行き、そこで学生たちに論議する方法を学び仕事をするのが良い(18)」と報じたほど、当時、培材学堂の教育活動に対する評価は高かった。

培材学堂がキリスト教主義学校のリーダー的存在であるとすれば、それに続いて教育救国運動を戦ったのが地方教会学校である。地方教会学校は、韓国人信徒の手による独立自給の学校であり、民族の独立を願う気持ちは一段と強かったであろうし、主に初等教育を担当したために子どもたちへの影響力も大きかったと思われる。学校数をみると、長老派系の初等学校は一九〇二年の時点で六三校あり、一九〇九年には五八九校と激増している。このうち五八八校が地方教会の設立による学校であったという。監理派の場合も同様の傾向にあり、この数字を見ただけでもその勢いを知ることができる[19]。

キリスト教主義学校の視察を終えた隈本繁吉は、その報告書のなかで、これらの学校が一般私立学校と何ら変わりのない教育救国運動の温床であることを指摘し、次のように報告している。

「……小学校ニ在リテハ祈祷、誡命・聖書等教授時数ノ過半ヲ占メ、其余ヲ以テ普通ノ教科目ニ充ツルモ、特ニ唱歌ト体操ニ費ス所多シ。而シテ唱歌ノ歌詞ハ讃美歌ニアラズバ愛国歌ニ属シ、体操ハ『運動』ナル科目ヲ用ヒテ喇叭太鼓ニヨレル兵式訓練ヲ行フナド韓人ノ意向ニ投ジ若クハ使嗾スル弊アリ。教科書トシテモ幼年必読ノ如キ偏狭ニシテ排日ノ文字ニ富メルモノヲ用フル学校少カラズ。

中学校ニ在リテハ小学校ニ比シテ更ニ徳慧、勧戒等ノ名称ニヨリテ宗教ノ事項ヲ加ヘ、普通学科ニ関スルモノハ学部ノ高等学校課程ニ準ジ配置セルモ、其教科目ニ対スル時数ハ『運動』、数学ヲ除ク外極メテ少シ。又間々鉄路測量ナド時好ニ投ズル科目ヲ交ヘテ多岐ニ亙リ、何等教授上ノ統一ナク、特ニ地理ニ於テ内外地誌以外別ニ猶太地誌、旧約地誌ヲ、歴史ニ於テハ内外国史以外別ニ耶蘇行跡、埃及史、安南史、美国独立史、巴蘭史等ヲ課スル如キ、宗教上ノ便宜ヲ計ルニアラズバ、政治即排日ノ資料ヲ与フルニ過ギザルモノアリ……」[20]。

これは、唱歌の時間に愛国歌を歌い、体操の時間に喇叭や太鼓を使った兵式体操を行ない、『幼年必読』を教科書とするなど、民族系私立学校が愛国心育成のために用いていた方法が、キリスト教主義学校においても同様に行なわれていたことを示している。

具体例を挙げると、隈本は私立培英小学校の様子を、「校舎ハ温突二間ノ不潔ナル教室ニ全学徒ヲ収容シ、机、腰掛モナクアンペラノ上ニ座シテ授業ヲ受ケシムルノ有様ハ全然書堂其マ、ナリ……学級ノ編成明ナラズ、教科目及課程表ノ定メナク、唯教授上ノ便宜ノ為メ学徒ノ学力ニ従ヒ幼稚科ト甲、乙、丙ノ三班ニ区分シアルノミ、教科目ハ唯ダ国語、漢文、聖経ノ三科ニ止リ教科書モ国語読本（学部編纂）三冊、童蒙先習、千字文、馬太伝、馬可伝等ヲ有スルニ過ギズ」と述べ、この学校が校舎も教育内容も、旧教育と代わり映えのしない機関であることを指摘している。さらに、長老派私立崇徳学校を視察して、第六学年の作文タイトルに、「熱心」、「堪耐ト希望」、「修学」、「自立ノ精神」、「愛国心」、「自立」などが並んでいること、作文の内容が、「我二千万同胞、我四千年の歴史、上天ノ加護、自由ノ鐘、百折不撓、独立ノ旗、独立不羈、一家一国トノ関係、青年ノ覚悟」といった「青年ヲ刺激スル不穏ノ字句及語調」の羅列であることを報告している[21]。隈本はこのような私立学校の教育内容に対して、東洋特有の漢文流作文が「誇張的ニ舞文多筆ノ習慣」をもつのは、一般青年の思潮に悪影響を与える可能性があると指摘し、善導の必要性を説いている。要するに、この時点において、キリスト教主義学校も教育救国運動の一主体であり、学部及び統監府の取締り政策の対象だったのである。

三、学会を母胎とした教育救国運動

(一) 学会の設立状況

私立学校とならんで、教育救国運動の一翼を担ったものに学会がある。私立学校の設立者が学会に入会していたり、私立学校と学会の設立者が同一人物であるなど、両者は連動して教育救国運動を戦っていた。次の図表21は、旧韓末の主要学会一覧である。設立者欄の下線は会長を示す。備考欄には教育目的・主な活動・会員数などを記した。多くの学会が本部はSeoulに置きながらも、西北地方を活動の場としていた。私立学校と同様の傾向を示している。学会の設立目的は、対象とする地域の民衆啓蒙や産業の発達であり、主な活動は学校の設立や機関誌の発行であった。ここでは学会の具体的な活動をみるために、最大規模の愛国団体と言われた西北学会をとりあげよう。

(二)　西北学会における教育救国運動

西北学会は、何れも一九〇六年（明治三九・光武一一）に設立された西友学会と漢北興学会が、一九〇八年一月に合併した学会である。両学会は設立の趣旨や目的が同一であるため、組織を強大にして教育救国運動を戦うために合併した。メンバーには代表的な民族の指導者が名を連ね、最大規模の学会となった。代表的な民族の指導者を紹介しておくと、『大韓毎日申報』・『皇城新聞』の主筆朴殷植、五山学校の設立者李昇薫、大成学校の設立者安昌浩、西友学会を興した鄭雲復をはじめ、金明濬・姜華錫・李甲・李東輝・盧伯麟・尹益善・呉相奎・李儁などの名を挙げることができる。

設立の趣旨と目的は西北学会の機関誌『西北学会月報』に明らかである。

それ団合は人群の固有之性なり。父子・兄弟・夫婦団合して一家を成し、将領・卒伍団合して一軍を成し、皇室・政府ならびに郡県団合して一国を成し……若しそれ団合のことなくんば、倫理の整斉は得べからず、事業の成熟は得べからず、国家の維持は得べからず、人群の生存は得べからず。聖なるかな、団合の性たる。大なるかな、団合の力たる。偉なるかな、団合の功たる。これを以て民智開明せば社会発達し、社会発達せば文明発達するが故なり。……そもそも、我が儕、益々力勉し切々服膺するものあり、曰く、精神的団合、これなり。それ人の一身は四肢百骸を具有するものにして、その一指の小、あるいはその傷を受くれば、全体みな痛むは、その神経の貫注あるを以てなり。そ

図表21 学会一覧

学会名	設立年	所在地	設立者	備考
大韓自強会	1906. 3	Seoul	尹致昊・張志淵	教育の拡張と産業の発達を目指す。
西友学会	1906.10	Seoul	朴殷植・鄭雲復	会員数200名。関西地方の教育の振興を目的とし、西友師範学校及び女学校を設立。雑誌も発刊。
漢北興学会	1906.11	Seoul	呉相奎・李儁	咸鏡道の教育を目的とし、留学生の便宜も図った。
大東学会	1907. 2	Seoul	申箕善・金允植	会員約1500名。
関東学会	1907. 7	Seoul	南宮檍	会員約200名。江原道における教育事業。皇城新聞の発刊。
湖南学会	1907. 7	Seoul	白寅基・李載幌	会員約800名。湖南地方の教育の発達を目指す。 学報の発刊と学校の設立目指す。
大韓協会	1907.11	Seoul	南宮檍・呉世昌	教育・産業を通じて自国の富強
西北学会	1908. 1	Seoul	金允五・鄭雲復	会員約3000名。西友学会と漢北興学会が合併してできる。 西北学会月報を発行。 西北協成学校設立
畿湖興学会	1908. 2	Seoul	金允植・鄭永沢	会員約1000名。月報の発刊。
嶠南教育会	1908. 3	Seoul	朴晶東	会員約500名。嶠南教育会雑誌発刊。
大韓中央学会	?	Seoul	朴承熚・李道韋	教育及び産業の発達を目指す。
敦下義務学会	?	Seoul	金宇鉉・金重煥	西大門他八洞区域内の男女の教育。
青友奨学会	?	Seoul	金泓国・韓中洙	青年教育。

出典：韓国研究院『韓　特集二十世紀初頭の学会活動〈Ⅰ〉』、『同〈Ⅱ〉』、第45号・第48号、1975年と各学会誌より作成。

れ社会は一個の法人にして、その法人身上に若し神経貫注するものなくんば、痿痺麻木し活動不能たり。……わが大韓に同一白頭の枝脈と同一檀箕の子孫、尋源返本し、西北・東南はこれを論ぜずして一体団合することの完成せん日には、東洋世界に一新鮮文明たるの帝国、勃焉以て興るべく、将比心香して皇夜上皇を虔祝するものなり。(22)

国家が成り立ってゆくには民衆の団結が必要である。民衆が団合し、知力を得れば社会は発展する。民衆の一部が病めば社会全体が病んでいくことになる。大韓帝国すべての民が団合すれば国は必ず勃興するというものである。

そして、これを実現するための活動方針として、西北学会が掲げたのが次の六項目である。

(一)　学会自ら学校を設立し、青年たちの教育を担当すること
(二)　各私立学校の教育方針を指導すること
(三)　雑誌を発行して一般民衆を啓蒙すること
(四)　演説・講演会等を通して一般民衆に愛国心を鼓吹させること
(五)　運動会などを通して一般民衆に団結心を養い、体力作りに貢献すること
(六)　民族産業を復興させること(23)

このうち(一)の学会が設立した学校で青年教育を担当では、協成学校における教育活動を通じて実践された。協成学校は民族教育を行なうための教員養成機関である。その前身は西友学会の西友師範学校と漢北興学会の漢北義塾であった。最初、協成学校は三年の就学期間で現在のSeoulに設置された。しかし当時の教員不足の事態は地方においても同様であり、地方の私立学校と分校関係を持つようになっていった。協成学校の支校は合計三二校あった。西北地方などでは私立学校設立者の殆どが西北学会の会員であったため、私立学校側も分校となる

ことを望んでいた。支校関係を結ぶのは容易いことだったのである。

（二）は、支校ともいうべき私立学校に財政的な援助を行なったり、教員の派遣を通じて学校の運営法や教育内容の教授法を指導するといったかたちで実現された。（三）は、西北学会の機関誌「西北学会月報」がその役割を果たした。（四）は、心学講演会を通じて実施された。心学講演会とは青年や一般民衆を相手に心性や道徳心の養成に訴える講話を行なう機会であった。

（五）の運動会の開催は、当時、大変流行していたようである。西北学会が主催した運動会は、一九〇五年から一〇年の五年間に一八回開催された。当時、私立学校の間で運動会が流行したのは、それが民族精神昂揚のデモンストレーションの場であったためである。

（六）の民族産業の復興に関する活動としては、農林講習所・山林測量科の設置や、学会誌に産業復興に関する論文、例えば、朴殷植「人の事業は競争に由って発達される」（『西北学会月報』第一六号、一九〇八年三月）や金河炎「貨幣の概論」（同）[24]等を続々と掲載したことが挙げられる。さらには労働者層の人々を対象に、「水商夜学」という夜間学校も開校していた。このようにあらゆる階層の民衆に、あまねく啓蒙活動を行なったことが西北学会の規模を物語っている。

以上でみてきたように、教育救国運動の媒体機関である私立学校や学会は、相互に連動しあって運動を展開してきた。中心になったのは民族の精神的指導者、安昌浩・朴殷植・李昇薫らであった。彼らは私立学校の創設者でもあり、学会のメンバーでもあった。彼らの不屈の精神は、植民地化を目指す日本にとっては、大きな障害となった。そこで、これら愛国啓蒙団体に対する取締り政策が強硬に開始されたのである。

第三節　学部・統監府による教育救国運動取締り政策

一、教育救国運動に対する日本人学務官僚の認識と学部の方針

(一) 日本人学務官僚の教育救国運動に対する認識

学部及び統監府の政策の行く手に立ちはだかった韓国民衆による教育救国運動、これを日本人学務官僚はどのように認識していたのであろうか。学部編「韓国教育ノ現状」は、当時、隆盛を極めた私立学校の設立の概況を次のように述べている。

近時韓国ニ於テハ教育熱旺盛ヲ極メ都鄙上下ヲ通シ教育ノ必要ト其振興トヲ主張スルモノ甚ダ多シ其説ク所或ハ世ノ文明ニ赴キ国運ノ発展ヲ導クモノ主トシテ教育ノ力ニアリ韓国ノ衰勢ヲ挽回シ其文明ト富強トヲ図ランニハ先ツ教育ヲ普及セシメザル可ラズト唱ヘ或ハ時運ノ趨勢ヲ憤慨シ日本ノ保護関係ヲ脱シテ自主独立ヲ全ウセンニハ一ニ教育ノ力ニ依ラザル可ラズト論ジ曰ク現状打破曰ク国権回復此等政治的理由ノ下ニ教育ノ必要ヲ唱ヘ教育ヲ以テ政治上ノ目的ヲ達スル唯一ノ方法ナリト為スモノ従来韓国一般ニ通スル教育熱勃興ノ重ナル原因ナルガ如シ而シテ更ニ大ニ此動機ヲ激発セシメタルモノハ日韓関係ノ変転ニアリ蓋シ明治三十八年日韓新協約ノ結果ニヨリ統監府新設セラレ次テ明治四十年第二次日韓協約ノ締結ニヨリ韓国政府ハ日本人官吏ヲ任用シ統監指導ノ下ニ重要ナル政務ハ挙ゲテ此等ノ官吏ニヨリテ処理セラルルノ状態ナルヲ見ルヤ時事日ニ非ナリトシ家国ノ前途ヲ憂フル者宜シク力ヲ教育ニ尽シ以テ現状ヲ打破セザル可ラズトナシ特ニ明治四十年日韓協約ノ結果トシテ韓国軍隊ノ解散アルヤ其将校兵士ハ馳セテ地方ニ帰リ学校ヲ起シ子弟ヲ集メ

其気運ヲ促進センコトヲ欲スルト共ニ糊口ノ道ヲ教育ニ求ムルニ至リタルモノ亦慥カニ教育熱ヲ盛ナラシメ当時学校ノ設立続々相踵クニ至ラシメタル所以ナリトス(25)

要するに、日本との保護関係から脱却して自主独立を目指していた教育救国運動は、日韓関係が日本に有利に変転することによって、文明や国運の発展が教育の力によるものであるという認識を一層強くし、さらに教育熱が高まったとみている。とりわけ、一九〇七年(明治四〇・光武一一)の軍隊解散は、将校や兵士を各地方に雲散させ、一方では地方民衆の覚醒のため、また一方では失業軍人が口に糊することを目的に、私立学校が隆盛を極めたとみていたのである。

(二) 日本人学務官僚による視察報告

学部・統監府がこの一連の動きを無視するわけはなかった。早速、学務官僚が私立学校視察に出発している。学校視察は既に三土忠造の頃から行なわれていたが、教育救国運動が隆盛した一九〇八年後半には隈本繁吉がその中心的役割を果たすようになっていた。隈本の地方教育視察の全貌を明らかにすることはできないが、教育救国運動の盛んであった西北地方を中心に視察に出掛けたことが確認されている。地方教育視察の目的は、学校所管の公立学校における教育状況や日本人教監の職能調査(26)、公立学校と私立学校の間にトラブルがないか、私立学校における教育内容(反日的要素)の摘発などであった。これらのうち、私立学校における教育内容(反日的要素)の摘発に重点がおかれていたことは言うまでもない。

隈本繁吉は一九一〇年三月二〇日から二七日にかけて(27)平安道へ視察に赴いている。この時訪れた私立学校は、維新学校(寧邊)、興襄学校(郭山)、翊原学校、安興学校(安州)、光義学校(順安)の計五校である。隈本はそれぞれについて次のような報告を行なっている。まず、維新学校及び興襄学校については「排日言動ノ多キ」

学校であり、後者では「政治法律ヲ主要科目トシテ居常戦闘ノ練習ニ力メ居」るといった状況であると報告している。しかしながら、両者ともに財源のある学校なので、「其ノ内容ヲ簡易ナル実業的学校」にするか、さもなければ後者では「郷校財産管理規程発布ト共ニ其ノ財源トセル郷校田沓ノ収入ヲ公立学校ニ移付ス」るのが得策であるとの善後策を述べている。また、反日行動の少なかった翊原学校では、既に「簡易ナル実業学校ニ組織ヲ変更スルノ計画」があることを報告した。

安興学校でも排日熱は高かった。「校監鄭安奭ハ元軍人ニシテ日語ヲ解シ居常軍隊的操練ニ力メ事務員金允沁ハ熱心ナル基督教信者ニシテ安州市場税騒擾事件ノ首謀者ト看做サレ学校ニ爆裂弾ヲ発セシ嫌疑ヲ蒙リ目下逃亡中」という有様で、警察署長の言によれば同校から『幼年必読』、『東国史略』を二一冊ずつ没収したということであった。また、安興学校の近くには安重根の日記や伊藤公暗殺事由七箇条などを室内に飾った私立鳳鳴学校や私立明立学校があり、排日教育の中核地といった様相を呈していた。これらの学校に対して隈本は次のように対応した。まずは直々に当該校に出掛け、道立農学校への入学勧誘を為し、さらには実業教育の奨励を中心に新教育の意義を説き明かして歩いたのであった。

但し、キリスト教主義学校に対しては、治外法権のため取り立てた行動には出ていない。また私立学校のなかには、学部の諸政策に賛同する学校もあった。例えば長老派宣教師ラッセルの経営する光義学校は、実業教育を自ら奨励し、郷校財産も道事務官の指示通りに手放した。この学校に対しては隈本は実情のみを記録し、困難なことがあれば視察中の学部委員に申し出るようにと告げたのである。

この隈本の視察に見られる態度は、排日的な要素を摘発すると同時に、学部の推進する模範教育や実業教育の機関に組み替えをするのであれば援助するという方針で貫かれている。(28)

㈢　教育救国運動に対する学部の方針

さて、学部の方針を最も端的に表わしたものに、学部次官俵孫一の講演記録「韓国教育ト警察行政」がある。これは一九〇九年九月に行なわれた警察部長会議席上で俵が行なった演説である。このなかで俵は、教育救国運動、または私立学校での教育について次のように述べている。

斯クノ如ク教育熱激発ノ動機ハ種々アルベシト雖帰スル所ハ日本トノ保護関係ヲ逸脱シテ独立ノ実ヲ得ントスルモノ其主要ノ部分ヲ占ムルハ勿論ナリ斯クシテ不規律不完備ナル私立学校ハ簇々トシテ叢生シ危険、誤謬ナル思想ノ下ニ青年子弟ヲ教養シ弊害滔々真ニ韓国ノ前途ヲ誤ラントス…

…世ノ教育ニ従フモノ唯ダ徒ラニ悲憤激越ナル政治論ヲ弄ビ編狭固陋ノ愛国心ヲ挑発シ喇叭ヲ吹キ太鼓ヲ叩キ兵式操練ヲ是レ事トスルヲ以テ教養ノ本義ト心得短慮無謀ノ行動ヲ以テ忠勇義烈ノ所為ナリト為スノ謬見ヲ抱カシムルガ如キハ独リ文化ノ進運ニ資スル所ナキノミナラズ益々浮薄、軽跳ノ思想ヲ馴致シ屡々国内ノ秩序ヲ撹乱シ却テ興国ノ基ヲ危殆ナラシムルモノニシテ顧ハサルモ亦甚シト云フベシ要スルニ此等ハ教育ヲ以テ否運頽勢ヲ挽回セント欲シテ其手段方法ヲ誤ルモノナリ(29)…

要するに、教育救国運動の覇者たちは、教育と政治とを混同しており、手段や方法を誤っているという認識である。そのため、学部はこれを「善導」しなければならないとし、続けて私立学校に対する四方針を発表している。

① 宣教師の設立する学校には治外法権を適用し、その取り扱いに注意すること。
② 官公立普通学校で実践中の「模範教育」により啓蒙を続けること。
③ 私立学校令により認可制度を創設するも、閉校処分のような強硬手段には出ないこと。

④　私立学校で使用される教科書については厳重な取締りをすること。

これが意味するのは、できるだけ刺激は少なく、器はそのまま残しておいて、中身を取り締まるといったやり方である。一九〇八年八月には、次に挙げる法令が相次いで公布されているが、「私立学校令」は、私立学校を監督するための法令であり、「教科用図書検定規程」で教育内容を厳しく取り締まる仕組になっていた。書堂に対しても同様で、基本的には共存の姿勢をとっていたために、敢えて厳しい取締りが行なわれることはなかった。

一九〇八年八月二六日	勅令第六二号	私立学校令
〃　八月二六日	勅令第六三号	学会令
〃　八月二八日	学部訓令第二号	私立学校令頒布ニ関スル訓令
〃　八月二八日	学部訓令第三号	書堂ニ関スル訓令
〃　八月二八日	学部令第一四号	私立学校補助規程
〃　八月二八日	学部令第一五号	公私立学校認定ニ関スル規程
〃　八月二八日	学部令第一六号	教科用図書検定規程
〃　八月二八日	学部告示第六号	私立学校学則記載例

二、私立学校を舞台とした教育救国運動に対する取締り政策

(一)「私立学校令」の制定とその内容

私立学校令の制定がなぜ必要であるのかを、俵は次のように述べている[30]。第一に「政府は其の職務を尽すため

に必要なり学部は自己の職分上一般人民に対する義務を尽すの上に於て必要を認めたるなり」と。現在、私立学校で行なわれている教育は「其の手段方法を研究せざる」結果、一般人民を誤った方向へ導こうとしている。「適当なる方面善良なる方面」に誘導することが政府・学部の職務である。そのためには、私立学校に関する情報、「何れの地方には如何なる学校の存在するや其の程度は如何現在生徒の員数は如何等」を把握するため、「其の学校の設立廃止を認め或は報告を徴し或は時々当該官吏を派して其の現状を調査」しておくことが必要であるとしている。そして、これは政府・学部の義務であるといった主旨である。

第二に私立学校を「保護監督」するために必要であるとしている。保護監督とは「一面に之を保護すると同時に他面に之を取締る」ことを意味し、次の三点を例示している。まず、私立学校の維持方法についてであるが、私立学校が経営や維持の困難を学部に訴えてくることがある。この時、私立学校令の規定に伴い当該校の情報を得ていれば、「其の善良なるものは之を保護奨励し其の邪曲なるものは之を矯正指導」することが可能である。次に、授業科目に不適当のもの、例えば「喇叭を吹き操練をなし太鼓を叩く」といった体操授業や、「日常野外運動を専らにするもの」を監督し矯正することも可能である。さらに教科書についても、「政治問題若くは社会問題とを混同し甚しきは之を教科書中に編纂して学徒の将来を誤るもの」があり、これも監督・矯正することが可能であると説いている。

第三に私立学校を「教育普及機関」とするために必要であるという。「千百の私立学校を誘導開発して以て教育の普及に稗益せんとするに外ならざるなり」が示すように、学部設立の学校だけでは新教育の普及機関として量的に不十分であるため、私立学校を充用しようという計画である。そして、「学部が今回私立学校取締法を示したるは私立学校の勃興を防ぐるにあらずして単に教育の根本精神を誤る無からしめ以て韓国の将来をして幸福多からしむる善良なる人物を養成せしむるの希望に外ならざる」と締めくくっている。
それでは、私立学校令はどのような条文で構成されていたのであろうか。ここに全文を引用することにする。

勅令第六十二号　私立学校令

隆熙二年八月二十六日

第一条　私立学校ハ別段ノ規定アルモノヲ除ク外総テ本令ノ規定ニ依ルヘシ
第二条　私立学校ヲ設立セントスル者ハ左ノ事項ヲ具シ学部大臣ノ認可ヲ受クヘシ
一　学校ノ目的、名称及位置
二　学則
三　校地校舎ノ平面図
四　一箇年ノ収支予算
五　維持方法
但基本財産又ハ寄付金ニ就キテハ証憑書類ヲ添付スヘシ
六　設立者、学校長及教員ノ履歴書
七　教科用図書名
前項　第四号ヲ除ク外各号ノ事項ニ異動ヲ生シタルトキハ学部大臣ニ報告スヘシ但承継者又ハ新任者ノ報告ニハ履歴書ヲ添付スヘシ私立学校ノ開校及廃止ハ設立者ニ於テ学部大臣ニ報告スヘシ
第三条　前条ノ学則ニハ左ノ事項ヲ規定スヘシ
一　修業年限及学年ニ関スル事項
二　学科目及其ノ程度並毎週教授時数ニ関スル事項
三　学員若クハ学徒ノ定員

四　入学者ノ資格其ノ他入学退学ニ関スル事項
五　授業料及入学料等ニ関スル事項
六　其他学校ニ於テ必要ト認ムル事項
第四条　私立学校ハ其名称ノ上ニ「私立」ノ二字ヲ冠スヘシ
第五条　私立学校ニハ学校長ヲ置クヘシ
学校長ハ学校ヲ代表シ校務ヲ掌理ス
第六条　私立学校ニ於テ用フル教科用図書ハ学部ノ編纂ニ係ルモノ又ハ学部大臣ノ検定ヲ経タルモノニ就キ之ヲ擇フヘシ
私立学校ニ於テ前項以外ノ図書ヲ教科用図書トシテ用ヒントスルトキハ学部大臣ノ認可ヲ受クヘシ
第七条　私立学校ニハ左ノ帳簿ヲ備フヘシ
一　学籍簿及出席簿
二　職員名簿
三　会計ニ関スル帳簿
第八条　左ノ各号ノ一ニ該当スル者ハ私立学校ノ設立者学校長又ハ教員タルコトヲ得ス
一　禁獄以上ノ刑ニ處セラレタル者
但特赦復権セラレタルモノハ此限リニアラス
二　懲戒処分ニ依リ免官ニ處セラレ二箇年ヲ経サル者
但懲戒ヲ免セラレタル者ハ此限ニアラス
三　教員許状還収ノ処分ヲ受ケ二箇年ヲ経サル者
四　操行不良ト認ムヘキ者
第九条　私立学校ノ設備、授業及其ノ他ノ事項ニシテ不適当ナリト認メタルトキハ学部大臣ハ之カ変更ヲ命スルコト

ヲ得

第十条　左ノ場合ニ於テハ学部大臣ハ私立学校ノ閉鎖ヲ命スルコトヲ得

一　法令ノ規定ニ違背シタルトキ

二　安寧秩序ヲ紊乱シ又ハ風俗ヲ壊乱スルノ虞アルトキ

三　六ケ月以上規定ノ授業ヲ為サヽルトキ

四　第九条ニ依リ学部大臣ノ与ヘタル命令ニ違背シタルトキ

第十一条　設立ノ認可ヲ受ケスシテ学校事業ヲ為スモノニ対シテハ学部大臣ハ其ノ授事業ノ禁止ヲ命スヘシ

第十二条　私立学校長ハ毎年五月末日現在ニ依リ職員姓名、担当学科目、学年別学員学徒在籍者数及出席者数、教科用図書名及会計状況ニ関スル報告書ヲ調製シ翌月中ニ学部大臣ニ報告スヘシ

第十三条　地方官ハ学部大臣ノ指揮ヲ承ケ其所管内ノ私立学校ヲ監督ス

第十四条　本令ニ依リ学部大臣ニ提出スル文書ハ所轄地方官ヲ経由スヘシ

第十五条　本令ハ書堂ニ之ヲ適用セス

附　則

第十六条　本令ハ隆熙二年十月一日ヨリ施行ス

第十七条　既設ノ私立学校ハ其ノ設立ノ認可ヲ受ケタルト否トヲ問ハス總テ本令施行ノ日ヨリ六ケ月以内ニ本令ノ規定ニ準シ学部大臣ノ認可ヲ受クヘシ

第二条の学部大臣の認可を得るために届け出なければならない七項目（①学校の目的名称及び位置、②学則、③校地校舎の平面図、④一箇年収支予算、⑤維持方法、⑥設立者、学校長及び教員、⑦教科用図書名）は、学部にとっては私立学校に関する貴重なデータベースであった(31)。②の学則に関しては、さらに第三条で記載すべき内容、六項目が規定されている。⑥の設立者は、学校長及び教員についてその素性を明らかにし、「不穏危険ノ思

想」の持ち主ではないかを見定めるためのものである。第六条の教科用図書に関する規定では、私立学校側が使用する教科書の自由採択権を奪った。第八条で注目しなければならないのは、私立学校に関わる者として不適当な人材のなかに、「性行不良ト認ムヘキ者」とあることである。性行不良とはどのような内容を指すのであろうか。また、第十条の二では、「安寧秩序ヲ紊乱シ、又ハ風俗ヲ壊乱スルノ虞レアル時」は私立学校の閉鎖を命ずるとある。これらはみな、民族の独立を目指した教育救国運動の担い手に対する「不当な抑圧」とは言えまいか。

また、法令中に傍線を付したように、学部大臣に決定権が集中し、学部大臣の胸先三寸で私立学校が設立もすれば廃校にもなるといった状況を呈していた。これは私立学校が完全に学部の管理下に組み入れられたことを意味する。これらのことから私立学校令は、第一に、学部が私立学校の規模や教育内容について実態を把握するためのものであり、第二に、教育救国運動の一部と見做される要素を私立学校から排除することを法的に正当化したものと言える。結局、私立学校を学部の推進する模範教育の普及媒体に仕立てあげることが目的だったのである。

(二) 「私立学校補助規程」の公布

続いて学部が公布したのが「私立学校補助規程」であった。私立学校補助規程は、私立学校令制定の二日後に公布された。私立学校令で規定された事項を遵守した私立学校に財政的な補助を与えるもので、言ってみれば「飴」の役割を果たした法令である。以下に全文を掲げておく。

学部令第十四號　私立学校補助規程

隆熙二年八月二十八日

学部大臣　李載崐

第一条　私立学校ニシテ左ノ各号ニ該当スルモノニ対シ学部大臣ニ於テ必要ト認ムルトキハ予算ノ範囲内ニ於テ其経費ヲ補助ス

一　普通学校令ニ依リ設立シタルモノ又ハ普通学校ノ教科課程ニ準拠スルモノ

二　相当ノ教員及設備ヲ有スルモノ

三　設立後二箇年ヲ経タルモノ但特別ノ事情アルモノハ此限ニアラス

四　成績佳良ナルモノ

第二条　補助ヲ受ケントスルトキハ学校長ハ左ノ事項ヲ記載シタル書類ヲ添ヘ学部大臣ニ申請スヘシ

一　学校ノ沿革

二　学徒ノ定員及学年別在籍者数及出席者数

三　卒業者ノ員数及卒業後ノ状況

四　一箇年ノ収支予算

但前年度予算額及之ニ対スル比較増減ヲ明記スヘシ

五　維持方法

但基本財産又ハ寄付金等ニ就キテハ其明細

六　教授用器具器械標本目録

前項ノ補助申請書ハ前年十二月末日限リ提出スヘシ但特別ノ事情アルモノハ此限ニアラス

第三条　補助スヘキ期間ハ一箇年以内トス

補助ヲ受クル学校ニシテ引続キ補助ヲ受ケントスルトキハ前条ニ依リ申請ノ手続ヲナスヘシ但変更ナキ事項ハ之ヲ省略スルコトヲ得

第四条　補助ヲ受クル学校ニ於テ収支予算及維持方法ヲ変更セントスルトキハ学部大臣ノ認可ヲ受クヘシ
第五条　補助ヲ受クル学校ハ翌年二月末日限リ前年度ノ決算書ヲ学部大臣ニ提出スヘシ
第六条　補助ヲ受クル学校ニハ左ノ帳簿ヲ備ヘ財産及出納ノ状況ヲ明記スヘシ
一　資産原簿
二　出納簿
三　予算決算ニ関スル帳簿
第七条　補助金ハ四回ニ分割シテ之ヲ交付ス但特別ノ事情アルモノハ此限ニアラス
第八条　補助ヲ受クル学校ニシテ左ノ各号ノ一ニ該当スルトキハ学部大臣ハ其補助ヲ廃止スルコトアルヘシ
一　本規程及学部大臣ノ命令ニ違背シタルトキ
二　諸帳簿ニ不正ノ記載ヲ為シ若ハ会計ノ不整理ナルトキ
三　三箇月以上休校シタルトキ
四　学校ノ成績ガ不良ト認メタルトキ
五　学校ヲ廃止シ又ハ学校ノ閉鎖ヲ命セラレタルトキ
第九条　前条ニ依リ補助ヲ廃止シタルトキハ補助金全額ヲ月割ヲ以テ計算シ廃止ノ月ノ翌月以降ニ属スル分ヲ還納セシム
第十条　普通学校程度ニアラサル学校ト雖学部大臣ニ於テ特ニ必要アリト認ムルトキハ本規程ヲ準用シ其経費ヲ補助スルコトアルヘシ
第十一条　本規程ニ依リ学部大臣ニ提出スル文書ハ所轄地方官ヲ経由スヘシ
地方長官ニ於テ前項ノ文書ヲ受ケタルトキハ意見附シテ之ヲ進達スヘシ
附　則
第十二条　本規程ハ隆熙二年十月一日ヨリ施行ス

第一三条　本規程施行ノ際現ニ補助ヲ受クル学校ニ対シテハ隆熙二年十二月末日迄本規程ヲ適用セス

㈢「私立学校令頒布ニ関スル訓令」の公布

続いて、学部訓令第二号として「私立学校令頒布ニ関スル訓令」が公布された。言わば施行規則のようなもので前文と九条十四項目から成る。ここでは各条項の内容を約言しておきたい。

一、私立学校令は私立学校に適用する一般法であるが、私立普通学校は普通学校令を、私立高等学校は高等学校令を優先し、該当法令に規定がないときには私立学校令に依る。地方官は両法令の関係を熟知し対応すること。

二、私立学校令第二条中、重要なのは学校の目的・学則・維持方法である。学則に関しては記載例を定めてあるが、それを厳守しなければならないわけではない。

三、私立学校の閉鎖処分は学部の望むところではないが、「公安風俗ヲ害スルノ虞アル者」、「法令若クハ命令ニ違背スル者」、「永ク授業ヲ休止スル者」があれば、地方官は機を逸せず報告すること。

四、私立学校令に基づいた認可を受けずに、学校と見做される事業を行なっている団体に対しては、禁止の旨を命ずることになっているが、一応本令の規定するところを通告する。

五、地方官の責任と監督力を強化するために、私立学校より提出される文書は地方官経由とする。

六、地方官は文書検閲の権利を保持するが、地方官の権限で却下、処分を施すことは廃止する。尚、学校設立請願書については土地家屋の取得・財源の設定など詳査する。

七、地方官は公立学校の管理者であると同時に、私立学校の監督者である。従来のように地方官が私立学校の設立者及び校長となると、法令の精神上、混同が起き複雑になるので今後はこれを避けること。

八、私立学校の設立者が外国人である場合、洋の東西を問わず、自ら進んで認可を受けた場合、学部は当校を保護奨励する。

九、現在、私立学校でみられる問題点で地方官が留意すべき事項を列挙する。

一 私立学校が「先進国ノ外形ヲ模倣」することに懸命で、「学科ノ多キヲ貪リ程度ノ高キヲ誇」っており、「徒ニ軽佻浮薄ノ風ヲ醸生」している状況である。「内容ノ充実」と「着実有用ナル人物ノ養成」に努めるべきである。

一 産業の振興は富国の基礎であるにも拘わらず、「実業ヲ賤シミ勤労ヲ厭フ」傾向がある。必要なのは「実業思想ヲ普及シ実業上ノ知識技能ヲ養成」することである。学校における教育は「利用厚生」を目指すべきである。

一 私立学校のなかには財源基盤を確保せずに安易に学校設立を計画し、寄付金を強制したり、財源の所属を争う姿がみられる。この悪習の防止に努めるべきである。

一 学校を「政治機関トシテ利用」したり、「現時ニ於ケル政治上社会上ノ問題ヲ捉ラヘ来リテ討究論議」を行なう場合がある。学校の本分を忘却している。

一 断髪の強要・制服の新調に冗費を増加すること・「喇叭ヲ吹キ鐘皷ヲ鳴ラ」す兵式体操・大規模な運動会などは教育の普及を妨害することを意味する。主催者側に警告し除去すべきである。

大半は私立学校令の条文中、理解しづらいものや誤解を招くものを補足した内容となっているが、九条の地方官が留意すべき事項五項目のなかに、私立学校令制定の本音が見える。萌芽期の私立学校に対し、その問題点を列挙して、親日的教育の推進を妨害する諸行動を、法令を以て明確にしたのであった。

(四)「私立学校令」公布の結果

私立学校令及び私立学校補助規程公布後の私立学校設立認可状況を、学校数及び生徒数別に示したのが図表22の私立学校設立認可状況である。

学校数は明らかに減少の一途を辿っている。年次毎に激減していくのは、一般私立学校、所謂民族系私立学校であり、宗教系の学校は、治外法権の適用のため減少の度合いが緩やかになっている。また、宗教系の学校のなかには、学校の存続には学部の認可を受けた方が有利であると判断し、設立認可を請願する動きもあったようである。生徒数は、宗教学校に多少の変動があるものの、全般的には学校数に比例して、漸次減少している。

ところで、先に述べた大成学校や五山学校でも学部大臣の設立認可を受けていた。両校がその後、どのような

図表22　私立学校設立認可状況

年次	学校数			生徒数		
	一般	宗教	計	一般	宗教	計
明治四三（一九一〇）年	一、二二七	七四六	一、九七三	五九、〇三七	二一、七二三	八〇、七六〇
明治四四（一九一一）年	一、〇三九	六三二	一、六七一	五〇、五五九	二〇、九六三	七一、五二二
明治四五（一九一二）年	八一七	五四五	一、三六二	三九、三六二	一八、〇一七	五七、三七七
大正二（一九一四）年	七九六	四八七	一、二八三	三八、六九五	二〇、〇七一	五八、七六六
大正三（一九一五）年	七七一	四七三	二、二四四	三九、五二四	二六、二〇一	六五、七二五
大正四（一九一六）年	七〇四	四五〇	一、一五四	三四、五三一	二二、二六二	五六、七九三

出典：朝鮮総督府内務部学務局『朝鮮人教育　私立学校統計要覧（大正四年度）』（『史料集成』第五二巻所収）より作成。

運命を辿ったのかについて簡単に触れておきたい。大成学校は開校以後、活発に教育救国運動を展開していた。安昌浩の教育理念や活動は他の私立学校の模範であり、大成学校は教育救国運動の根城であった。そのような状況から学部の取締り政策の目が大成学校に向けられたことは容易に推測できる。大成学校に訪れた最初の苦難は、一九〇九年（明治四二・隆熙三）初頭に起きた日章旗不掲事件である。事件の概要は次のとおりである。この年の一月から二月にかけて純宗皇帝が伊藤統監を随伴して全国を行幸した。この時、学部は太極旗と日章旗を持って出迎えるようにと各校に命じた。ところが、大成学校では日章旗を持って出迎えることを怠ったために、安昌浩が詰問されたのである。安昌浩の主張は次のとおりである。「今般の御巡幸では伊藤統監はあくまで陪従である。陛下でなしに陪従のために国旗を掲げるのは理に叶わぬことなり。陪従に対してその国旗を掲げれば、陛下を慕う我ら国民の衷情はどうなろう」[32]。大成学校廃止説が流れるなかで、『大韓毎日申報』は大成学校を援護する懸命の論駁を行なった[33]。結局、廃校には至らなかったが、その後も同校が学部の厳重な監視下に置かれたことに変わりはなかった。

大成学校の二度目の苦難は、一九〇九年一〇月二六日、伊藤博文が安重根に暗殺された事件に伴い、大成学校関係者に嫌疑がかけられたことである。李鍾浩や安昌浩ら、大成学校の首脳陣が検挙され、安昌浩は釈放後、中国亡命を決断したのである。併合後の一九一一年には、三度目の至難が大成学校を襲う。寺内総督暗殺未遂の嫌疑により大成学校首脳陣が検挙・拘束された「百五人事件」である。これは教育救国運動を推進する私立学校の教育を阻止するため、さらに新民会を根絶するために総督府が捏造した事件であると言われている。この事件で、安昌浩が亡命した後、大成学校の運営に専念していた張膺震も逮捕され、廃校回避のさまざまな努力も空しく、大成学校は一九一三年廃校に至ったのである。

一方、五山学校はミッションスクールに成り代わることで延命した。この延命策は当時の私立学校がよく用いた方法で、校長の名義を宣教師にして学部に届け出で、学校の教育方針を「基督教化」するものであった。五山学校の場合は平壌神学校校長S・L・ロバートの名を借りて学部に申請を行ない、カリキュラムは明治学院に真似て、聖書や礼拝の時間を設けるようにした。設立者の李昇薫は、百五人事件その他で幾度となく投獄されるが、五山学校はミッションスクールへの転身により後世まで存続している。

(五) 私立学校の統制と「地方費法」および「寄付金取締規則」との関係

最後にこれまで述べてきた私立学校に対する取締りが、資金面からも行なわれていたことについて触れておきたい。学部の取締り政策は、「実力による直接的な閉鎖措置は避け、むしろ一九〇九年内務部警務局の制定になる『地方費法』や『寄付金取締規則』による、私立学校に対する寄付金の制限というからめ手からの措置を通して、私立学校の財政基盤を奪いとり、財政難に追い込んで、その『自動的廃滅』を待つ方針」をとったものであると指摘されているように[34]、直接、私立学校の取り潰しを図ったものではなかった。私立学校令は私立学校に対して学部認可を請願することを義務づけたものだったのである。そのような方策を取ったのは、私立学校側からの反発による教育救国運動の激化を懸念してのことであった。当時、私立学校の財政基盤は地方費と寄付金で成り立っていた。この両者を規制することで、立ち行かなくなる私立学校が出現することは予想がついた。そこで学部は自然淘汰的に私立学校が減少するのを待ったのである。地方費法は一九〇九年四月一日の公布であり、寄付金取締規則は一九〇九年二月二七日の公布である。

地方費法の公布で私立学校が被った最たるものは、郷校財産や学田など所有者の不明瞭であった公的財産が整理し直され、自由に使用することができなくなった点ではないかと推察される。かねてから学部設立の普通学校と私立学校の間で、郷校財産が取り合いになることはよく見られる風景であった。それが地方費法の制定で学部側に有利な法的解決をみたのである。

寄付金取締規則第一条では、寄付金募集を行なうときは内部大臣及び募集目的に関係する主務大臣に請願し、認可を受けなければならないとしている。そして、この時の請願には、①募集の目的及び其の方法、②募集する区域及び期限、③募集金品の種類数量及び其の保管方法、④事業計画、⑤収支予算、⑥募集主の事務所所在地、⑦募集者の住所、職業、氏名、年齢、団体に在する場合は其の名称及び代表者の住所、職業、氏名、年齢を記載する義務があった。また、第五条「内部大臣ハ必要ト認ムル境遇（場合）ニハ募集停止制限又ハ禁止シ又ハ募集従事者ノ変更ヲ命ズルコトヲ有ス」と、第六条「警察官ハ募集ニ関スル帳簿書類ヲ検閲スルヲ得」にみられるように、中央の内部大臣が絶対的な権限を持ち、地方官である警察官が検閲権を有していたことは明らかである。これは実質的に寄付金による財政基盤の確立が封じられたことを意味するものであった。

三、教科書の検定及び使用認可制度による教育内容の取締り

㈠ 民間人指導者による教科書編纂

教育内容に対する取締りは学部が主体となって行なわれた。その内、学部が最も力を注いだのが私立学校で使用される教科書に対する検定・認可作業である。しかしながら、その作業が難航したことは想像に難くない。学部編纂教科書やその普及政策を私立学校関係者や韓国民衆が甘受することなどあり得なかった。私立学校では、「愛国」や「独立」の文字が並ぶ排日的な教科書を自ら編纂、または使用し、教科書を媒体として愛国心や独立心を扶植する教育救国運動を展開していたのである。例えば、アメリカ人宣教師ジェームスの設立による培英学

校では、学務官僚の視察で排日的な教科書の使用が摘発されている。次の報告がそれを示している。

本校ハ特ニ不良教科書多シ第一ニ不穏ナル政治的記事ヲ以テ満タサレタル鄭寅（琋琥）著大韓歴史次ニ同人著初等小学之レ亦排日的記事ニ富ミ安鐘和ノ初等倫理学亦学徒ニ兵役ノ義務ヲ説キテ之ヲ激励シ体操ハ即チ其予備ナリト云フル（ママ）モノ其他柳瑾ノ初等小学修身書徽文館ノ高等小学読本何レモ不認可教科書ナリ要スルニ本校ニ使用スル主ナル教科書ハ何レモ甚シキ不良教科書ナリトス由テ此ニ就キハ（ママ）教師ニ注意シ其改定ヲ命シ置ケリ(35)

これは一例で、多くの私立学校が検定規程を無視して、不認可の排日的な教科書を使用していたのである。次の表23は学務官僚が私立学校を視察した際に、私立学校側が使用していた教科書を一覧にしたものである。

これらの教科書を大まかに分類すると、キリスト教関係の著書、地理歴史関係の著書、読本の三種類に分類される。このうち児童の心的発達に多くの影響を与えると思われるのが読本の内容である。一例として徽文義塾の『高等小学読本』と鄭寅琥の『最新初等小学』についてみておきたい。徽文義塾は出版部も兼ね備えた私立学校であり、教育救国運動の根拠地の一つであった。同校編纂の『高等小学読本』の巻一をみると、第一課から第八課までが「国家」、「人民」、「大韓」、「愛国心」、「愛国の実」、「忠義」、「独立」といった民族の独立心を鼓吹する排日的な教材が続いている。一方、培英学校で使用されていた鄭寅琥著『最新初等小学』は、巻一から巻八までの八冊（各学年上下二冊）から成る。この教科書の特色は第一に韓国（朝鮮）の歴史的人物が数多く登場することで、韓国近代においてこれほど歴史上の人物が登場する教科書は他に例を見ないという。第二に愛国心や民族意識を鼓吹する教材が多数見受けられる点である。巻二の「運動歌」、巻八の「独立歌」がその例となろう。第三に挿絵に国旗や兵式体操といった民族的、愛国的な要素をもつものが使用されている点もある。また、日韓関

図表23　私立学校使用教科書一覧

学校名	教科書名	備考
培英小学校	学部編纂国語読本	
	童蒙先習	
	千字文	
	馬太伝	
	馬可伝	
大東基督小学校	学部編纂教科書	
	文部省尋常小学読本	
	日本富山房編纂算術書	
	元泳義著「小学漢文読本」	
	同　「蒙学漢文初階」	
	同　「啓蒙編」	
	千字文	
聖義学校	新訂千字文	
永信女学校	玄采「東国史畧」	内部大臣発売頒布禁止図書
	張志淵「大韓新地誌」	学部不認可教科用図書
	牖蒙千字	
谿法小学校	学部編纂国語読本	
	童蒙修身書	
	柳瑾著「初等本国歴史」	学部認可教科用図書
	新撰理化学	
	中等万国史	
	初等算術教科書	
	聖経	
	讃頌歌	
	普通教科東国歴史	
	日語大海	
	玄采「大韓地誌」	
	蒙学漢文初階	
攻玉学校	聖経	
	徽文館「高等小学修身書」	学部不認可教科用図書
	梁文卿「改良高等新読本」	
延禧学校	学部編纂国語読本	
	同　漢文入門	
	同　図画臨本	
	聖経	学部認可教科用図書
	初等本国歴史	学部認可教科用図書
	新撰理化学	学部認可教科用図書
	新訂算術	学部認可教科用図書
	簡明物理学教科書	学部認可教科用図書
	日本普通文典	
	千字文	
	柳瑾著「初等大韓地誌」	
培英学校	鄭寅琥著「大韓歴史」	
	同　「初等小学」	学部不認可教科用図書
	安鍾和「初等倫理学」	学部不認可教科用図書
	柳瑾著「初等小学修身書」	学部不認可教科用図書
	徽文館「高等小学読本」	学部不認可教科用図書
旺新培材学校	朴晶東著「初等修身」	学部検定教科用図書
	学部編纂読本	
	柳瑾著「初等大韓地誌」	学部認可教科用図書
啓星学校	初等衛生学教科書	
	高等小学読本	学部不認可教科用図書
	千字文	
	玄采「大韓地誌」	
葯明学校	鄭寅琥著「初等大韓歴史」	学部不認可教科用図書
	同　「初等大韓地誌」	学部不認可教科用図書
加明女学校	徽文館「高等小学読本」	学部不認可教科用図書
	玄采「東国史畧」	内部大臣発売頒布禁止図書

出典：学部次官俵孫一「漢城府内基督教学校状況一班」、一九一〇年六月（『史料集成』第六七巻所収）より抜粋して作成。

係を扱った教材では、倭寇、壬辰の倭乱（秀吉の朝鮮出兵）、乙巳保護条約（第二次日韓協約）を教材として、日本に対して否定的なイメージを持たせる内容となっている点も挙げられる。このように、学部編纂教科書とは正反対の価値観をもつ教科書が私立学校側で編纂され使用されていたことが確認される。これを学務官僚は、政治と教育の混同の典型と見なしたのであった。

(二) 教科書検定・使用認可制度の開始

学部編輯局課長であった小田省吾は、このような私立学校の教科書事情を次のように認識している。

学制新タニ定メラレタルモ該法規ニ依リ設立セラレタル学校ハ極メテ少数ニシテ、前記ノ普通学校教科用図書モ差当リ約五十校ノ公立普通学校ニ使用セシムルニ過キス、当時大多数ヲ占メタルハ各種私立学校ナリシガ、其等ノ学校ニ使用スル教科書ハ尚混沌タル状態ナリキ、蓋シ半島ニ在リテハ保護条約締結後、排日ノ思想ト共ニ教育熱澎カニ勃興シ各地競ウテ私立学校ヲ設立シ其ノ数無慮二千有餘ニ達シ、就中基督教学校ハ約其ノ三分一弱ヲ占ムル状況ニシテ、此等ノ私立学校ハ名ヲ学校ニ籍ルモ其ノ実ノ伴フモノナク、政治ト教育トヲ混同シテ不穏ノ思想ヲ注入スルモノ少カラズ、従テ此等私立学校ニ於テ使用セラル、教科用図書ハ之ヲ教科書ト言ヒシヨリ寧ロ一種ノ論文ニシテ、或ハ現今ノ政治状態ヲ誹議シ、或ハ当路ノ政策ヲ論難スルモノアリ、或ハ排日ノ内容ヲ有シ極端ニ日本ヲ侮蔑スル文字ヲ用ウルモノアリ、又ハ近時支那ニテ出版セル有害ノ図書ヲ使セルモアリ、且舊時朝鮮人ノ著述ニ係ルモノハ文禄役ノ影響ヲ受ケテ我國ニ對シテ「倭賊」等ノ文字ヲ用ウルコト普通ナルヲ以テ、此等ヲ教科書トシテ使用スル場合ハ亦之ヲ許スベカラズ、サレバ此等教科書ノ使用ヲ厳重ニ取締ルコトハ一日モ等閑ニ附スルコトヲ得ス(36)

小田によれば、当時、私立学校で使用されていた教科書は「政治ト教育トヲ混同シテ不穏ノ思想ヲ注入」する論文であり、いたずらに政治・政策を批判し、排日的な内容を盛り込んだもので、このような教科書は「使用ヲ厳重ニ取締」る必要があった。そこで学部は教科用図書検定規程を制定・公布し、私立学校における教育内容面の取締りを開始したのである。「教科用図書検定規程」は全一五条から成る。その全文は次のとおりである。

学部令第十六号　教科用図書検定規程

隆熙二年八月二十八日
学部大臣　李載崐

第一条　教科用図書ノ検定ハ其目的トスル学校ノ学員学徒用又ハ教員用ニ適スルコトヲ認定スルモノトス

第二条　図書ヲ発行シ又ハ発行セントスル者ハ其検定ヲ学部大臣ニ出願スルコトヲ得
外国ニ於テ発行シタル図書ハ発行者ニ於テ本規程ニ依リ其検定ヲ学部大臣ニ出願スルコトヲ得此ノ場合ニ於テハ韓国内ニ代理人ヲ置クヘシ

第三条　検定出願者ハ第一号書式ノ願書、検定料及図書又ハ其稿本二部ヲ提出スヘシ
検定料ハ図書一種ニ付其ノ目的トスル学校一種毎ニ該図書ノ定価ノ二十倍ニ等シキ額トス

第四条　検定ヲ受ケタル後図書ノ名称、冊数、定価、目的トスル学校並ニ学科ノ種類及図書ノ内容ヲ変更シタルトキハ検定ノ効力ヲ失フモノトス

第五条　前条ノ場合ニ於テ更ニ検定ヲ出願スルモノハ第二号書式ノ願書及図書或ハ其稿本二部ヲ学部大臣ニ提出スヘシ但シ定価ヲ増加シタルトキハ第三条第二項ニ準シ其ノ差額ヲ納付スヘシ

第六条　検定料ハ収入印紙ヲ以テ納付スヘシ
検定料ヲ納メタル後ハ何等ノ事由アルモ之ヲ還付セス

第七条　検定シタル図書ハ学部ヨリ官報ヲ以テ其名称、冊数、定価、目的トスル学校並ニ学科学員、学徒用又ハ教員用ノ区別、発行及検定年月日並該図書ニ署名セル著訳者及発行者ノ住所姓名ヲ公告スヘシ
第八条　図書発行者ハ図書ニ署名セル著訳者又ハ発行者ノ住所姓名ニ変更アリタルトキハ其ノ事項ヲ学部ニ報告スヘシ
前項ノ報告アリタルトキハ学部ハ官報ヲ以テ之ヲ公告スヘシ
第九条　検定ヲ受ケタル図書ニハ毎冊見易キ所ニ第七条ニ記載セル事項ヲ掲載スヘシ
第十条　稿本ヲ以テ検定ヲ受ケタル者ハ発行後三日以内ニ該図書二部ヲ学部ニ納付スヘシ
前項ノ図書ニシテ其紙質、印刷又ハ製本粗悪ニシテ教科用図書トシテ不適当ト認ムルトキハ相当ノ変更ヲ命スルコトアルヘシ
第十一条　左ノ各号ノ一ニ該当スルトキハ学部大臣ハ図書ノ検定ヲ取消スコトアルヘシ
一　第八条第一項、第九条又ハ第十条第一項ノ規定ニ違背シタルトキ
二　第十条第二項ノ変更命令ニ従ハサルトキ
三　検定ヲ受ケタル図書ニシテ学部ニ納付シタル図書ヨリ、紙質、印刷、又ハ製本ノ粗悪ナルトキ
第十二条　検定ヲ受ケサル図書又ハ検定ノ効力ヲ失ヒタル図書ニ学部検定済其他之ニ類スル文字ヲ記載シテ発行シタル者ハ五圓以上五十圓以下ノ罰金ニ処ス其ノ情ヲ知リテ受託販売シタルモノ亦同シ

附　則

第十三条　本規程ハ頒布ノ日ヨリ施行ス
第十四条　本規程施行前ニ検定シタル図書ハ本規程ニ依リ検定シタルモノト看做ス
第十五条　本規程施行前検定ヲ受ケタル図書ニシテ既ニ発行シタルモノハ其発行者ニ於テ本規程施行ノ日ヨリ九十日以内ニ第九条ノ掲載事項ヲ印刷シタル図書二部ヲ学部ニ納付スヘシ
前項期日内ニ図書ヲ納付セサルモノハ将来ニ対シテ該図書検定ノ効力ヲ失フモノトス

（書式省略）

この法令によって、私立学校教科書として発行される書物は、学部大臣の検定を経ない限り、使用できないことになったのである。これが発行者（著者及び出版社）側に対する規制であるなら、使用者側である私立学校にも使用認可を請願する義務があった。私立学校令第六条の「私立学校ニ於テ前項以外ノ図書ヲ教科用図書トシテ用ヒントスル時ハ学部大臣ノ認可ヲ受ク可シ」である。前述の微文義塾のように、出版部を兼ね備えていた私立学校では、編纂者として検定を受け、使用者としても使用認可を受けるという二重のシステムが適用されていたのである。

(三) 教科書検定・使用認可作業の実際

教科書検定に参画した学部委員は、図表24のとおりである。この表は上段が常時、教科書編纂・検定作業の任にあった学部編輯局のメンバーであり、下二段が主に検定作業のために組織された委員会のメンバーとなっている。委員三名は、学務局及び官房の学部の官僚であった。また、臨時委員九名は、全員官立学校の教員であり日本人であった。これら全スタッフ三〇名中、一七名が日本人であり、要職に就いていたのは、日本人と親日派の韓国人官僚であった。[37]

本表は一九〇九年（明治四二・隆熙三）七月現在のものであるが、実際の教科書検定・使用認可認定作業は、次の人物と手順で成り立っていったものと思われる。先ず検定作業の枠組みを築いたのは隈本繁吉であろう。隈本は一九〇八年三月に渡韓し、同年八月に教育救国運動取締りのための各種法令が制定される頃には、三土の後継者として実務をこなしていた。さらに隈本は世にいう「教科書疑獄」で検挙された一人で、日本では文部省の図書審査官を勤めた人物であって、充分に経験を有していたと考えられる。その後、一二月に小田省吾が渡韓した。実際の検定作業、教科書を一冊ずつ丹念に調べるといった作業は、小田を中心とする学部編輯局スタッフ

図表24　教科書検定委員一覧

学部編輯局			教科書編輯及検定委員会	
役職名	人名	備考	委員（現職名）	臨時委員（現職名）
局長	魚允廸	兼 官立漢城高等女学校長	隈本繁吉（学部書記官）	高橋亨（官立漢城高等学校学監）
書記官	小田省吾	兼	李晩奎（学部秘書官）	増戸鶴吉（官立漢城師範学校学監）
事務官	柳田節	兼 学務局第二課事務官	上村正巳（学部事務官）	宗像鴨四郎（官立漢城外国語学校教授）
編輯官	玄櫶	兼 官立漢城外国語学校教授		斎藤欽二（官立漢城師範学校教授）
		飜訳官		松本宗治（官立漢城師範学校教授）
〃	上田駿一郎			山内愛助（官立漢城高等学校教授）
技師	李敦修			三國谷三四郎（官立漢城師範学校教授）
〃	劉漢鳳			児島元三郎（官立漢城師範学校教授）
主事		韓人二＋日人一＝計三人		福島百蔵（官立漢城師範学校教授）
編輯官補		〃一＋〃一＝〃二人		
技手		〃三＋〃〇＝〃三人		
雇		〃〇＋〃一＝〃一人		
委員		〃二＋〃〇＝〃二人		
（小計）		〃一二＋〃六＝〃一八人	韓人一＋日人二＝計三人	韓人０＋日人九＝計九人

出典：学部大臣官房秘書課『学部職員録（隆熙三年七月一五日現在）』、（『史料集成』第六四巻所収）より作成。

が、教科書編輯及び検定委員会の助力を得ながら進めていったのではないだろうか。小田は検定作業の模様を、

「数千ノ私立学校ヨリ何レモ皆教科用図書ノ認可請願ヲ実物ト共ニ提出セシメ、一々之ヲ審査シタル上、其学校ノ程度ニ應シテ許否ノ指令ヲナシ、或イハ適当ナル図書ヲ指定シ、或イハ取扱上ノ注意ヲ与へ、以テ此等私立学

校ニ於ケル教育内容ノ改善ヲ図ルニ努力セリ[38]」と記している。

検定・使用認可認定作業は政治・社会・教育の三方面の項目を基準[39]に行なわれた。かつて日本の教科書検定方針が「有害なるものを排除」する方法[40]であったのと同様、以下の検定基準にそぐわないものは排除されていったのである。

検定基準

政治的方面

・韓国と日本との関係並両国の親交を阻礙し又は非議することなきか。
・韓国々是に違戻し秩序や安寧を害し国利民福を無視するが如き言説なきか。
・韓国の固有の国情に違ふが如き記事無きか。
・奇矯にして誤謬なる愛国心を鼓吹する事なきか。
・排日思想を鼓吹し又は特に韓国人をして日本人及其の他の外国人に対する悪感情を抱かしむるが如き記事及語調無きか。

社会的方面

・淫雑其の他風俗を壊乱せしむるが如き言辞及記事無きか。
・社会主義其の他社会の平和を害するが如き記事無きか。
・妄誕無稽の迷信に属するが如き記事無きか。

教育的方面

・記載事項に誤謬無きか。
・程度分量及材料の選択は教科書の目的とする所に適応せるか
・編述の方法は適当なるを得たるか。

図表25　教科書検定結果

種別		修身	国語	漢文	歴史	地誌 地文	理化	数学	博物 生理	体操	農工商	教育	日語其他	法制 経済	辞書	計
検定出願部数		12	16	13	16	20	8	6	14	1	2	1	5	2	1	117
内訳	同　認可部数	3	4	3	6	7	7	4	12	1	1	1	3	2	1	55
	同　不認可部数	5	2	2	3	5	—	1	—	—	—	—	—	—	—	18
	同　調査中	4	10	8	7	8	1	1	2	—	1	—	2	—	—	44

出典：学部「韓国教育ノ現状」、1910年、58頁、（『史料集成』第63巻所収）。　（明治43年５月末現在）

この規定に基づいて行なわれた検定の結果は、図表25のとおりである。これをみると、修身、国語、日語、歴史といった教科の不認可部数、調査中の数値が高く、排日的な内容を盛り込みやすいこれらの教科に対して検閲が厳しくなっていることが認められる。不認可の理由としては上記の政治的方面に該当するものが殆どであったと思われる。

また、この時の学部の検定について『大韓毎日申報』は、「教科書と学部」(41)と題する論説で、検定に時間が掛かり過ぎることを指摘し、学部の故意的な時間稼ぎであると批判している。摘訳すると次のとおりである。

> 近日各著述家が教科書を著述して学部に提出し所謂検定を受けたところ、学部では理由もなくこれを抱え込んで、一年或いは二年経っても検定を許可しないようである。教科書検定法が施行された後、韓国人の教科書著述家たちは悉く筆を擱き、口を噤んで「愛国」、「独立」等の文字を撫で悲嘆の声を上げていた。或いは、平凡な内容、歴史で論ずれば先人の威光の跡を杓子定規に記述するような、地理で論ずればすべての語が皆「山経水誌」であるような教科書を若干著わす。それでも検定を認めないのは何故なのか。
>
> これは学部が「忠・愛・勇・壮」等の文字を厳禁しているにもかかわらず、教科書中に何ら有意味な文字が伏在し、人民の思想を開発するのを憂慮し是の如くみとめないのであるか、或いは、学部官吏が殆ど日本人であり、現在日本人が韓国の利益を剥奪する時代であるため、教科書中の利益を韓国人には与え

ず、日本人が独占しようとするために認めないのか、または学部が他人の教科書稿本を長く保持しているのは、稿本中から教科書の材料を獲得するためなのか、このほかにも諸説を導き疑念が生じているのである。

あゝ学部よ。韓国学部が所謂新教育を施行してからまさに十数年が過ぎたが、何ら完成した教科書がなく、近年に至り日語教科書が膨張し、普通学校において日文理科書を用いるようになっただけである。即ち学部が韓国人の教科書著述家を激励翼賛するならまだしも、斯くの如き教科書検定に固執することになぜ耐え忍ぶのか、蓋し、今日、教科書著述家の執筆した教科書には、何ら「独立」、「自由」、「愛国」などの精神や、偉人、英雄、烈士などの事蹟を映し出すことができないでいるのに、これらの教科書が発行されても、どうして国民の精神、気力を鼓吹するに足りようか。これまた検定を認可しないことを嘆くばかりである。

教科書というものは人民の思想を鋳造する器械であり、国家の実力を培養する機関である。この民族や国家に関係のある教科書をどうして韓国人自らの手で著述することを認めないのか、学部よ反省すべきである。

この記事は、韓国人の側からみた学部の教科書政策に対する痛烈な批

図表26　学部検定教科用図書（但し一部）

書　　名	冊数	著　作　者	目的及学校
初等修身	1	朴　晶　東	私立初等
普通教科修身書	1	閔　大　植	同
初等国語語典	3	金　熙　祥	同
新纂初等小学	6	玄　　　采	同
大東文粋	1	徽文義塾編輯部	旧高等学校
字典釈要	1	池　錫　永	
漢文初学	4	黄　漢　東	私立初等
初等本国地理	2	朴　晶　東	同
初等万国地理大要	1	安　鍾　和	同
新撰地文学	1	閔　大　植	旧高等学校
初等大韓地理	1	安　鍾　和	私立初等
初等本国歴史	1	安　鍾　和	同
初等大東歴史	1	朴　晶　東	同
初等本国略史	2	朴　晶　東	同
東洋史教科書	1	兪　鈺　兼	私立高等
西洋史教科書	1	兪　鈺　兼	同
新選初等歴史	3	柳　　　瑾	私立初等

出典：朝鮮総督府「教科用図書一覧」、1912年１月、３～10頁（『史料集成』第18巻所収）より作成。

図表27　使用請願教科書の認可結果

	修身	仏書	基督教書	国語	漢文	日語	英語其他	歴史	地理	理化	数学	博物 生理	体操	唱歌	農商工	法制 経済	教育	簿記	図書	習字	手工	家政	合計
認可部数	4	4	15	9	22	18	48	7	24	42	60	32	4	2	42	17	6	7	11	3	1	2	380
不認可部数	8	—	—	13	10	10	1	12	8	—	—	—	—	1	1	1	3	—	—	—	—	—	68
合　計	12	4	15	22	32	28	49	19	32	42	60	32	4	3	43	18	9	7	11	3	1	2	448

出典：学部「韓国教育ノ現状、1910年、60頁、(『史料集成』第63巻所収)。　明治43年5月末現在

判である。図表25のなかに調査中の数字が多いことからも、この記事が的を得たものであることが証明されるであろう。この時、学部の検定に合格した教科書の一部を図表26に示した。韓国人の著作ではあるが、先の『大韓毎日申報』の記事中にあったような「独立」「愛国」「自由」の精神や、韓国の偉人・英雄・烈士のあまり登場しない、内容的にも差し障りのない教科書であったと推察される。

次に、私立学校が使用認可を請願した教科書数とその検定結果を図表27で示しておいた。このうち、使用不認可部数が多い教科として、修身、国語、漢文、日語、歴史、地理を挙げることができる。これらの教科は児童の人間形成に深く関わるという特徴をもっており、他の教科よりも厳しい検定であったことが推察される。

教科書と著者の具体名を挙げたのが次の図表28である。これをみると、著作者欄に玄采、鄭寅琥、張志淵といった教育救国運動の指導者が名を連ねており、彼等の活動にあらゆる角度から取締りの手が伸びていたことが見てとれる。要するに、日本の植民地化政策に障害となるものを排除することが検定制度の主目的だったのである。なお、三土忠造や渡瀬常吉など日本人官僚の著作物が不認可となったのは、おそらく難易度が問われたためであろう。

私立東莱東明学校の教科用図書認可請願

ところで、私立学校と学部とは教科書の使用認可に際して、実際にどのような

図表28　学部不認可教科用図書（但し一部）

書　　名	冊数	著　作　者	書　　名	冊数	著　作　者
初等小学修身書	1	柳　瑾	独習新案日韓対話	1	日語雑誌社
高等小学修身書	1	徽文義塾編輯部	日語雑誌	5	渡瀬常吉
中等修身教科書	2	同　上	日韓通話	1	国分国夫
中学修身教科書	5	井上哲次郎	最新初等大韓地誌	1	鄭　寅　琥
女子修身教科書	1	廬　炳　善	最新高等大韓地誌	1	同　上
初等倫理学教科書	1	安　鍾　和	大韓地誌	2	玄　采
倫理学教科書	2	申　海　永	大韓新地誌	2	張　志　淵
新編倫理教科書	3	井上哲次郎・	新編大韓地理	1	金　建　中
		高山林次郎	問答大韓新地誌	1	博文書舘編輯部
初等小学	4	国民教育会	初等大韓歴史	1	鄭　寅　琥
最新初等小学	4	鄭　寅　琥	新訂東国歴史	2	元泳義・柳瑾
幼年必読	2	玄　采	普通教科東国歴史	2	玄　采
幼年必読釈義	2	玄　采	中等教科東国史略	lor2	玄　采
高等小学読本	2	徽文義塾編輯部	大東歴史略	1	兪　星　濬
日話独習	1	孫　鵬　九	大東歴史	4	鄭　喬
独習日語正則	1	鄭　雲　復	歴史輯略	3	金　澤　栄
独習日語大海	1	朴　重　華	東西洋歴史	2	玄　采
再訂中等国文典	3	三土忠造	万国史記	14	玄　采
中学作文教科書	5	古谷知新	中等教科西洋歴史	1	瀬川秀雄
修正日本文法教科書	2	大槻文彦	修訂中学国史教科書	2	有賀長雄

出典：朝鮮総督府『教科用図書一覧』、1912.1、39～56頁（『史料集成』第18巻所収）より作成。

文書の交換を行なったのであろうか。ここでは一例として、釜山にあった私立東萊府東明学校が学部に申請した文書と学部からの返答をみることにする。

東明学校は、一八九九年（明治三二・光武三）九月に設立された東萊府私立開揚学校と、一九〇六年三月に設立された私立三楽学校が、一九〇七年一一月五日に合併してできた学校で、初等科と高等科の課程を有していた。同校は一九〇九年三月一三日に学部に私立学校設立請願を行なっており、それと同時に一二日付けで教科用図書認可請願を提出している。請願書の内容は次のとおり[42]である。

教科用図書認可請願

初等教科用

書名	冊数	著者氏名	発行所
高等小学修身書	一	徽文館	京城徽文館
高等小学読本	二	仝	仝
初等大韓歴史	一	柳　瑾	京城廣学書舗
最新初等大韓地誌	一	鄭寅琥	京城王虎書林
新撰理化学	一	朴晶東	京城廣学書舗

高等科教科用

書名	冊数	著者氏名	発行所
中等修身教科書	三	徽文館	京城徽文館
中等教科東国史略	二	玄采	京城廣学書舗
新編大韓地理	一	普成館	京城普成館
高等小学読本	八	日本文部省	日本東京書籍株式会社
中学校数学教科書算術之部	二	寺尾壽	日本東京富山房
中学校数学教科書代数之部	二	仝	仝
中学校数学教科書幾何之部	一	仝	仝
近世理化示教	一	和田猪三郎	仝

植物界新教科書　一　後藤嘉之　日本東京六盟館
動物界新教科書　一　仝　仝
生理衛生新教科書　一　仝　仝
中等画本　六　白濱徴　日本東京書籍株式会社

右を本校教科書として使用する旨、私立学校例第六条第二項に依り茲に請願す。
照亮された後、認可されることを望む。

隆熙三年三月十二日

慶尚南道東莱府首面安民洞
私立東莱東明学校長鄭道容

学部大臣　閣下

これに対し、学部は同年一〇月八日に、学部大臣李載崐の名で指令を発している。その文面は次のとおりである。(43)

隆熙三年三月十二日認可請願の教科用図書中柳瑾著初等東（本）国歴史、初等大韓歴史と鄭寅琥著の此は使用するをゆるさざる事、朴晶東著新撰理化学、文部省著高等小学読本、寺尾壽著中学校数学教科書算術之部、同中学校数学教科書代数之部、同中学校数学教科書幾何之部、和田猪三郎著近世理化示教、後藤嘉之著植物界新教科書、同動物界新教科書、同生理衛生新教科書、白濱徴著中等画本の十一種は使用するを認可す。徽文館編輯高等小学修身書、同高等小学読本、鄭寅琥著最新初等大韓地誌、徽文館編輯中等修身教科書、玄采著中等教科東国史略、普成舘著新編大韓地理の六種は、教科用に不適当の故使用するを許さず。他の適当な冊を撰択し使用認可をさらに請願する事。

初等科・高等科合わせて一七種の請願本のうち、一一種が認可され、残りの六種が不認可とある。[44]認可された教科書は、教科別にみると理数系と図画の教科書であり、殆どが日本人の編纂になるものであった。不認可となったのは言うまでもなく、読本・地理・歴史の教科書である。東明学校ではその後一九一〇年五月に再度の申請を行なっている。

㈣　検定・使用認可制度と「出版法」との関係

最後に検定認可制度と出版法との関係に触れておかなければならない。一九〇九年二月二三日「出版法」が公布された。次の第二条と第四条を参照されたい。

第二条　文書図画ヲ出版セントスル時ハ著作者又ハ其相続者及発行者ガ連印シ、稿本ヲ添ヘテ地方長官（漢城府ハ警視総監トス）ヲ経由シテ内部大臣ニ許可ヲ申請ス可シ

第四条　私立学校、会社、其他団体デ出版スル文書図画ハ該学校、会社其他団体ヲ代表スル者及発行者ガ連印シ第二条ノ節次ヲ行フ可シ

前項ノ代表者ハ著作者ト看做ス

この法令により、発行者側は内部大臣にも教科書として出版する図書の許可を得なければならなくなった。学部と内部、両者に対して別個の手続きが必要となったわけである。出版法に基づいて発売禁止となったのは、玄采の『幼年必読』、同『幼年必読釈義』、同『中等教科東国史略』、同『越南亡国史』、리냥의『월남망국ᄉ(国文越南亡国史)』、金大熙『二〇世紀朝鮮論』、安国善『금수회의록(禽獣会議録)』、尹致昊『우슌소리(笑話)』である。

『幼年必読』や『幼年必読釈義』等の著者玄采は、もともと学部の官僚であったが、学部内に日本人学務官僚が入り始めると、在野で教科書の編纂を手掛け、教育救国運動に加担していった。『幼年必読』は四巻二冊から成り、児童用教科書として編集されたものである。しかし本書は、児童だけでなく青少年にも影響力を与えており、学部の私立学校視察記録のなかにもこの名が散見される。『幼年必読釈義』は同じく玄采によるもので、四巻二冊から成る『幼年必読』の指導書であり、主として教員に使用された。『幼年必読』は、目次を見ただけでも発禁となった理由が明白なほど愛国心に富んだ教科書であった。一巻は三三課から成るが、その殆どが韓国の山や川、地名、それに韓国の歴史上の人物、さらには独立歌といった項目であり、愛国心に富むと同時に政治的な色彩も濃い書物であった。これらが政治的な配慮から発売禁止処置がとられたことは明らかである。

『越南亡国史』も同様に玄采によるものであるが、これはもともとベトナムからの亡命者である巣南子が述べたことを中国人の梁啓超が書き留めた書物である。韓国ではこれを数名が訳出しており、玄采もその一人であった。主な内容はフランスのベトナム侵略過程を描いたもので、亡国の原因や救国の志士の伝記などが盛り込まれていた。この書物が発禁となったのは、フランスとベトナムの関係を、当時の日本と韓国の関係に置換して読まれることを懸念したためと思われる。これらの書物は最も危険視され、学部と内部の両者から取締りを受けたのであった。このことからもわかるように、取締り政策は重層構造を為していたのである。

(五) 併合後の教科書応急措置としての「字句訂正表」の作成

ここで、併合前後の教科書編纂・取締り作業について触れておくと、学部編輯局書記官の小田省吾は「(教科書検閲作業は)遺憾ながら非常なる手数と時日とを要した。因って該事業の粗々完了に近づきたる頃に至り吾人は俄然として韓国併合の事実に直面した[45]」とその驚きを述べている。併合に伴う新教科書の編纂は、この後、編

図表29　学部編纂教科用図書字句訂正表

日語読本→国語読本

訂　正　前	訂　正　後	件数
日語	国語	1
韓國・我（が）國・我（が）韓国	朝鮮・朝鮮半島	39
國	處	1
（含）日本・日本人	内地・内地人	9
五つ	六つ	1
「小な島」ノ下ニ	「と朝鮮」ヲ入ル	1
馬山	（削除）	1
「鎮南浦」ノ下ニ	「新義州」ヲ入ル	1
「又、開港場デナクテモ、税関ヲ設ケテアル所ガアリマス、新義州ナドハソレデス。」	（削除）	1
全國	全半島	2
て國も富み	（削除）	1
朝鮮と日本との交通	昔の朝鮮と日本との交通	1
日本わ	もと日本わ	1
朝鮮人が	昔、朝鮮人が	1
観察使	道長官	2
日本	我ガ國	1
韓國ヤ日本ヤ	我ガ國ヤ	1
あるのです	あったのです	1
韓国	もとの韓国わ	1
日本国、韓国	日本国ヲ本州、四国、九州ニ改メ、韓国ヲ朝鮮トス	1
合　計		68

出典：内務部学務局「舊学部編纂普通学校用教科書竝ニ舊学部検定及認可ノ教科用図書ニ關スル教授上ノ注意竝ニ字句訂正表」、1910．10、（『史料集成』第18巻所収）より作成。

輯課長の小田省吾が一手に引き受けることになる。但し、朝鮮教育令の制定をみるまでは新教科書の編纂に着手するわけにもいかず、応急措置として『字句訂正表』を作成し急場を凌いだのである。

この教科書の字句の訂正は次のような意図で行なわれた。まず、併合により韓国という独立した国家はなくなり、かつての韓国は朝鮮と称され、日本の一部となった。朝鮮からみた日本は内地となる。そこで、これまで官公立普通学校で使用されてきた教科書に訂正の必要が生じてくる。韓国は朝鮮に、日本は内地にと書き換えなければならなくなったわけである。さらに大きな転換は、国語読本が朝鮮語読本に、日語読本が国語読本に変わったことであったが、まずは不適当と判断された語句に訂正が加えられ、訂正箇所を列挙した小冊子が関係機関に配布されたのである。例として、『日語読本』が『国語読本』になるための語句の改訂を図表29に示した。改訂箇所の最も多かったのは『国語読本』でおよそ一五〇箇所あった。殆どが『日語読本』と同様の語句の改訂であったが、なかには一課すべてを削除という場合もあった。四巻一五課の「漢城」、同一六課の「乾元節」、五巻九課の「政治の機関」、八巻一七課の「統監府」がそれに当たる。そして「政治の機関」や「統監府」では、それらを削除する代わりに朝鮮総督府の組織や地方制度の大要を教授するようにとの指導が行なわれた。

四、学会を舞台とした教育救国運動に対する取締り政策

(一) 「学会令」の制定

私立学校と教育救国運動の両翼を担う存在であった学会は、当然のことながら取締り政策の対象であった。その政治的色彩は、私立学校よりもむしろ強かったため、政府各部から規制または取締りを受けることになる。まず、学部が学会活動を管理・制限するために制定した「学会令」を取り上げよう。

勅令第六十三号　学会令

隆熙二年八月二十六日

第一条　本令ニ於テ学会ト称スルハ名称ノ如何ヲ問ハス教育学芸ノ普及発達ヲ図ルヲ目的トスル団体ヲ云フ
第二条　学会ヲ設立セントスル者ハ其ノ願書ニ設立者ノ履歴書及左ノ事項ヲ記載シタル会則ヲ添ヘ学部大臣ノ認可ヲ受クヘシ
一　目的
二　名称
三　事業
四　事務所ノ位置
五　会員ノ資格
六　入会及退会ニ関スル事項
七　役員ノ選定ニ関スル事項
八　経費ノ収支及資産ニ関スル事項
九　支会ヲ設クルモノハ名称、位置其ノ他支会ニ関スル事項
学会ヲ解散シタルトキハ直ニ学部大臣ニ報告スヘシ
第三条　会則ヲ変更セントスルトキハ学部大臣ノ認可ヲ受クヘシ
第四条　学会ニハ会長ヲ置クヘシ
会長ハ学会ヲ代表シ会務ヲ掌理スルモノトス
会長ノ新任及退任ハ其都度学部大臣ニ報告スヘシ
第五条　学会ハ営利事業ヲ為シ又ハ政事ニ関渉スルコトヲ得ス

第六条 学会ハ其ノ事務所ニ会員名簿及資産原簿ヲ備ヘ会員ノ異動及財産ノ状況ヲ明記スヘシ
第七条 会長ハ毎年一月其ノ前年ニ於ケル財産及会務ノ状況並ニ会員ノ数ヲ学部大臣ニ報告スヘシ
第八条 学会ニ於テ本令又ハ設立認可ノ条件ニ違背シ其ノ他公益ヲ害スルモノト認ムヘキ行為アリタルトキハ学部大臣ハ其ノ認可ヲ取消スコトアルヘシ
第九条 設立認可ヲ受ケスシテ学会ト認ムヘキ事業ヲ為スモノニ対シテハ学部大臣ハ其ノ禁止ヲ命スヘシ
第十条 地方官ハ学部大臣ノ指揮ヲ承ケ所管内ノ学会ヲ監督ス
第十一条 本令ニ依リ学部大臣ニ提出スル文書ハ事務所所在地所轄ノ地方官ヲ経由スヘシ
地方長官ニ於テ前項ノ文書ヲ受ケタルトキハ意見ヲ附シテ之ヲ進達スヘシ

附 則

第十二条 本令ハ隆熙二年十月一日ヨリ施行ス
第十三条 既設ノ学会ハ其設立ノ認可ヲ受ケタルト否トヲ問ハス總テ本令施行ノ日ヨリ二箇月以内ニ本令ノ規定ニ準シ学部大臣ノ認可ヲ受クヘシ

学会令では学会の性格を「教育学芸ノ普及発達ヲ図ル」ことを目的にした団体と規定し、第二条の各項目について届けさせることによって、学会の規模や活動内容の実態を把握して学部の管理下に組み入れていった。その枠組みは私立学校令と同様であったが、このような監督規制のみで、学会における教育救国運動が縮小されるわけはなかった。学会は私立学校以上に政治団体と見做されており、学部の管理下に組み入れられると同時に、直接、統監府の監督下におかれるようになった。次に述べる保安法や出版法の適用がそれを示している。

(二) 学会の言論活動に対する取締り

学会の活動のなかでも学部及び統監府が最も苦慮したのが、愛国啓蒙を目的とした学会誌の発行に代表される言論活動であった。なかでも日本に留学経験をもつ韓国人学生が集っていた大韓興学会では、機関誌『大韓興学報』を通じて活発な言論活動を展開していた。同誌に掲載された論説には次のものがある。

教育者ノ注意　　鄭敬潤

穀物ニシテ其種子善良ナルモ農業者之カ培養ニ注意セサレハ其結実善良ナラス教育モ亦此ノ如ク子弟善良ナルモ其父兄之カ教育ニ注意セス或ハ教育ニ注意スルモ其方法ヲ誤ランカ其子弟終ニ愚弱トナリ祖先ノ遺業ヲ保存シ能ハサルト仝時ニ国家ノ富強ヲ杜絶セシムヘシ之ニ交シ(?)子弟ノ品質善良ナラサルモ之カ教育ノ方宜シキヲ得ハ其品格ヲ高尚ニシ国家ヲ文明ニシ独立ヲ鞏固ナラシムヘシ教育ノ責任豈ニ重大ナラスヤ

或ハ曰ク人ニハ程度アリ如何ニ之ヲ導クモ其レ以上ノ人物タルヲ得スト然レトモ草木ヲ見ヨ之ヲ天然ニ放棄セスシテ良処ニ移シ培養宜シキヲ得ハ生気充満ス青年モ亦其天性ノ如何ニ拘ハラス教テ之ヲ導カハ思想能力発達シ我韓ヲ独立セシメ世界列強ト併立スルニ至ラン

以上述フルカ如ク国家ノ安危興亡ハ教育界ノ注意如何ニアリ然ラハ今日韓国ノ倒懸セル国勢ヲ挽回シテ他人ノ羈絆ヲ脱セントセハ唯タ教育家ノ注意ニ俟ツヘシ。[46]

このような内容の論説が、当時の新聞・学会誌には至るところにみられた。政府はこれらの学会誌に出版法を適用することとした。出版法は一九〇九年二月二三日に、雑誌・書籍などの原稿を事前に検閲することを目的に制定されたものである。出版法については先にも少し触れたが、関連のある条項を再度、取り上げることにする。

法律第六号　出版法（抜粋）

第二条　文書図画ヲ出版セントスル時ハ著作者又ハ其相続者及発行者ガ連印シ、稿本ヲ添ヘテ地方長官（漢城府ハ警視総監トス）ヲ経由シテ内部大臣ニ許可ヲ申請ス可シ

第四条　私立学校、会社、其他団体デ出版スル文書図画ハ該学校、会社、其他団体ヲ代表スル者及発行者ガ連印シ第二条ノ節次ヲ行フ可シ

前項ノ代表者ハ著作者ト看做ス

第十一条　許可ヲ得ズ出版シタル著作者、発行者ハ左ノ区別ニ依リ処断ス

一　国交ヲ阻害シ政体ヲ変壊シ国権ヲ紊乱スル文書図画ヲ出版セントスル時ハ三年以下ノ役刑

二　外交ト軍事ノ機密ニ関スル文書図画ヲ出版セントスル時ハ二年以下ノ役刑

三　前二号ノ境遇外ニ安寧秩序ヲ妨害シ又ハ風俗ヲ壊乱スル文書図画ヲ出版セントスル時ハ十個月以下ノ禁獄

四　其他ノ文書図画ヲ出版セントスル時ハ百圓以下ノ罰金

前項文書図画ノ印刷ヲ担当スル者ノ罰モ亦同ジ

第十六条　内部大臣ハ本法施行前既ニ出版シタル著作物デ安寧秩序ヲ妨害シ又ハ風俗ヲ壊乱スル虞ガ有ルト認メタル境遇ニハ其発売又ハ頒布ヲ禁止シ及該刻版、印本ヲ押収スルコトヲ得

こうして私立学校や学会で著作物を出版しようとする場合、事前に内部大臣の検閲を経ない限り出版は不可能となった。もしこれに違反すれば、第十一条に示された罰則が与えられることになっていたのである。このうち、三の「安寧秩序を妨害し、又は風俗を壊乱」とあるのは、間違いなく私立学校や学会を舞台として繰り広げられた教育救国運動に対する警告であろう。

㈢「保安法」との関係

さらに学会は、その活動自体が、一九〇七年七月二七日に公布された「保安法」によって規定されていた。保安法は、日本の「治安警察法」（一九〇〇年法律第三六号）に倣って制定したとされているが、その大要は警察に集会・結社・言論の自由を規制させることにあった。この三日前には「新聞紙法」の制定により言論・出版の自由に対する規制が法令化している。ここでは、学会とより関係の深い保安法の内容を摘訳し掲げておきたい。

保安法

第一条　内部大臣ハ安寧秩序ヲ保持ノ為メ必要ノ場合ニ結社ノ解散ヲ命スルコトヲ得

第二条　警察官ハ安寧秩序ヲ保持ノ為メ必要ノ場合ニ集会又ハ多衆ノ運動或ハ群集ヲ制限禁止シ又ハ解散ヲ命スルコトヲ得

第三条　警察官ハ前二条ノ場合ニ必要ト認ムル時ニハ戎器及爆発物其他危険ナル物件ノ携帯ヲ禁止スルコトヲ得

第四条　警察官ハ街路其他公開ノ場所於テ文書、図画ノ掲示及頒布、朗読又ハ言語ノ形容其他ノ行為ヲ為シ安寧秩序ヲ紊乱スルノ虞アリト認ムル時ニハ其禁止ヲ命スルコトヲ得

第五条　内部大臣ハ政治ニ関シ不穏ノ動作ヲ行フ虞アリト認ムル者ニ対シ其居住場所ヨリ退去ヲ命シ且ツ一個年以内ノ期間ヲ特定シ一定ノ地域内ニ犯入ヲ禁止スルコトヲ得

第六条　前五条ニ依ル命令ニ違反シタル者ハ四十以上ノ笞刑又ハ十個月以下ノ禁獄ニ処ス
第三条ノ物件カ犯人ノ所有ニ係ル時ハ情状ニ依リ之ヲ没収ス

第七条　政治ニ関シ不穏ノ言論動作又ハ他人ヲ煽動教唆或ハ使用シ又ハ他人ノ行為ニ関渉シ因テ治安ヲ妨害スル者ハ五十以上ノ笞刑十個月以下ノ禁獄又ハ二個年以下ノ懲役ニ処ス

第八条　本法ノ公訴時効ハ六個月間トス

第九条　本法ノ犯罪ハ身分ノ如何ヲ問ハス地方裁判所又ハ港市裁判所ノ管轄トス

附　則

第一〇条　本令ハ頒布ノ日ヨリ施行ス

法令中の傍線部に明らかなように、これらは全て学会及び私立学校の指導者たちに適応されるものであった。法令の所管は内部警察局で、違反したときの罰則も定められている。私立学校令や学会令による取締りとは比較にならない、厳しい弾圧法令である。警察官は全国各地に点在しており、要注意人物をいくらでも摘発できた。その後、多くの学会は統監府及び朝鮮総督府により、親日御用団体である一進会への吸収合併を強要されたり、一九一〇年一二月の「警務総監部告示」により強制的に解散させられたのであった。

五、「書堂ニ関スル訓令」の制定

ここで、この時期における書堂の在り方についてみておきたい。書堂は、韓国における伝統的な教育機関である。漢文の素読を主とした旧教育は、開国以後、軽視されるところであったが、学部としては書堂を取り潰すわけにはいかなかった。それは「初等教育ノ施設完カラサル今日俄ニ之ヲ廃止セバ許多ノ児童ヲシテ就学ノ途ヲ失ハシメ学バザルノ民ヲ作ルノ弊アルヲ以テ新教育ノ普及ニ伴ヒ漸次廃滅ニ帰スルマテハ姑ラク其存在ヲ許ス」(47)という理由によるものであった。仮に書堂が教育救国運動の一端を担っていたとしても、学部の学校との併存の方針をとることにしたのである。

書堂ニ関スル訓令の前文は、このように書堂教育存続の事情を述べ、「其施設ニ新式的改良ヲ加へシメ導キテ以テ実用ニ近カラシムコトハ蓋シ機宜ニ適シタルモノタルヲ信ス」と今後の書堂の在り方を明らかにしている。

そのための必須項目が訓令に列挙された六項目である。

学部訓令第三號　書堂ニ関スル訓令

道府郡

(前文略)

一、書堂所在地ニ普通学校ノ設ケアル場合ニ於テハ其地方ノ子弟ニシテ普通学校ニ入学スヘキ年齢ニ達シタルモノハ先ス之ヲ普通学校ニ入学セシムルヲ常例トシ書堂ニ於テ其普通学校ニ入学スルヲ妨クルカ又ハ普通学校ニ転学スルヲ拒ムカ如キコトナキヲ要ス尤モ其地ニ普通学校ノ設ケナキカ又ハ之レアルモ設備上収容ノ余地ナキ場合ニ在テハ此例ニ依ルノ限ニアラス

二、書堂ニ於ケル学科ハ漢文ヲ主トセルモ国語ノ処世上必要ナルハ決シテ漢文ニ譲ラス故ニ書堂ノ内事情ノ許スモノニ対シテハ国語ヲ加設スルコトヲ勧奨スヘシ

三、漢文教授ノ実況ヲ観ルニ多クハ唯其素読ニ努メテ意義ヲ会得セシムルコトナク斯クテハ智識ノ啓発徳性ノ涵養ニ資スルコトナク修習多年ニ旦ルモ得ルトコロ盖シ知ルヘキノミ就テハ自今智徳上進ノ上ニ重キヲ置キ教授ノ方法ニ改良ヲ加ヘシメンコトヲ要ス

四、書堂ノ多クハ学童ノ体育ニ留意ヲ欠キ徒ニ古来ノ慣習ニ拘泥シ黎明ヨリ日暮ニ至ル迄端座シテ学習ニ労セシメツ、アリ尤モ従前ノ如ク単ニ漢文素読ヲ繰返スノミナラハ或ハ不可ナルコトナカランモ苟モ教授ノ目的ヲ智徳上進ノ上ニ置キ心意ノ作用ヲ複雑ナラシムルトキハ長時間ノ学習ハ学童ノ心身ヲ害スルノ虞アリ故ニ教授時間ハ須ラク学童ノ身体ト脳力トニ鑑ミテ適当ニ之ヲ短縮セシムルコトヲ要ス

五、学童ノ規律及風儀ニ就キテモ書堂ノ多クハ之ニ重キヲ置カサルモノ、如シ自今須ラク管理薫陶ノ上ニ留意シ年少時代ニ於テ良習慣ヲ養フノ用意アラシムヘシ

六、書堂ニシテ教室其他ノ設備完全ナルモノハ殆ントアルコトナシ就中狭隘ナル室内ニ多数ノ学童ヲ雑居セシメ採光換気其他衛生上ノ注意ヲ欠クモノ、如キハ発育期ニアル学童ノ身体ヲ害スルコト少カラサルヲ以テ教室ノ規模小ナルモノニ在テハ学童ヲシテ交替出入セシメ窓戸ヲ開放シテ採光通風ヲ能クシ内外ヲ洒掃シテ清潔整頓ヲ期セシメンコトヲ要ス

隆熙二年八月二十六日

学部大臣 李載崐

この訓令の特色は、学部の書堂併存方針により、書堂における教育内容に対する注意事項で構成されている点にある。第一項では普通学校の優先を、第二項では書堂に国語科を加設することを、第三項は教授方法の改良について、第四項は体育の教授及び身体の健康管理について、第五項・第六項は生活上の規律や衛生についての項目となっている。私立学校令及び学会令が、教育救国運動の実態を把握するために認可を強制する法令となっているのとは、全く性格を異にしていたのである。

六、「時弊矯正ニ関スル訓令及訓諭」の公布

「時弊矯正ニ関スル訓令及訓諭」(48)は、一九一〇年一月に学部大臣の名で出されたもので、道知事宛と教諭宛の二種がある。当時、破竹の勢いであった教育救国運動は、中央政府が各種法令を制定しただけで鎮圧されるはずはなかった。これは道知事や教諭など、各地方に配置された現場の監督者に、教員や学生に政治活動を止めさせ、学業に専念することを忠告するようにと注意を促したものである。道知事宛の学部訓令第一号では、学校の様子を「学員学徒ニシテ往々其本分ヲ忘レ職務ヲ等閑却シ学業ヲ抛擲シテ軽挙妄動デ耳ヲ政談ニ傾ケ時勢ヲ憤慨

シ世局ヲ論議シ若クハ社会問題ニ容喙シ言説動止ノ常軌ヲ逸セル者有ル」と述べ、道知事に対し、「管下各学校職員及学員学徒ニ対シ厳密ニ誨諭シテ寸毫モ遺憾無キヲ期スベシ」と命じている。一方、直接的な指導者である官公私立各学校教諭に対する学部訓諭第一号では、まず学校職員の本分について述べ、次いで政治と教育を混同した教育現場の実状を嘆いている。さらに各学校の職員に対して、「育英ニ従事スル者ハ克ク本大臣ノ趣意ヲ体シ其職責ヲ重ンジテ厳ニ校紀ノ振粛ニ務メ（中略）学校所期ノ目的ニ合致シ国利民福ノ根本ヲ培養シ教育ノ効果ヲ完ウシテ世運ノ進歩ニ資センコトヲ期セヨ」と警告したのであった。

七、警察・憲兵による取締り

教育救国運動に対する取締り政策についてこれまでみてきたが、ここではそれぞれの取締り法の関係を次の図にまとめてみた。勅令として制定された私立学校令及び学会令も、その内容は私立学校や学会に設立認可を請願させ、学部の監督下に置くことを規定したものであり、外枠の法令との相関関係によって、はじめて私立学校及び学会に弾圧が加わることになっていた。外枠にある、保安法・新聞紙法・出版法などは、さらに統監府及理事庁官制の枠内に位置付けられているということになる。

統監府理事庁官制第四条には、「統監ハ韓国ノ安寧秩序ヲ保持スル為必要ト認ムル時ハ韓国守備軍ノ司令官ニ対シ兵力ノ使用ヲ命スルコトヲ得」とあり、第七条には「統監ハ統監府令ヲ発シ之ニ禁錮一年以下又ハ罰金二百円以内ノ罰則ヲ付スルコトヲ得」とある。ここに統監の絶対的権力が示されている。韓国守備軍とは韓国駐留の日本軍隊のことである。統監は軍の発動権さえ保持していたのである。また統監府令に従わないものを処罰する権利も有しており、如何に強大な権力を有していたかがわかる。

図表30 私立学校に関する取締り法の仕組み

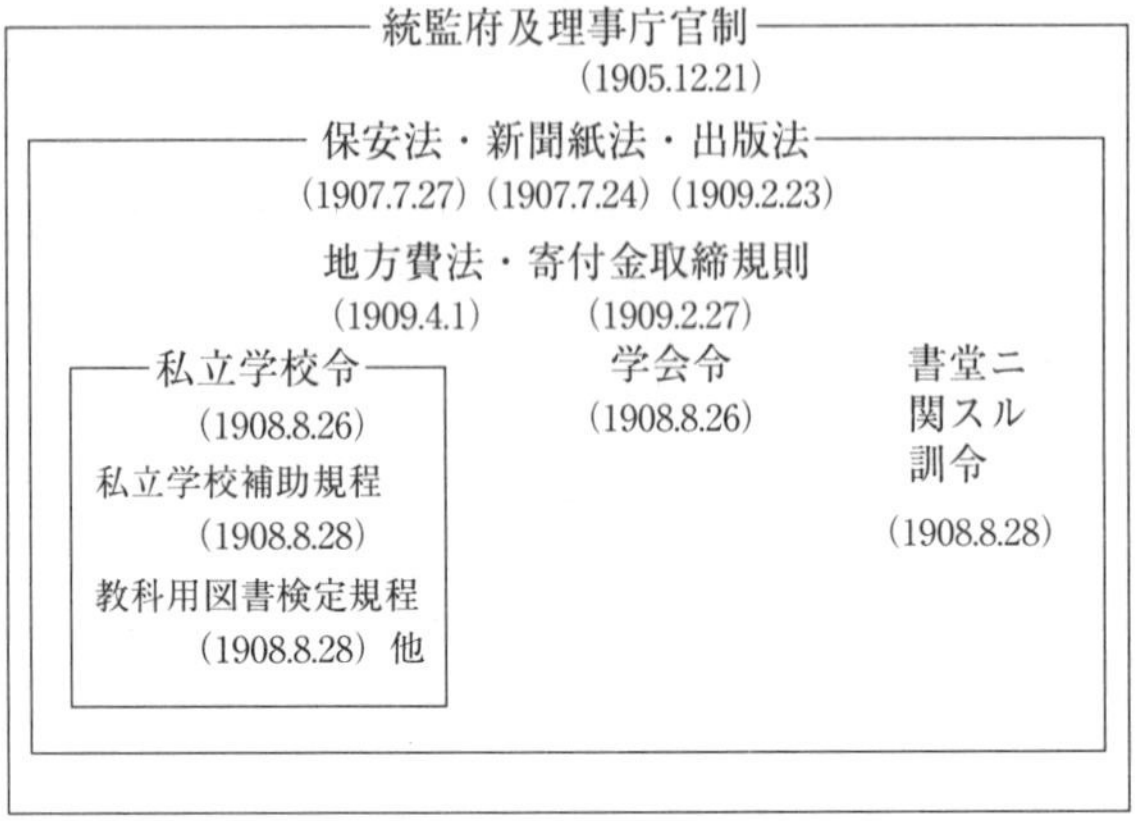

実際のところ、各地方における教育救国運動取締りの切り札は、憲兵及び警察であった。学部編『韓国教育ノ現状』は「視察普及ノ困難」、「教科用図書取締ノ困難」と題して、地方私立学校に対する監督の行き届かないことを嘆いている。そして、その対応策として、前者では「学部ハ地方駐在ノ憲兵、警察官吏ト気脈ヲ通シ其間接ノ注意ニ依リ監督ニ努メ居レリ」と憲兵・警察に監督を依頼していることを示し、後者においても「到底地方憲兵、警察等ノ援助ヲ待ツノ外ナク是レ亦学部ガ此等ノ官憲ト聯絡シ其監督ヲ全カラシメ」ると記している。

この辺りの事情は、学部編『韓国教育ト警察行政』、一九〇九（隆熙三）年九月一七日「警察部長会議席上ニ於ケル俵学部次官訓示演説要領」、及び、「明治四三年七月一三日韓国駐箚各道憲兵隊長（警務部長）会議席上俵学部次官演説要領」を以ても裏付けることができる。それぞれの演説の性格について述べておくと、『韓国教育ト警察行政』は、警察部長等を対象に学部の推進する教育政策を微細説明したものであり、訓示の冒頭で「……各普通学校ニ対シテハ諸君ノ直接間接ナル援助ニヨリ多大ノ便宜ヲ得ツヽアルコトニシテ是レ深ク謝意ヲ表スト共ニ尚今後ニ於テモ十分援助ヲ與ヘラレンコトヲ希望ス」と謝辞を述べており、演説の終わりに各警察部長宛に五項目の留意事項を言い渡している。

・私立学校の設立認可請願書の提出を勧誘すること
・巡視の際、学部の使用認可書に対し適当なる注意を与えると

同時に、出版法等で禁じられた教科書がないか確認すること
・寄付金品の募集は閣令に依り、内部及び関係大臣の認可を受ける必要のあることを指導すること
・私立学校の紛擾に注意を与え学部にその旨を報告すること
・私立学校における日本人教員の不始末に注意を与えること

要するに、予算不足と人手不足の学部が、監督不可能な私立学校の教育活動の取締りを警察に依頼したことを意味している。

「韓国駐剳各道憲兵隊長会議」における訓示も同様の主旨及び性格をもったものである。まずは学部の推進する教育政策を説明し、次に私立学校における排日運動の概観を述べ、最後に各道警務部長に対する希望事項で訓話を結んでいる。希望事項は二つある。「諸君ノ調査視察セラレタル事項ニ対シテモ憲兵司令官又ハ警務総長ニ報告セラレ学部ハ之ニ依リ充分便宜ヲ得」ることを希望するというのが一点、「(普通学校教監に)相當助力援護ヲ与ヘラレン事ヲ望ム殊ニ学部施政ノ方針ニ就キ一般人民中、或ハ之ヲ誤解シ之ヲ疑惧スルカ如キコトアラバ其顛末ヲ挙ケテ之ヲ報告セラレンコトヲ切望」することが二点目である。西北地方のように教育救国運動の激しい地域では、逆に私立学校の影響力が普通学校に及ぶこともあり、教監一人では太刀打ちできなかったのが現実のようである。教監会議の報告に、憲兵や警察の力を借りずに済んだという発言があることからも、地方私立学校取締り政策の背後には、切り札としての憲兵・警察の存在があったことを見逃してはなるまい。

以上のように、法的な取締りは学部の公布した法令にとどまらず、内部法令などとの相関関係で機能していた。また、たとえ韓国政府の発令した法令であっても、その外側には憲兵・警察をはじめとする軍事力を背景とした統監府が控えており、日本の取締りの目が光っていたのである。

隈本繁吉　略年譜

一八七三（明治六）　福岡県八女郡に堤喜十郎の三男として生まれる。
（九歳のとき隈本伍平の養子となる。）
一八九七（明治三〇）　東京帝国大学文科大学史学科を卒業。
国学院講師を嘱託さる。
一八九八（明治三一）　文部省図書審査官補（一二月からは審査官）に就任する。
一八九九（明治三二）　文部省視学官を兼任する。
一九〇二（明治三五）　文官分限令第一一条第一項第四号により休職を命ぜらる。
（教科書疑獄事件で検挙）
一九〇五（明治三八）　休職満期により退官、福井県立福井中学校長となる。
一九〇八（明治四一）　東京高等師範学校教授となり、文部省図書審査官を兼任。
同日付で韓国政府の招聘に応じ同国政府学部書記官となる。
兼任教員検定委員会常任委員・官立漢城外国語学校長・文官普通詮衡委員。
一九一〇（明治四三）　朝鮮総督府学務局学務課長に就任。
一九一一（明治四四）　台湾総督府転任。内務局学務課長となる。
兼任台湾総督府視学官・国語学校校長。
一九一八（大正七）　教育視察のため欧米各国に出張。
一九一九（大正八）　台湾総督府台北師範学校長兼任。（四月～）

台湾総督府高等商業学校長兼任。（六月～）
一九二〇（大正九）　依願免官。
一九二三（大正一二）　高松高等商業学校長となる。
一九二七（昭和二）　大阪高等学校長となる。
一九三五（昭和一〇）　第六高等学校長となる。
一九五二（昭和二七）　福岡県八女市で死去。七九歳。

出典：又信会『隈本繁吉先生の想い出』九九～一〇五頁
阿部洋編著『日本植民地教育政策史料集成（朝鮮篇）総目録・解題・索引』二〇八～二一〇頁より作成。

小田省吾　略年譜

一八七一（明治四）　三重県鳥羽市に有馬百鞭の次男として生まれる。
（一二歳のとき伯父である小田健作の養子となる。）
一八九九（明治三二）　東京帝国大学文科大学史学科を卒業。
長野県師範学校教授を嘱託さる。
一九〇〇（明治三三）　山口県萩中学校教諭となる。
一九〇二（明治三五）　徳島師範学校教授となる。
一九〇七（明治四〇）　畝傍中学校校長となる。
一九〇八（明治四一）　一高教授の職分で渡韓。韓国政府学部編輯局書記官となる。
一九一〇（明治四三）　朝鮮総督府内務部学務局編輯課長に就任。

普通学校教員検定委員となる。

一九一七（大正六） 財団法人講道館朝鮮支部設立。その代表者となる。

一九二一（大正一〇） 朝鮮総督府学務局古蹟調査課長を兼務。

一九二三（大正一二） 京城帝国大学創設委員会に参与。

朝鮮史学会を組織。「朝鮮史講座」刊行（〜一九二六［大正一五］）。

一九二四（大正一三） 京城帝国大学予科部長に就任。朝鮮史・修身を講じる。

一九二六（大正一五） 京城帝国大学法文学部教授に就任（一九二七［昭和二］年五月まで予科部長を兼任）。

朝鮮史を講じる。

一九二七（昭和二） 汎太平洋会議に朝鮮代表として出席。

一九三〇（昭和五） 「高宗・純宗実録」を編纂（〜一九三五［昭和一〇］）。

一九三二（昭和七） 京城帝国大学を定年退職。

一九三四（昭和九） 朝鮮総督府「施政二五年史」を編纂。

一九三九（昭和一四） 淑明女子専門学校校長に就任（〜一九四五［昭和二〇］）。

一九四〇（昭和一五） 朝鮮総督府「施政三〇年史」を編纂。

一九四五（昭和二〇） 日本の敗戦により帰国。

一九五三（昭和二八） 郷里鳥羽において永眠。享年八二歳。

出典：平凡社『アジア歴史事典』
人事興信所『人事興信録』六〜八・一二・一四版
手書き原稿「小田省吾略歴百記」（小田豊次氏所蔵）より作成。

注

（1） 上田駿一郎の人事に関しては、奎章閣文書一七七七四号収録の一九〇八年一〇月二九日起案、指令六一七号に明らかである。

（2）増戸鶴吉「韓国の師範教育（承前）」、『教育界』七巻九号、一九〇八年七月。

（3）書記官隈本繁吉「報告書」、一九〇九年、（『史料集成』第六六巻所収）。

（4）『史料集成』第六九巻所収。

（5）小田省吾に関する記述は、京城帝国大学創立五十周年記念誌編集委員会『紺碧遙かに―京城帝国大学創立五十周年記念誌』、一九七四年、八〇頁・一六四～一六五頁、及び小田豊次氏（小田省吾次男）からの聞きとりによる。

（6）姜在彦『朝鮮近代史』平凡社選書九〇、一九八六年、一六九頁。

（7）五山学校については、渡部学「李昇薫　独立争取への教育」、『現代に生きる教育思想8―アジア―』、ぎょうせい、一九八一年、一五七～一八三頁や、金泰勲「旧韓末韓国における民族主義教育―李昇薫の五山学校を中心に―」、『日本比較教育学会紀要』第一六号、一九九〇年、一二五～一三七頁の研究が、大成学校については、李光麟「旧韓末平壌の大成学校」、『韓』通巻第一〇九号、韓国研究院、一九八八年、三六～七六頁や金泰勲「旧韓末韓国における民族主義教育―島山安昌浩の大成学校を中心に―」、『教育学雑誌』第二三号、日本大学教育学会、一九八九年、六三～八一頁があり、これらの先行研究から学んだ。

（8）五山七十年史編纂委員会『五山七十年史』、一九七八年、五五～五八頁、金泰勲論文より再引用。

（9）金道泰『南岡李昇薫伝』、一九五〇年、二四〇頁。渡部学論文より再引用。

（10）金基錫『南岡李昇薫』、現代教育叢書出版社、一九六四年、五八頁。金泰勲論文より再引用。

（11）澤田哲「開化期の教科書編纂者としての玄采」、『韓』第一〇九号、一九八八年、一七二～二〇五頁。

（12）歌詞にはバリエーションがあったようである。ここでは『教育時論』掲載の歌詞を中心に引用した。出典は「韓国学生の歌」、『教育時論』第八九三号、一九一〇年二月五日、及び、呉天錫著、渡部学・阿部洋共訳『韓国近代教育史』、高麗書林、一九七九年、一九六～一九七頁である。

(13)「教育界の大鐘警」、『大韓毎日申報』、一九〇八年九月一九日付。李光麟「旧韓末平壌の大成学校」、『韓』通巻第一〇九号、一九八八年、四六頁より再引用。

(14)『皇城新聞』一九〇八年七月二九日付。李光麟「旧韓末平壌の大成学校」、『韓』通巻第一〇九号、一九八八年、四三～四四頁より再引用。

(15)隈本繁吉「報告書」、隆熙三（一九〇九）年?、八五～八六頁、（『史料集成』第六六巻所収）。

(16)金泰勲『二〇世紀初頭における日本の対韓教育政策―韓国民衆の教育救国運動との関わりを中心に―』（日本大学提出学位論文）、一九九三年、一二三二頁。

(17)協成会『協成会会報』一八九八年一月一日付。金泰勲『近代日韓教育関係史研究序説』、雄山閣、一九九六年、一六一頁より再引用。

(18)『独立新聞』一八九六年一二月三日付。金泰勲「旧韓末韓国における教育救国運動―キリスト教系学校を中心に―」、恵泉女子大学『英文学科・園芸生活学科 研究紀要』第二四号、一九九一年より再引用。

(19)阿部洋「二十世紀初頭の韓国におけるキリスト教主義学校」、『韓』一巻八号、東京韓国研究院、一九七二年、六七頁。

(20)隈本繁吉『隆熙二年六月二一日乃至七月六日北韓鉄道附近地方学事視察事項中基督教学校ニ関スル復命草稿』、一九〇八年。(19)七一頁より再引用。

(21)「漢城府内基督教学校状況一斑」一九一〇年、（『史料集成』第六六巻所収）。

(22)金根洙「旧韓末救国団体小考―とくに資料を中心として―」、『韓』四巻十二号、東京韓国研究院、一九七五年、五四～五六頁より部分的に抜粋引用。及び、金泰勲『近代日韓教育関係史研究序説』、一七八～一七九頁を参照。

(23)(22)金論文、一七九頁より引用。

(24) 産業復興に関する論文は、金泰勲「旧韓末韓国における民族主義教育―西北学会の活動を中心に―」、日本大学『教育学雑誌』第二五号、一九九一年、六三～七七頁に一覧がある。
(25) 学部「韓国教育ノ現状」、一九一〇年、一～二頁、(『史料集成』第六三巻所収)。
(26) 隈本繁吉「報告書」、隆熙三(一九〇九)年?、(『史料集成』第六六巻所収)には、公立寧邊普通学校教監大塚忠衛、補助指定公立郭山普通学校教監串原綱五郎、補助指定私立昌明普通学校(龍川)教監松尾作治の職能に関する記録がある。
(27) 『史料集成』では「報告書」の刊行を「隆熙三(一九〇九)年?」としている。「報告書」の文頭には、隈本が視察旅行にでかけたのが三月二〇日から二七日であることが記されており、隈本の韓国在職期間が一九〇八年三月二五日から一九一一年二月であることから、視察旅行に出掛けたのは一九〇九年または一九一〇年の三月と推察される。しかし「報告書」文中に「鳳鳴学校ニハ安重根ノ日記、伊藤公暗殺事由七箇条」が室内に掲げられていたとの記録があることから、視察は伊藤博文暗殺以後と判断される。伊藤が暗殺されたのは一九〇九年一〇月二六日であるため、隈本の視察旅行は一九一〇年三月に行なわれたものと考えられる。
(28) 隈本繁吉「報告書」、隆熙三(一九〇九)年?、一九～二〇頁、(『史料集成』第六六巻所収)。
(29) 俵孫一『韓国ト警察行政』一九〇九年、三～四頁、(『史料集成』第六六巻所収)。
(30) 俵孫一「韓国私立学校取締に就て(私立学校令発布の理由)」、『朝鮮』二巻四号、七～一一頁。
(31) 鈴木敬夫『朝鮮植民地統治法の研究～治安法下の皇民化教育～』(北海道大学図書刊行会、一九八九)は、この第二条を以て、「従来の私学教育の自由に対する重大な制限であるばかりでなく、自らの民族に愛国ないし啓蒙教育をする権利、これを愛する権利という民族に固有な教育権に対する不当な抑圧以外の何物でもない。」(五四頁)と断じている。
(32) 『大韓毎日申報』一九〇九年二月五日付の論説「安氏正論」。呉天錫著・渡部学・阿部洋訳『韓国近代教育史』、高麗書林、一九七九年、二〇六頁より再引用。

(33)『大韓毎日申報』一九〇九年二月一二日付の論説「大成学校廃止説」を指す。
(34)阿部洋「併合直前の韓国におけるキリスト教主義学校」、『韓』第一一五号、韓国研究院、一九九〇年、二〇九頁。
(35)学部「漢城府内基督教学校一班」、一九一〇年、六九頁、(『史料集成』第六七巻所収)。
(36)小田省吾「朝鮮ニ於ケル閲歴概要」(小田豊次氏所蔵)。
(37)韓国人官僚中、局長を除き要職にあったのは、李晩奎・玄檍の二名である。前者は官立漢城師範学校を卒業し、何れも官立の師範学校・小学校・農商工学校の教官を歴任した人物である。後者は官立日語学校の出身で翻訳官として学部入りした人物である。
(38)(36)に同じ。
(39)高橋浜吉『朝鮮教育史考』、帝国地方行政学会朝鮮本部、一九二七年、一七八～一八〇頁、(『史料集成』第二七巻所収)。
(40)中村紀久二『教科書の社会史～明治維新から敗戦まで～』、岩波書店、一九九二年、八一頁。
(41)『大韓毎日申報』一二八五号、一九一〇年一月一一日。
(42)釜山大学校韓国文化研究所『釜山近代学校関係資料集　私立東莱東明学校篇』、一九九三年、一一二～一一四頁。この資料は釜山大学李元浩教授から提供されたものである。ここに記して謝意を捧げたい。
(43)(42)同じ。一二九～一三〇頁。
(44)不認可教科書の種類が学部からの指令では六種類となっているが、指令の文面上を数えると七種あり、東莱東明学校側でも七種と把握していたようである。
(45)小田省吾「朝鮮教育の回顧」、和田八千穂・藤原喜蔵共編『朝鮮の回顧』、近澤書店、一九四五年、一一六頁。
(46)内部警務局「自隆熙三年三月至同年十二月　大韓興学報摘訳」、一九一〇年、二六～二七頁、(『史料集成』六八巻所収)。

（47）　学部『韓国教育』、一九〇九年、三六頁、（『史料集成』第六三巻所収）。

（48）　学部「時弊矯正ニ関スル訓令及訓諭」、一九一〇年、（『史料集成』第六三巻所収）。

第四章　「朝鮮教育令」の制定と植民地教育体系の確立
―寺内正毅・関屋貞三郎・隈本繁吉―

日本人学務官僚が教育救国運動取締りのための教育政策に専心する頃、日本政府は韓国併合への周到な準備を進めていた。一九一〇年（明治四三・隆熙四）六月三日には「併合後ノ韓国ニ対スル施政方針」を閣議決定し、同二四日には警察権を剥奪、同三〇日には親日派の李完用を総理大臣に返り咲かせている。五月三〇日付で第三代統監となった寺内正毅が「併合処理方案」を携えて赴任したのは七月二三日であり、その一カ月後の八月二二日に「韓国併合ニ関スル条約」は調印された。

韓国併合ニ関スル条約

第一条　韓国皇帝陛下ハ韓国全部ニ関スル一切ノ統治権ヲ完全且永久ニ日本国皇帝陛下ニ譲与ス

第二条　日本国皇帝陛下ハ前条ニ掲ケタル譲与ヲ受諾シ且全然韓国ヲ日本帝国ニ併合スルコトヲ承諾ス

第三条　日本国皇帝陛下ハ韓国皇帝陛下太皇帝陛下皇太子殿下並其ノ后妃及後裔ヲシテ各其ノ地位ニ応シ相当ナル尊称威厳及名誉ヲ享有セシメ且之ヲ保持スルニ十分ナル歳費ヲ供給スヘキコトヲ約ス

第四条　日本国皇帝陛下ハ前条以外ノ韓国皇族及其ノ後裔ニ対シ各相当ノ名誉及待遇ヲ享有セシメ且之ヲ維持スルニ必要ナル資金ヲ供与スルコトヲ約ス

第五条 日本国皇帝陛下ハ勲功アル韓人ニシテ特ニ表彰ヲ為スヲ適当ナリト認メタル者ニ対シ栄爵ヲ授ケ且恩金ヲ与フヘシ

第六条 日本国政府ハ前記併合ノ結果トシテ全然韓国ノ施政ヲ担任シ同地ニ施行スル法規ヲ遵守スル韓人ノ身体及財産ニ対シ十分ナル保護ヲ与ヘ且其ノ福利ノ増進ヲ図ルヘシ

第七条 日本国政府ハ誠意忠実ニ新制度ヲ尊重スル韓人ニシテ相当ノ資格アル者ヲ事情ノ許ス限リ韓国ニ於ケル帝国官吏ニ登用スヘシ

第八条 本条約ハ日本国皇帝陛下及韓国皇帝陛下ノ裁可ヲ経タルモノニシテ公布ノ日ヨリ之ヲ施行ス

右証拠トシテ両全権委員ハ本条約ニ記名調印スルモノナリ

明治四十三年八月二十二日

統監 子爵 寺内正毅 印

隆熙四年八月二十二日

内閣総理大臣 李完用 印

併合条約では、韓国に関する全統治権を日本国皇帝の下に置くこと、韓国の皇室を保護すること、日本の支配に抵抗しない韓国人民に対してはそれを保護すること、さらに官吏登用への道を開くこと等が約束された。しかしながら、この条約は、寺内正毅・李完用・趙重応の三名が八月一六日に統監邸で極秘裡に条約案や覚書を交わし、既に申し合わせを済ませたものであり、八月二九日に公布と同時に施行された。

併合により大韓帝国は朝鮮となり、統治の形態は保護国から植民地へと転じた。この過渡期に植民地行政の中心にあったのが第三代韓国統監であり、引き続き初代朝鮮総督となった寺内正毅である。寺内は朝鮮を統治するうえで教育の役割を重要視していた。そこで、「朝鮮教育令」の制定には、自らも参画して併合後一年の歳月をかけて取組んでいる。朝鮮教育令は、日本の朝鮮に対する植民地教育の理念と制度を体系化した教育統治の根幹となる法令である。ここには統監府期の学務官僚による朝鮮教育観やその政策が収斂されると同時に、寺内の朝鮮教育方針が反映され、その後三五年間に及ぶ植民地教育支配の原点となった。それでは、朝鮮教育令の条文は、どのような人物によって、どのような過程を経て成立したのであろうか。

第一節　初代朝鮮総督寺内正毅と朝鮮総督府内務部学務局

一、朝鮮総督府内務部学務局の誕生

併合によって、韓国統監府に変わり朝鮮総督府が開庁すると、朝鮮総督を頂点とした大幅な組織改革が行なわれた。教育行政の面では、韓国政府、及び統監府下で学事一般を司る部署であった学部が、総督府内務部内に位置付けられることになった。その名も朝鮮総督府内務部学務局である。学務局はさらに学務課と編輯課に分かれた。統監府期の学部も、大臣官房と学務局・編輯局で構成されていたので、大臣官房が内務部に吸収された以外に大きな変化はないことになる。併合直後の学務課長は隈本繁吉、編輯課長は小田省吾であり、学部時代からの留任であった。人事面で動きのあったのは、学部次官俵孫一が朝鮮総督府臨時土地調査局副総裁に異動するのに伴い、学務局長として関屋貞三郎が就任したことである。後に詳述するが、関屋は台湾総督府参事官や満鉄創立委員など植民地行政に深く携わった人物であった。また併合の半年後、一九一一年二月一七日付で隈本が台湾総督府に異動となり、その後任には同年四月一一日に弓削幸太郎が就いた。

学務局の第一の職務は新学制を制定することにあった。初代総督の寺内正毅は元陸軍大臣ではあったが、先にも述べたとおり、朝鮮における教育の重要性を認識しており、新学制の制定には丸一年の年月を費やした。実際に新学制の草案を書いたのは隈本繁吉と思われる。詳しい分析は次節で行なうが、学務局において、隈本と関屋、及び寺内との間で草案を往復し修正を重ねて、朝鮮教育令の制定に遭ぎ着けたようである。また、新教科書の編纂は、編輯課長の小田省吾によって進められていた。

ところで、朝鮮総督府設置後の教育行政は、総督の教育への関心の高さも関係して学務官僚の手に負えるものではなくなっていた。学務局長として赴任してきた関屋貞三郎も内務官僚で、統監府期の学務官僚のように学者でも教育家でもなかった。このことは教育行政が総督府の執行部と直結して行なわれたこと、より政治と密接になったことを示している。それでは、朝鮮総督の寺内正毅、学務局長の関屋貞三郎とは、どのような人物で朝鮮に対してどのような教育観をもって政策を展開させていったのであろうか。

二、初代朝鮮総督寺内正毅

(一) 寺内正毅の人物

寺内正毅は、嘉永五年(一八五二)二月に現在の山口市平川で山口藩士宇多田正輔の三男として誕生した。温厚な父と気丈夫な母に育てられ、八歳のとき宮野に住む母方の祖父、寺内勘右衛門の養子となる。気性が激しい上に体格もよく粗暴な少年期を過ごした。一〇代までは寺子屋や私塾で学び、長州藩の少年志士として形成されていく。一〇代半ばで戊辰戦争に参加した寺内は徐々に頭角を表わし、函館五稜郭の戦闘の際に大村益次郎に認められて、大阪の兵学寮に推薦入学することになる。陸軍の学校体系が整備されるに伴い、陸軍戸山学校で一年間学んだ後、生徒司令副官に就任する。西南戦争（一八七七年）が勃発すると直ちに従軍するが、田原坂の戦いで右腕の機能を失ってしまう。軍人としては致命的な負傷であったが、偶然にも腕は切断されず、陣頭で指揮をとることは不可能でも軍人を廃業せずには済んだ。その後、寺内は生徒司令副官に復職する。

明治一五年（一八八二）、閑院宮のフランス留学随行を命ぜられた寺内は念願の渡欧を果たし、翌年には公使館付の武官となる。留学中の寺内は、フランス語の習得に努め、原書を渉猟し読みこなすまでに至った。寺内の関心は専ら軍制と軍事教育にあり、軍隊や士官学校を参観し、戦跡にも出かけている。また、フランスの典礼や儀式にも通暁した。大山陸軍卿一行の渡欧の際は案内役を務め、これを契機に帰国後、重職に登用されるようになっていく。一八七七年（明治二〇）、寺内は士官学校校長に就任、再び軍人養成に励むことになる。明治二七年（一八九四）、日清戦争時は運輸事務・通信を担当し、裏方として功績を挙げて、陸軍少将に昇格している。また、二年後には各国軍制の視察研究のため渡欧し、フランスやドイツに滞在した。帰国後、半年弱の間、旅団長として仙台に赴任するが、教育総監の任に就くため中央に呼び戻されることになる。軍隊における三度目の教育職であった。その後の寺内の職責はあまりにも有名である。長州閥、とりわけ山県有朋を後ろ盾として陸軍大臣、韓国統監・朝鮮総督、内閣総理大臣と表街道を驀進し、朝鮮で独立運動が起こった大正八年（一九一九）に療養先の大磯で六八年の生涯を終えている(1)。

さて、次に寺内の性質や行動であるが、寺内を評する言葉に「精励恪勤」がよく使われる。他の人が休んでいる時さえ休まずに一所懸命自分の仕事に励むの意である。また「創意」の人でなく「整理」の人とも言われる。推測するところ、もともと実務に秀でた緻密な性格である上に、全て自分が確認しなければ安心できない小心な面も持ち合わせていたようである。朝鮮総督時代の寺内を、鵜崎熊吉は『得意の人失意の人(2)』のなかで次のように描いている。

…最近彼の朝鮮に於ける遣口を見るに、恰も軍司令官として敵国に臨むの観なからず。日韓併合に先ち八道の津々浦々に多数の憲兵を配備し、新聞紙に対して乱暴なる圧迫を加へ、時局の解決に必要なる若くは不必要なる道具立を事細かに且秘密に準備して咄嗟に之を行ひたる、恰も開戦に先ちて作戦計画を立て、然る後ち砲火を開きたると同一筆法にして、何ぞ其大業にして且つ馬鹿念の入りたるや。…彼の総督として日鮮人に臨む所を観るに、…徒に厳酷苛察に失して其治狼の羊を牧するが如く、己れの為め利なる者は法を撓めて之を活かし、憎む所の者は法を曲げて之を誅滅せずんば已まず。…彼を以て憲政の悪魔或ひは暴政家といへば如何にも膽略あるかの如くなれど、実は細心小膽の重箱楊子家にてして、桂の老獪にして巧慧なるに比すれば案外の正直者とす。…

寺内はその風貌からか豪放磊落な性格と見られたが、実際には「細心小膽の重箱楊子家」の面もあった。それは、士官学校校長時代、陸軍大臣時代、朝鮮総督時代を通じて変らなかったものと見える。寺内の政策には創意性や発展性がないと言われるが、その徹底した細かさは反感も買い、また反面では認められてもいたのである。また、士官学校校長時代の寺内の教育観をみると、管理、規律、整理、徹底の姿勢で軍人の育成に当たったことがわかる。三度の教育職は、何れも制度的な整備を必要とする部署への着任であった。寺内は持ち前の整理能力で組織作りを終えると、厳しい規律のもと、生徒の姓名を覚え、野営訓練に同行し、各地方・各学校への視察も自ら行なうなど、徹底した管理教育を行なったのである。

㈡ 寺内正毅と朝鮮

寺内正毅が陸軍大臣との兼任で第三代韓国統監に就任するのは、一九一〇年（明治四三）五月三〇日のことである。初代統監の伊藤博文、二代統監の曽禰荒助はともに長州閥の文官であったが、寺内は武官であった。寺内以後、朝鮮総督が武官から採用されているのはよく知られるところである。寺内の就任は、表向きは曽禰統監の病気引退による後任ということになっているが、実際は曽禰は病気を理由に更迭され、併合断行の使者として寺内が渡韓したと見るべきであろう。当時、併合問題には積極論と消極論があり、伊藤や曽禰は「韓人本位主義」を唱えるなどして、この問題の積極論者からは遣り方が手緩いと批判されるほどの消極論者であった。寺内は当初その立場を明確にしていなかったが、伊藤の死後、積極論に転じていったとみられている。

寺内と韓国との関係は、一九〇五年（明治三八）の第二次日韓協約（保護条約）の締結に始まる。この時、陸軍大臣であった寺内は、統監府官制案について伊藤博文に助言を行なっている。また、一九〇七年五月には満韓巡視に出かけた。寺内の日記[3]によると、韓国入りしたのは六月七日で、到着したその日に韓国人の通う小学校を視察している。この学校は一九〇七年四月一日に、学部の第二次学事拡張計画で開校された義州公立普通学校と推測される。居留地の日本人小学校へも数多く視察に出かけたようで、この時の視察の模様を寺内は次のように語っている。

吾輩は視察中に、各地の小学校から参観を請はれて行つた時、常に教師に向つて斯う云つた。「貴様達は大事な人の子を教育する身分ぢゃ、之を善く育てるのも悪く育てるのも皆貴様達の責任ぢゃが、物事には何でも必ず精神が無くては成立たぬ、若し貴様達の教育に精神が無かつたら此児童等も満洲人や、朝鮮人と選ぶ所は無くなる、此児童等の父兄が此地で安穏に産業に従事し得られるのも、亦貴様達が無事に教育に従事し、児童等が喜んで教育を受得らる、のも、全体誰のお陰だと思ふ、皆之れ陛下の稜威ではないか、母国の恩ではないか、十万の将士が屍を野に曝したお陰ではないか、而して満韓は永遠に啓発誘導して行って、彼をも充分に利し我も亦自ら利する云ふのが、日本人の天職ではないか、此児童等は斯る重大なる責任を負ふて立つべき第二の国民である、何ふか其精神を十分に罩めて教育して貰ひたい」斯う云つて心ばかり何がしかの金を置いて、成績の好い児童に適当な賞品を与へて奨励鼓吹して呉れろと頼んで置いたが、之は唯だ其一例に過ぎぬけれども、何人に拘はらず満韓に足を入れるものは此精神を持つて居

て、国恩に報ゆること、、我国民の天職の在ることを忘れぬ様にして貰ひ度い。(4)

傍線を付した部分からも明らかなように、この発言には、朝鮮や満州の人々に対する蔑視感がみられると同時に、日清・日露戦争の戦死者の功績を強調し、日本人としての使命感について精神論を説いている点など軍人としての発想が随所にみられる。

日記は六月二三日の「今朝午前三時半城津ヲ発シ咸興ニ向フ」で中断しているため視察の全貌は不明であるが、軍事施設の視察と、統監府や韓国政府、軍の要人との面会を行なったようである。伊藤とは夜を徹して韓国統治に対する意見を交わしたとあるがその詳細はわからない。この頃、既に寺内の脳裏には憲兵制度施行の計画があったという。寺内が満韓巡視に出かけた一九〇七年は、第三次日韓協約が締結(七月二四日)された年である。繰り返しになるが、この条約は次官政治の開始と韓国軍隊の解散を決めたもので、日本の支配体制を一層強化させる契機を作った。まさにこの時から寺内による併合の準備が開始されたものと見られる。寺内が韓国へ赴任するのは七月のことである。一ヶ月余りの間、日本に留まり、併合後の対応について念入りに準備を整えてから渡韓した。寺内には秘密裡に準備を進め、突如実行するといった行動の型があるが、それは併合についても同様であった。

(三)　寺内の朝鮮教育方針

寺内の朝鮮教育方針は、数多くの訓示や諭告に明らかである。これら総督の訓示や諭告は、当時総督府の外事局長であった小松緑によって下書きが用意されていた。小松は統監府期に伊藤博文の側近として韓国入りしており、朝鮮事情には精通した人物である。寺内は色鉛筆で訂正や書き込みを行ないながら、小松の訓示案を丁寧に読んでいる。これらの訓示に寺内の朝鮮教育観が反映されているものと見なして、その教育方針を読み取ってみたい。

ここでは朝鮮教育令公布後の一九一二年（明治四五）四月三〇日に行なわれた「新任公立普通学校長ニ対スル訓示」を引用してみるが、それは次のような内容であった。

> 凡ソ教育ノ事タル各国各時代ニ依リテ其ノ目的ヲ異ニシ手段方法ヲ同ウセサルハ諸子ノ已ニ熟知スル所ナルヘシ而シテ朝鮮教育ハ朝鮮教育令ニ明示セラレタルカ如ク其ノ終局ノ目的トスル所ハ固ヨリ内地ト同一ニシテ先般本総督ニ下付セラレタル教育ニ関スル　勅語ノ御旨趣ヲ奉シ忠良ナル国民ヲ育成スルニアレトモ其ノ採ルヘキ方法ニ至リテハ内地ニ於テ多年諸子ノ経験セル所ハ歴史ヲ異ニシ風習ヲ同ウセサル朝鮮ニハ直ニ移シテ以テ適用スヘカラサルモノ少シトセス諸子ハ宜シク朝鮮ノ歴史習慣ヲ研究シ時勢ヲ察シ民情ニ鑑ミ以テ之ニ適当ナル方法ヲ講シ其ノ教育ヲ施スコトヲ要ス諸子ハ須ラク著実穏健ノ思想ヲ涵養シ質素ヲ貴ヒ勤勉力行各自其ノ業ヲ励ミ其ノ分ニ安ムセシムルヲ以テ本義ト為ササルヘカラス而シテ朝鮮旧来ノ美風良俗ハ意ヲ用ヰテ之ヲ失ハサラムコトヲ努ムルト共ニ其ノ陥リ易キ欠陥ノ如キハ宜シク指導誘掖以テ之カ矯正ヲ期セサルヘカラス想フニ人動モスレハ知識ノ増進ト共ニ奢侈ニ流レ易キモノナレハ諸子ハ特ニ此ノ点ニ留意シ施設経営ノ如キハ現時ニ於テハ努メテ質実ヲ旨トシ冗費ヲ省キ漸次民力ノ充実ニ伴ヒテ徐ロニ其ノ完備ヲ図ルヲ要ス若シ夫レ勤労ヲ卑ミテ安逸ヲ貪リ空理ヲ談シテ実行ニ疎キカ如キコトアラムカ啻ニ一身一家ヲ誤ルノミナラス累ヲ国家ニ及ホスニ至ラム諸子ハ最モ此ノ点ニ留意シ提撕誘導以テ朝鮮教育ノ帰趨ヲ誤ルコトナキヲ期セサルヘカラス而シテ能ク各講師ノ講演シタル要領ヲ会得シ且各道長官等ヨリモ之カ実施ニ関シ注意スル所アルケレハ能ク是等ノ主意ヲ服膺シ躬行率先児童ノ薫化ニ力ムルト共ニ郷党ノ師表トナリ風教扶植ノ任ニ当ラサルヘカラス殊ニ諸子ハ公務ノ余暇ヲ以テ父兄青年ト会シ法規殖産等必要ナル事項ヲ談シ以テ施政ノ旨趣ヲ会得セシムルニ努力セラルヘカラス…(5)

寺内の訓示で共通に述べられているのは、高尚な理論を避け卑近なところから教育することを主張している点である。言い換えると、時勢と民度からして朝鮮に高等教育は不必要であるとし、普通学校と実業学校で完成される教育体制の構築が強調されている。求められる人間像は、「穏健な徳操」、「質実勤倹」、「勤勉力行」、「帝国臣民にふさわしい資質品性」などで、要するに日本が統治しやすい人間像と教育体制が目指されたわけで、これは根本的に統監府期の教育方針と変っていない。むしろ寺内に特徴的なのは、殖産興業を強く意識した点ではないか。寺内は殖産興業のための人材養成という視点で朝鮮の教育を見ており、それがその他の訓示でも強調されていた。

三、朝鮮総督府初代学務局長関屋貞三郎

(一)　関屋貞三郎の人物

朝鮮総督府開設後、教育行政部門の最高責任者となるのが初代学務局長の関屋貞三郎である。先にも述べたが、統監府期の学務官僚が学者や教育家であったのに対し、関屋はもともと内務官僚で、同じ植民地である台湾総督府の官僚でもあった。その経験が買われての学務局長就任とも推測されるが、関屋は朝鮮総督府のなかにあって異色の存在であったようである。まずはその閲歴からみていきたい。

関屋は一八七五年（明治八）五月に、旧二本松藩士で漢方医の関屋良純の長男として、栃木県御厨村に生まれた。両親から過保護に育てられ病弱な少年時代を過ごしているが、地元の小学校を終えると一五歳で親戚をたよって上京する。神田の予備校で勉強した後、一高、帝大へと進学した。一八九九年（明治三二）、東京帝大法科を卒業し、高等文官試験に合格してからは内務官僚の道を歩んでいくことになる。

主な職歴は、台湾総督府参事官、内務大臣秘書官、関東都督府事務官、大連民政署長、佐賀県内務部長、鹿児島県内務部長、朝鮮総督府内務部学務局長、同中枢院書記官長、静岡県知事、宮内次官等で、一九三三年（昭和

八）に貴族院議員となっている。（章末の年譜を参照されたい。）兼職も多かった。特に台湾総督だった児玉源太郎からの信任が厚く、児玉が内務大臣を兼職すると関屋も内務大臣秘書官になるなど、行動を共にしている。関屋は朝鮮総督府時代には、寺内正毅・長谷川好道の部下となるが、正しいことは正しいと貫く、児玉の思想的影響を強く受けていたようである。関屋が学務局長に就任したのは、併合直後の一九一〇年（明治四三）一〇月のことである。教育行政部門の最高責任者として、朝鮮教育令や各学校規則の制定、「私立学校規則」の改正を行ない、一九一九年（大正八）、朝鮮民衆による三・一独立運動の鎮圧に奔走した後、静岡県知事に転任している。

ところで、関屋の言説をみると、キリスト教の思想的影響を強く受けていることが感じられる。これは、関屋の妻が熱心なクリスチャンであったことに由来する。朝鮮に渡った関屋一家は、当時は大和町といった日本人を中心とする外国人の集住地域に暮らしていたが、朝鮮の人々が自由に出入りする家庭であったという。また、学務局にも朝鮮人や外国人宣教師が自由に出入りし、関屋と懇談することがしばしばあった。[6]このような関屋の行動は、他の官僚からは訝しげに見られていたようで、総督府視学官の石田新太郎が「関屋学務局長ガチョコチョコしたる態度を改め余程寛弘の態度に出づるにあらずハ…」[7]と批判的に書いているのをはじめとして、「彼は身を持する謹厳方正にして真面目一方の男なり、文教の政柄に当るに適任と言ふべし、且つ万事に注意深くして人に対して親切なるを以て内外の気受け悪しからず、而も彼余りに用心深し、余りに神経質なり、余りに察々の明に過ぎたり余りに齷齪たり、余りにコセコセ過ぎたり、彼の精神は一刻も安静なる能はざるなり…」[8]と、人柄の良さを認めつつも、神経質で細心な面が強調されている。また、寺内と関屋の関係を「局長側では学務局の関屋なぞは寺内の前に出ると全く秘書官格で、小心翼々唯命維従と云ふ体たらくだ」[9]と批判的に報じているものもあった。

(二)　関屋の朝鮮教育観

まず、関屋が併合をどのように捉えていたかについて触れておきたい。関屋はキリスト教系の私立学校を訪問した際、その講話のなかで「日本及朝鮮は其の彊域を接し、其の人種を均うし、所謂唇歯輔車の関係」であると言い、佐賀県の伊万里焼や鹿児島県の薩摩焼が朝鮮から伝えられ、それを伝えた人々が、現在では「風俗習慣悉く我内地の風に同化」していると続け、「日韓の併合は自然の理必致の勢にして、寔に天の命ずる所なり。是れ豈に基督教徒の所謂神の摂理にあらずや(10)」と述べている。「日鮮同祖論」的な発想から出て、韓国併合を「自然の理」、「必致の勢」と認識している。さらにそれを「天の命ずる所」、「神の摂理」と言い換えて説明したのは講話の対象がミッションスクールの教師と生徒であったこと、関屋自身がキリスト教と近距離にあったことに因るものであろう。このような併合観をもつ関屋だったので、朝鮮人を「忠良ナル国民」に育成することも積極的、肯定的に捉えていく。

また、朝鮮の教育に対しては、「教育を時勢に遅れざらしむることは、大に注意すべきことであるが、さりながら、一面徒らに、時流を追うて、その国の民度とかけはなれた施設をなすことも、亦大に慎むべきことである。而して教育に依って、その民度を高むることは、非常に必要ではあるが、民衆の生活程度なり、又は、富の程度なりを考察して、その実行に移るべきであって、突飛なる施設を行ふことは、外観上からすれば、非常によく見へるのであるが、しかし、朝鮮同胞に対しては、まことに親切ならざる遣り方」であり、「教育施設の向上整備の為には、相当の経費を伴ふものであって、之がために、朝鮮人に対し、多額の負担をかけるといふことは、甚だ面白からざること(11)」であるといった考えを持っていた。関屋のいう「時勢」とは、「時代の要求とか思潮とかいふ意味」であり、「民度」とは、「人民の生活の程度」、即ち「富の程度、知識の程度」のことで、教育制度はこの両者を考え合わせて創設されるべきであるとの考えであった。歴史、風俗習慣、特に経済力を顧みなくては教育の効果があがらないとも述べている。勅語の遵守といっても「内地」同様にはいかないし、朝鮮にすぐに義務制度を施行することもできないが、これらのことが「時勢」と「民度」の発達に応じて段階的に実行されていくことが関屋の朝鮮教育観に基づく構想であった。

関屋は三・一独立運動の年に朝鮮を去るが、その後も朝鮮への関心は持ち続けていた。それは「内地」で勉強する朝鮮人学生への支援や、キリスト教を通じての朝鮮人との交流といった行動に表われている。また、朝鮮を離れてからの回顧録のなかで、「私の慚愧に堪へないことは、私の在任当時、朝鮮語に通ずることを得なかった一事である(12)」と述べ、全てが通訳を通しての会話であったため、自分の真意が伝わらなかったことを悔やんでいた。さらに後年、朝鮮への思いを、「…人を愛するには―土地でも物でも然り―先づそれを好きにならなくてはならぬ。好きになるにはそれを認識し理解しなくてはならぬ。長所も短所も充分に知り抜いた上での好愛こそ本当に不変のそれである。自我と愛憎とが強くては他を愛し他を受け入れる事が難かしい。個人でも国民でも、よく其の大を成す者は寛容と忍耐に富んだものである。…私も永年の間朝鮮の有らゆる階層の人々と交り続けて来た。その間には随分忍耐もさせられた事も少なくなかったが、結局誠意を以て接すれば悔ゆる所なく、相手の心に何時かは珠玉を見出す事が出来ると云ふ信念を強め得て今日に及んで居る。…私は自分でも不思議に思ふ程朝鮮が好きである。そして朝鮮の人々に対して微力ではあるがお役に立ちたいといふ気もちは年と共に強く、恐らく私として他の一切の関係の仕事から離れても、朝鮮への御奉公は畢生渝らぬ積りである。そして自分が心から朝鮮を愛することが出来、朝鮮から愛されて居る事を非常に幸福とし感謝して居る(13)」と語っている。

関屋が朝鮮語を学んで朝鮮人に伝えたかったのは、日本の朝鮮統治の正当性であり、朝鮮人の日本の施政に対する抵抗は「誤解」によるものであると認識していた。韓国併合を肯定的にとらえ、「国語」を普及して、「勅語の旨趣に基づく忠良なる国民」を育成するといった総督府の教育政策に邁進していったことも事実である。しかし、その一方で朝鮮という異文化と実際に向き合いながら、それが朝鮮人の幸福に繋がると信じ込んで、朝鮮の「時勢」と「民度」の発達を願ったこともまた事実であった。

第二節　朝鮮教育令の制定

一、朝鮮教育令制定の経緯

勅令第二二九号「朝鮮教育令」は、一九一一年（明治四四）八月二三日に公布され、一一月一日から施行された。条文は全三〇条から成り、第一章「綱領」と第二章「学校」の二部構成になっている。第一章綱領は七条から成り、第二章学校は二三条から成る。まずは全文を掲げておきたい。

朝鮮教育令

第一章　綱領

第一条　朝鮮ニ於ケル朝鮮人ノ教育ハ本令ニ依ル

第二条　教育ハ教育ニ関スル勅語ノ旨趣ニ基キ忠良ナル国民ヲ育成スルコトヲ本義トス

第三条　教育ハ時勢及民度ニ適合セシムルコトヲ期スヘシ

第四条　教育ハ之ヲ大別シテ普通教育、実業教育及専門教育トス

第五条　普通教育ハ普通ノ知識技能ヲ授ケ特ニ国民タルノ性格ヲ涵養シ国語ヲ普及スルコトヲ目的トス

第六条　実業教育ハ農業、商業、工業等ニ関スル知識技能ヲ授クルコトヲ目的トス

第七条　専門教育ハ高等ノ学術技芸ヲ授クルコトヲ目的トス

第二章　学校

第八条　普通学校ハ児童ニ国民教育ノ基礎タル普通教育ヲ為ス所ニシテ身体ノ発達ニ留意シ国語ヲ教ヘ徳育ヲ施シ国民タルノ性格ヲ養成シ其ノ生活ニ必須ナル普通ノ知識技能ヲ授ク

第九条　普通学校ノ修業年限ハ四年トス但シ土地ノ状況ニ依リ一年ヲ短縮スルコトヲ得

第十条　普通学校ニ入学スルコトヲ得ル者ハ年齢八年以上ノ者トス

第十一条　高等普通学校ハ男子ニ高等ノ普通教育ヲ為ス所ニシテ常識ヲ養ヒ国民タルノ性格ヲ陶冶シ其ノ生活ニ有用ナル知識技能ヲ授ク

第十二条　高等普通学校ノ修業年限ハ四年トス

第十三条　高等普通学校ニ入学スルコトヲ得ル者ハ年齢十二年以上ニシテ修業年限四年ノ普通学校ヲ卒業シタル者又ハ之ト同等以上ノ学力ヲ有スル者トス

第十四条　官立高等普通学校ニハ師範科又ハ教員速成科ヲ置キ普通学校ノ教員タルヘキ者ニ必要ナル教育ヲ為スコトヲ得

師範科ノ修業年限ハ一年教員速成科ノ修業年限ハ一年以内トス

師範科ニ入学スルコトヲ得ル者ハ高等普通学校ヲ卒業シタル者トシ教員速成科ニ入学スルコトヲ得ル者ハ年齢十六年以上ニシテ高等普通学校第二学年ノ課程ヲ修了シタル者又ハ之ト同等以上ノ学力ヲ有スル者トス

第十五条　女子高等普通学校ハ女子ニ高等ノ普通教育ヲ為ス所ニシテ婦徳ヲ養ヒ国民タルノ性格ヲ陶冶シ其ノ生活

ニ有用ナル知識技能ヲ授ク
第十六条 女子高等普通学校ノ修業年限ハ三年トス
第十七条 女子高等普通学校ニ入学スルコトヲ得ル者ハ年齢十二年以上ニシテ修業年限四年ノ普通学校ヲ卒業シタル者又ハ之ト同等以上ノ学力ヲ有スル者トス
第十八条 女子高等普通学校ニハ技芸科ヲ置キ年齢十二年以上ノ女子ニ対シ裁縫及手芸ヲ専修セシムルコトヲ得
技芸科ノ修業年限ハ三年以内トス
第十九条 官立女子高等普通学校ニハ師範科ヲ置キ普通学校ノ教員タルヘキ者ニ必要ナル教育ヲ為スコトヲ得
師範科ノ修業年限ハ一年トス
師範科ニ入学スルコトヲ得ル者ハ女子高等普通学校ヲ卒業シタル者トス
第二十条 実業学校ハ農業、商業、工業等ノ実業ニ従事セムトスル者ニ須要ナル教育ヲ為ス所トス
第二十一条 実業学校ヲ分チテ農業学校、商業学校、工業学校及簡易実業学校トス
第二十二条 実業学校ノ修業年限ハ二年乃至三年トス
第二十三条 実業学校ニ入学スルコトヲ得ル者ハ年齢十二年以上ニシテ修業年限四年ノ普通学校ヲ卒業シタル者又ハ之ト同等以上ノ学力ヲ有スル者トス
第二十四条 簡易実業学校ノ修業年限及入学資格ニ関シテハ前二条ノ規定ニ依ラス朝鮮総督之ヲ定ム
第二十五条 専門学校ハ高等ノ学術技芸ヲ教授スル所トス
第二十六条 専門学校ノ修業年限ハ三年乃至四年トス
第二十七条 専門学校ニ入学スルコトヲ得ル者ハ年齢十六年以上ニシテ高等普通学校ヲ卒業シタル者又ハ之ト同等以上ノ学力ヲ有スル者トス
第二十八条 公立又ハ私立ノ普通学校、高等普通学校、女子高等普通学校、実業学校及専門学校ノ設置又ハ廃止ハ朝鮮総督ノ認可ヲ受クヘシ

第二十九条　普通学校、高等普通学校、女子高等普通学校、実業学校及専門学校ノ教科目及其ノ課程、職員、教科書、授業料ニ関スル規定ハ朝鮮総督之ヲ定ム

第三十条　本章ニ掲クル以外ノ学校ニ関シテハ朝鮮総督ノ定ムル所ニ依ル

綱領で述べられた朝鮮教育の根本方針は、①朝鮮の子どもたちも日本の子どもたちと同様に「教育ニ関スル勅語ノ旨趣ニ基」いた「忠良ナル国民」として育成すること、②但し、当分の間は「時勢及民度ニ適合」した教育を行なうこと、③朝鮮における教育の種類は普通教育・実業教育・専門教育とすること、④普通教育は、「普通ノ知識技能」を授けること、「国民タルノ性格」を涵養すること、国語（日本語）を普及することの三点を目的とすること、⑤実業教育は、「農業、商業、工業等ニ関スル知識技能」を授けることを目的とすること、⑥専門教育は「高等ノ学業技芸」を授けることを目的とすることの合わせて六点であった。

第二章の学校は、朝鮮教育令下に設置される各学校の目的、就業年限、学齢等に関する規定となっている。普通学校に関する規定が第八条から第一〇条、高等普通学校が第一一条から第一三条、官立高等学校付設の師範科及び教員速成科が第一四条、女子高等普通学校が第一五条から第一八条、官立女子高等普通学校付設の師範科が第一九条、実業学校が第二〇条から第二四条、専門学校が第二五条から第二七条である。第二八条は各学校の設置と廃止は総督の認可を受けることを、第二九条は各学校の教科目、教科課程、職員、教科書、授業料などに関しては総督が定めること、第三〇条はそれ以外の学校に関する規定は総督が定めることとなっていた。第二九条に関しては、同年一〇月に公布される各学校規則で具体化されていく。

ところで、朝鮮教育令は条文の決定までにおよそ一年の歳月を費やしている。この一年の間に、統監府期から の学務官僚である隈本繁吉らがその草案を作成し、関屋をはじめとする朝鮮総督府学務局の官僚が朝鮮の教育の

現状や展望と照らし合わせてそれを調整した。さらには法学博士穂積八束の意見を求め、帝国教育会からの建議を受けるという経過を辿っている。このことは関屋が後に、朝鮮教育令の制定に関して「寺内総督が特に考慮さるゝ所があつて、慎重に研究の上これに着手すべく、その翌年まで、教育制度の制定を延期された」、そして関屋が社会情勢など調査した後、「朝鮮教育の制度を立案し、総督の決裁を経て、その最終的決定を為すべく、之を中央政府に提案した」(14)と記していることからも確認される。

さらに朝鮮教育令は、教育制度に関する勅令は枢密院の諮詢を経て公布するという約束事を、「御沙汰書ニ所謂教育制度ノ基礎ニ関スル勅令トハ内地ノ教育ニ付之ヲ謂フモノニシテ新領土ノ如キハ其ノ豫想セラレサル所ナルヘキヲ以テ本件ハ枢密院へ御諮詢ヲ要セサルモノト認ム…」(15)というように曲げて、朝鮮総督に一任して閣議決定に持ち込むという形式を取っていた。「御沙汰書」とは、明治二三年一〇月に改正された枢密院官制第六条第六号に関して、明治三三年四月に出された「枢密院官制第六条第六ニ依リ諮詢スヘキ事項中別記ノ勅令ハ最モ重要ナルモノニ付自今同院ノ審議ニ付セシム」という「御沙汰」を指すものである。別記の勅令のなかには「教育制度ノ基礎ニ関スル勅令」や「台湾総督府官制ニ関スル勅令」が列挙されており、本来ならば朝鮮教育令も枢密院の審議にかけられるのが順当だったわけである。

朝鮮教育令は、その第二条「教育ハ教育ニ関スル勅語ノ旨趣ニ基キ忠良ナル国民ヲ育成スルコトヲ本義トス」と、第三条「教育ハ時勢及民度ニ適合セシムルコトヲ期スヘシ」を以って、「同化」と差別が抱き合わせになった植民地教育の原理を表明したものであると指摘されている。そこには、その策定に携わった隈本繁吉ら統監府期の学務官僚の、または寺内正毅・関屋貞三郎の、さらには建議文を提出した帝国教育会三土忠造・澤柳政太郎らの、どのような朝鮮観及び教育観が反映されているのであろうか。それぞれの朝鮮教育令草案を照射しながら、朝鮮教育令の制定過程をみていきたい。

二、隈本繁吉ら学務官僚による朝鮮教育令草案

統監府期から総督府期にかけて、学部または学務局で教育行政の最先端にいたのが隈本繁吉である。幣原坦、三土忠造の後を継ぎ、統監府期の教育方針や政策、実状を踏まえて朝鮮教育令草案を作成し、総督府期の寺内正毅、関屋貞三郎への橋渡しを行なった。隈本が所持していた朝鮮教育令制定に関する草案の類は、[16] ①「㊙教化意見書」、②「学制ニ関スル意見」、③「朝鮮学制案ノ要旨」、④「学制案修正要点」、⑤「朝鮮公立普通学校及官立諸学校整理案」、⑥「学制及其他ニ関スル意見」、⑦「隈本書記官ノ普通学校教科課程改正要項ニ対スル修正意見」の七点である。先にみたように、朝鮮教育令は朝鮮に対する教育方針を示した第一章綱領と総督府下の学制を示した第二章学校から成っており、学務官僚が起草した次の文書のうち、主として①と②が綱領部分に、③以下が学校部分に関係している。これらの文書のうち記名及び日付入りのものは少なく、同一文書内でも筆跡の異なるものもあり執筆者を特定することはできないが、朝鮮教育令の制定までに寺内総督、関屋学務局長、隈本繁吉ら学務官僚の間を往復した文書であることは確かである。

㈠「㊙教化意見書」等にみられる朝鮮教育方針

朝鮮教育令第一章の綱領と関係の深い①の「㊙教化意見書」からみていきたい。「㊙教化意見書」は、朝鮮民族を同化することができるか否かを論点とした意見書である。緒言には「朝鮮民族教化ノ方針ニツキテノ私見ヲ陳述セルモノ」とあり、明治四三年九月八日の日付があるが、誰の私見であるのかは定かではない。「日本ハ世界ニ無比ナル帝国ナリ」、「日本（ヤマト）民族ノ忠義心」、「日本（ヤマト）民族の同化力」、「同化（ジャパニゼー

ション）ノ意義」、「世界ニ於ケル同化政策」、「琉球ト台湾トハ同化（ジャパニゼーション）ノ適例ニアラズ」、「朝鮮民族ノ同化（ジャパニゼーション）」、「朝鮮民族ノ順良化」、「雑婚政策」、「日本（ヤマト）民族ト朝鮮民族トノ生存関係」、「日本民族教育ト朝鮮民族教育トノ差異」、「朝鮮民族ノ教育範囲」といった順序で、結論としては「同化は無理だが順良化は可能」なことを述べている。

詳察すると、まず「日本帝国ハ萬世一系ノ天皇ヲ戴キテ世界無比ノ国体」であり、「日本民族ノ忠義心ハ建国以来一貫シテ我国民ノ脳裏ニ共通ナルモノニシテ説明訓諭ヲ待チテ後ニ始メテ啓発セラルルガ如キモノニアラザルナリ」とある。この部分は日本の国体について述べた箇所であるが、「萬世一系」の天皇のもとにかしづく「臣民」の「忠義」、これは説明したからといって身につけることのできるものではないとする。そして同化について、言語・風俗・習慣など外的な要因が採用されても「ジャパナイズ」されたとは言えない。「同化ノ本髄ハ寧其内的方面タル精神ニアルコトヲ知ラザルベカラズ」という。要するに外的に同化されても、それは真の同化にはならない、精神の同化こそが真の同化であるという論理である。そして真の同化が容易く成就されるものではないこと、特に朝鮮民族を同化するのが困難であることを次の四点を挙げて説明している。

第一　朝鮮民族ハ我皇室ニ対シテカヽル特殊ノ関係ナキヲ以テ彼等ヲシテ此美妙ナル忠義心ヲ体得セシムルコトハ全ク不可能ナルベシ

第二　朝鮮民族ハ相当ノ自尊心ヲ以テ其制度文物ヲ発展セシメ以テ彼等ノ民族精神ヲ醸成シ得タリシナリ…日本民族ヨリノ感化影響ヲ受ケテ之ト同化セントスル陶冶性ハ頗ル乏シ

第三　彼等ハ朝鮮民族ナリトノ明確ナル自覚心（「三千里ノ江山」「二千万ノ同胞」に代表されるような）ヲ有ス

　第四　朝鮮民族ハ千二百萬以上ノ大衆ナリ。…　日本人一〇〇萬人ヲ移住サセテモ感化ハ不可能

朝鮮人には自負すべき民族精神があり、何ら関係のない日本の皇室に対し忠義を示すことはないであろう。たとえ日本人一〇〇万人を移住させても陶冶する可能性は少ない。同化は無理という結論である。しかし同化は無理でも「順良化」は可能であるとして、次のように続けている。

　即彼等ハ帝国ノ忠良ナル臣民タラシムルコト得バズ（ママ）ト雖教化シテ帝国ノ順良ナル臣民タラシムルコト得ベシト信ズ。厳正ノ意味ニ於ケル同化ヲ忠良化トセバ此ノ意味ノ教化ハ順良化ト称シ得ベシ…教育上ノ施設ニヨリテ前述政治上ノ経営ト相並ビテ大ニ日本語ヲ普及セシムルト共ニ彼等ノ徳性ノ涵養ニ力メ生業ニ関スル知識ト技能トヲ啓発習得セシメ以テ日本民族直接ノ指導感化ト相待タバ如何ニ偏固ナル彼等ト雖終ニハ能ク帝国ニ帰服スルノ心情ヲ懐抱スルニ至ルベシ。

日本語を普及させ、徳性の涵養に努め、実業的な知識と技能を啓発・習得させるという「教化」を行なえば帝国の「順良ナル臣民」が誕生するというわけである。このように朝鮮人を「従属的地位」に立たせることは、「非文明的非人道的ニアラズシテ自然ノ勢」であるため仕方がないと正当化すらしている。「順良ナル臣民」育成のために必要な教育は初等教育と職業教育であり、具体的には次の内容が考えられていた。

　初等教育ハ主トシテ日本語ヲ普及セシムル機関トナシ急進ニ走ルコトヲ避ケテ専ラ旧慣ノ上ニ民度ニ相応セル簡単ナル施設ヲナシ其学科ノ如キモナルベク数ヲ減シテ単純ナルモノトナシ内地流ノ分科主義ヲ避ケザルベカラズ。而シテ其内容ハ極メテ実際的ノモノヲ採リ農業ヲ主トシテ商工業ニ関スル実科教材ヲ多クシ女児ニハ特ニ裁縫手芸等ヲ加ヘテ常ニ実際的応用的知識ヲ与フルト共ニ之ニ実習ヲ併課シ以テ勤労ヲ愛好スルノ性情ト習慣トヲ教養スルコトニ注意シ他日実社会ニ処シテ直ニ生活ヲ営ムノ方便タラシムルコトヲ要ス。徳

育ニ於テハ日本民族ニ特殊ナル忠君愛国ノ如キハ到底彼等ノ理解シ得ザル所タルノミナラズ却リテ無益有害ノ惧アルコト既ニ論セル如クナルヲ以テ之ヲ注入スルコトヲ避ケテ単ニ帝国及皇室ニ対スル感謝報恩ノ情ヲ薫陶スルコトニ止メ其他ハ専ラ個人トシテ生活上必要ナル誠実勤倹規律清潔等ノ諸徳目ヲ教養シテ彼等ニ通有セル諸悪徳ノ矯正ニ努メ結局自労ニヨリテ安穏ニ自活スル順良ナル帝国ノ臣民ヲ教養スルコトニ留意スベキナリ

職業教育ハ初等教育ヲ継承シテ之ヲ完成セシムル所以ナリ

ここで述べられた初等教育機関では、日本語の学習を第一の目的にし、実業的な教科を増やしてその他の教科数を減らすことが重視されていた。中等教育は初等教育の延長であり、職業教育を以て当てることしか考えられていなかった。また、②「学制ニ関スル意見」などその他の草稿も含めて、隈本ら学務官僚が構想した朝鮮教育方針を整理してみると、次の諸点にまとめることが可能である。

一、「徳性ノ涵養」や「勤倹ノ美風」に代表されるように道徳教育（修身）に力点を置くこと。

二、初等教育機関では国語（＝日本語）を普及させること。

三、中等教育は実業教育及び職業教育とすること。

四、「時勢ト民情（民度）」を鑑み、「実用」に重きを置いた教育を行なうこと。

五、朝鮮人子弟を「順良化」すること。

これを朝鮮教育令の綱領と比較してみると第三条から第五条に反映されていることがわかる。

(二)　学務官僚による教育制度・内容に関する草案

次に、先に掲げた③以下の草案から、学校制度と教育内容についてどのような構想が練られていたのかをみておきたい。③「㊙朝鮮学制案ノ要旨」は、罫紙欄外に「下付案扣」とあることから、寺内総督から関屋学務局長を経て隈本らに下付されたものと見られている。これ以前に隈本が学制の原案を提出し、それを踏まえて立案されたものなのであろう。この草案の要旨は次のとおりである。まず、普通学校については、①普通学校の名称は襲用すること、②修業年限は四年とすること、③就学年齢は八歳とすること、④教科目は「可成簡約ニシテ日常生活ニ必須ナル読・書・算ニ主力ヲ集中」すること、⑤国語のなかに歴史・地理・理科の内容を含めること、⑥低学年では朝鮮語の読み書きを教授し、高学年では漢文を教授すること、⑥農・商・工の実業及び裁縫・造花・手芸などを適宜加えること等が記されていた。高等学校については、名称、修業年限はそのままにし、専修科（電信・郵便・鉄道・農業・工業・商業）と師範学校（普通学校の教員養成）を設置すること、女学校については、名称から「高等」を外し、本科三年、師範科及び技芸科三年を設置すること、実業学校については、低度の課程に止めて普通学校卒業生の収容機関として存在させること、この他、盲唖学校と成均館について若干の記載が成されていた。

この下付案に、隈本がさらに修正を加えて提出したのが④の「学制案修正要点」である。まず、各学校共通の事項として、①「諺文及漢文」は「朝鮮語及漢文」に改めること、②修身の授業時数は、毎週一時間とすることを提案した。次いで普通学校について、①女児の修業年限を三年とすることと、②理科を単独の教科として存続させること、高等学校及び教員養成については、①高等学校の修業年限は四年とし、三年修了後に師範科、または実科を選択する制度を取ること、②京城高等学校に師範科を設置して師範教育の本部とすること、③現在の師範学校を教員養成所として暫時存続させること、④京城高等学校に専修科を設置し、国語、外国語、法学の三科を設置すること、さらに、普通学校以上の女子教育については「高等」の二文字を存続させること、高等学校専修科は、実業学校に属する工科学校によってその目的を達するようにすることを挙げた。

この二つの草案を比較すると次のことが言える。まず制度面についてみると、初等教育機関としての普通学校、中等教育機関としての高等学校、実業学校、女学校という基本的な枠組みに変化はないが、隈本案では普通学校における女子の修業年限を一年短縮して三年としている。また、学校名に「朝鮮」を付し、女学校にも「高等」を付すなどの変更が求められている。内容面では、隈本案が「諺文及漢文」を「朝鮮語及漢文」にすること、理科を独立した教科にすること、修身を一時間にすることを申し送っている。

さらに隈本は、⑤の「朝鮮公立普通学校及官立諸学校整理案」のなかで、教育内容について「教授事項ニ関シテハ特ニ国語ノ普及ト修身及実用的学科トニ重キヲ置カシメントス」と述べ、国語の授業時数を増加させること、

図表31　第一次朝鮮教育令下の学校制度

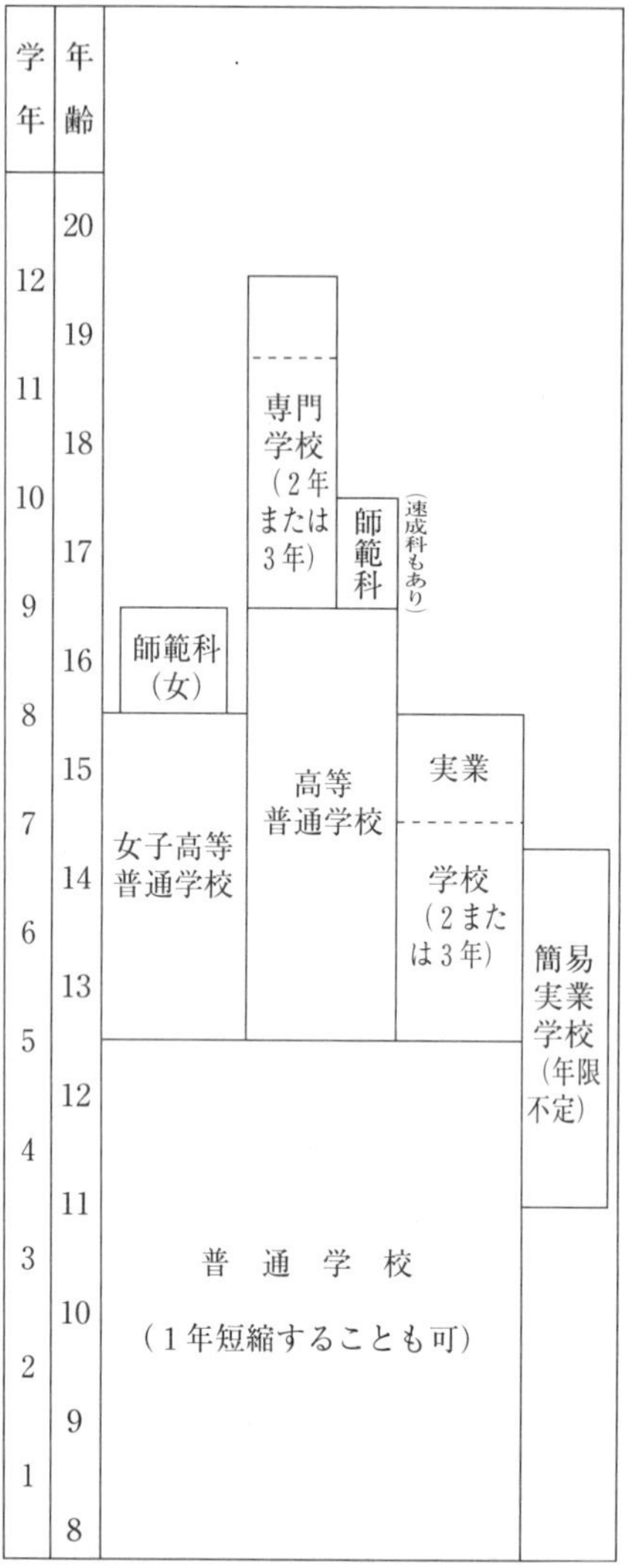

出典：呉天錫著、渡部学・阿部洋共訳『韓国近代教育史』、高麗書林、1979年、244頁と「朝鮮教育令第二章学校」をもとに作成。

図表32　普通学校カリキュラムと週当りの授業時数

学年/科目	修身	国語	朝鮮語漢文	算術	理科	唱歌体操	図画	手工	裁縫手芸	農業初歩	工業初歩	計
1	1	10	6	6	—	3	—	—	—	—	—	26
2	1	10	6	6	—	3	—	—	—	—	—	26
3	1	10	5	6	2	3	—	—	—	—	—	27
4	1	10	5	6	2	3	—	—	—	—	—	27

出典：朝鮮総督府『官報』号外、明治44年10月20日より作成。

実業に関する科目を加設すること、そのために地理・歴史を省き、朝鮮語及漢文の授業時数を減少させることを提案している。この時、隈本が提示した普通学校男児用カリキュラムの週当り授業時数は、修身が各学年一時間、国語が一二時間、朝鮮語及漢文は一・二学年が六時間、三・四学年が五時間、算術は各学年六時間、理科は三・四学年のみで各二時間、体操と唱歌は各学年合わせて三時間、その他、図画、手工、農業、商業を設置することが想定されていた。これをみると、隈本が国語（日本語）に多くの時間数を当て、その普及に努める計画を採用したことがわかる。この計画によれば、修身は元どおり一時間に、理科は三・四学年に配置し、その他の芸術及び実業系の教科は適宜取り入れることになっていた。隈本案は、国語の時間数を大幅に増やしたほかは、統監府期の普通学校のカリキュラムとほぼ同様であった。

隈本案に対して、異を唱えたのが同じく統監府期からの学務官僚で官立師範学校の学監であった増戸鶴吉である。増戸は、⑦「隈本書記官ノ普通学校教科課程改正要項ニ対スル修正意見」のなかで、「合邦ノ今日ニナリテハ精神教育上絶エズ或ル物ヲ鼓吹スルノ必要アルニ依ル」と精神面の育成が緊要であると述べ、修身を二時間にすることを主張した。また図画を必修科目とし、唱歌を随意科目とすることも主張している。さらに女児用については、修身の作法を削らないこと、漢文に多くの時間を取らないこと、家庭生活に役立つので理科は教授することなどが提案されていた。

これらの草案を制度面・内容面から整理してみると次のことが言えるであろう。まず制度面では、就学期間四年の普通学校を基盤として、その上に高等学校、高等女学校、実業学校の中等教育機関を設置するという、初等・中等教育機関の設置という大きな枠組みが各段階における草案で共通していた。これは統監府期の学校制度を踏襲するかたちで立案されたものと言える。異なる点は、師範教育の母体が師範学校から高等学校師範科、及び教員養成所に組織替えられたことである。かつての外国語学校も高等学校の専修科に組み入れられる計画であった。

内容面についてみると、次の点が普通学校における教育内容に関する議論の争点であったと思われる。それは、①修身を一時間にするか二時間にするか、②理科を独立した教科として扱うか否か、③国語（日本語）の時間数を増やし、朝鮮語及漢文の時間数を減らすかどうかの三点である。これらの問題は、かつて模範教育の導入期に、三土忠造がカリキュラムを編成するにあたって、批判を受け検討を重ねた部分と同様であった。これらについては、学部内で慎重な討議が重ねられ、朝鮮教育令第二章の学校、及び同日付けで制定された朝鮮総督府令第一一〇号から第一一六号の各学校規則に反映されていったものと思われる。朝鮮教育令下の学校制度と普通学校のカリキュラムについては、図表31・32をそれぞれ参照されたい。

三、帝国教育会による朝鮮教育令建議案

(一) 帝国教育会の朝鮮教育問題に対する関心

さて、総督府内で朝鮮教育令草案に検討が重ねられるなか、帝国教育会からも総督に同令に関する建議が寄せられる。ここでは、帝国教育会の内部に朝鮮教育令の制定をめぐってどのような動きがあったのかを少しさかのぼって述べておきたい。

帝国教育会は明治後期に三度、朝鮮教育問題への関心を示している。それは、日清戦争期、日露戦争期、韓国併合期である。日清戦争期の関心は、一八九四年（明治二七）八月二二日、朝鮮の教育問題に熱心であった東邦協会が、教育家に呼びかけて朝鮮の教育事業に関する会合を開催したことに端を発する。この会は、三宅雄次郎の教育家を批判する発言がもとで物別れに終わるが、この会の主旨と活動が帝国教育会の前身である大日本教育会に継承されていくことになる。大日本教育会には「朝鮮国教育研究会」が発足し、朝鮮にどのような援助を行なうべきかが検討された。まずは規約が決まり、辻新次、伊澤修二、日下部三之介、高島信茂、山田輝民が常務委員となったが、その活動は軌道に乗らなかった。理由は、朝鮮事情に精通するものが少なく活動方針や方法が定まらなかったこと、メンバー相互の折り合いの悪さなどである。このような情況を打開するために『教育時論』や『教育報知』の誌面を通じてさまざまな提案がなされた。例えば、研究会のメンバーが朝鮮語を習得すること、教育家が進んで渡航することなどの意見であったが、結局は実現されないまま、同会は有名無実の団体となっていったのである。

次に帝国教育会が朝鮮教育問題に注目するのは日露戦争期のことである。一九〇四年（明治三七）六月、同会

に「韓国教育調査部」が設置された。調査部は委員を設けて韓国教育の諸般の事項を調査することを目的としており、活動状況や、調査部会・審査委員会・評議員会・理事会での決議事項が、同会の機関誌『教育公報』を通じて報告されていった。調査部のメンバーは、六月二二日の理事会で選挙を行ない、部長に長岡護美、主事に根本正、星松三郎といった具合に役員を選出し、委員六〇名を新設することを決定している。同月二八日の第一回部会では、出席者二〇名の下、調査案起草委員五名を選出することとなったが、実際に選出されたのは重岡薫五郎、波多野傳三郎、根本正、星松三郎、福本誠、湯本武比古、坪谷善四郎の七名であった。主な活動内容としては、韓国の学制案を作成し、日本政府に建議したことが挙げられる。同年七月九日の審査委員会で、湯本・福本・坪谷の各委員が提出した草案に合意が得られ、これを湯本がまとめて執筆することになり、四章二二条から成る「韓国学制大綱」が完成した。大綱には、学校系統や学校経費、中学以上の学科教授に日本語を採用することなどが盛り込まれている。一一月一一日の審査委員会で、これを政府に建議することを決議し、翌年二月一日に辻新次会長から文部大臣に提出している。その後、調査部の活動は終息に向かい、一九〇六年（明治三九）七月一八日付で廃止となっている。

そして韓国併合後、帝国教育会は再度、朝鮮教育問題を専門に協議するための部会「朝鮮教育調査委員会」を設置する。当時、朝鮮総督府では朝鮮教育令の制定に向けて、統監府期の学務官僚による草案を基に条文を考案中であり、植民地朝鮮における教育の目的や学校制度が検討されていたことは、これまで見てきたとおりである。帝国教育会ではこの条文の制定に参画すべく始動したのである。一九一〇年九月七日に開催された初回の「朝鮮教育調査委員会」には、辻新次、戸野周次郎、多田房之輔、三土忠造、幣原坦の五名が出席している。この五名に伊沢修二、小川平吉、澤柳政太郎、樋口勘治郎の四名が追加推薦され、調査委員会のメンバーとなった。注目されるのはかつての「韓国学政参与官」幣原坦と三土忠造が名を連ねていることである。幣原が欧米植民地視察に出かけたこともあって、調査委員会では三土忠造の活躍が目立つことになった。

(二)　帝国教育会の朝鮮教育令建議案

三土忠造は樋口勘治郎とともに総督に提出するための建議案の作成に当たり、一九一〇年（明治四三）一〇月に最初の建議文を脱稿した。その全文は次のとおりである。

三土忠造・樋口勘治郎脱稿の建議文原案(17)

一、教育勅語の意味を普及し、日本と朝鮮とが、古来特別なる関係を有せるを以て、両国の併合は当然の運命なる事を了解せしめ、且つ日本の臣民として文明の舞台に樹つ事は、朝鮮人民の発展の為め、有益なりといふ希望を与へしむる事。

二、日本語の普及を以て当面の急務とし全力を此事に注ぐ事、其方法は

(一)　初等教育には諺文及漢文を廃して、日本語を以て教授する事

(二)　日本語を教授する学校に、適当なる補助を与ふる事

(三)　師範学校を増設して、日本語に熟達したる多数教員を養成する事

(四)　各種学校専門学校に於ても、日本文の教科書を用ふるを正則とする事

(五)　日本語を以て官用語とする事

(六)　日本文にて書かれたる、家庭読物の類を普及せしむる方針を採る事

三、教科書の編纂は特に重大なるを以て総督直隷の機関を設けて之に当らしむる事。

その後、一二月二一日の朝鮮教育調査総会では、原案の文言が整理修正された上に「四、一般朝鮮人の為に日本臣民として必要なる徳操を涵養し日常生活に必須なる知識を普及せしむる為め相当の方法を講ずべし」が加

わったかたちで可決され、首相桂太郎、朝鮮総督寺内正毅への建議の準備が進んだ。

一二月二一日の朝鮮教育調査総会で可決された決定案(18)

一、教育勅語の趣旨を普及し日本帝国と朝鮮半島との古来特殊にして親密なる関係を有すること並に日本国民たるの利益及び希望を十分に了解せしめむことを務むべし

二、日本語を普及することを当面の急務とし之れに全力を注ぐべし

一、初等教育に於ては一切日本文の教科書を用ひ日本語を以て教授し諺文及び漢文は之を全廃すべし

二、師範学校を増設し朝鮮人にして日本語に熟達せる多数の教員を養成すべし

三、中等学校及び専門学校に於ても漢文及び外国語（日本語と誤記：筆者）の外一切日本文の教科書を用ひ日本語を以って（「以って」が脱落：筆者）教授すべし

四、私立学校又は私塾にして主として日本語を教授するものには相当の補助を与ふべし

五、日本語の普及を目的とせる通俗読物の類を編纂し廉価に販売する方法を講ずべし

六、一般朝鮮人をして日本語に習熟せしむる為日本語を以て官用語とし公文はすべて日本語文を用ふべし

三、教科書の編纂に重きを措き有力なる特別機関を設けて之れに従事せしむべし

四、一般朝鮮人の為に日本臣民として必要なる徳操を涵養し日常生活に必須なる知識を普及せしむる為め相当の方法を講ずべし

この一二月二一日の決定案は、さらに二月に評議委員会を経て、「実業教育の普及に力を尽くすべし」が三項目目に追加修正された。そして三月一一日、帝国教育会を代表して辻新次、澤柳政太郎、三土忠造、樋口勘治郎らが、この建議文を携えて寺内正毅を訪問している。

評議員会を経て修正された寺内総督への建議案(19)

一、教育勅語の聖旨を普及し、日本帝国と朝鮮半島との古来特殊にして親密なる関係を有すること、並に日本国民た

るの利益及び希望を、十分に了解せしむることを務むべし。
二、日本語を普及することを当面の急務とし、之れに全力を注ぐべし。
(一)、初等教育ニ於テハ、一切日本文ノ教科書ヲ用ヒ、日本語ヲ以テ教授スベシ。
(二)、師範学校ヲ増設シ、朝鮮人ニシテ日本語ニ熟達セル、多数ノ教員ヲ養成スベシ。
(三)、中等学校及ビ専門学校ニ於テモ、漢文及ビ外国語ノ外、一切日本文ノ教科書ヲ用ヒ、日本語ヲ以テ教授スベシ。
(四)、私立学校又ハ私塾ニシテ、主トシテ日本語ヲ教授スルモノニハ、相当ノ補助ヲ与フベシ。
(五)、日本語ノ普及ヲ目的トセル通俗読物ノ類ヲ編纂シ廉価ニ販売スル方法ヲ講ズベシ。
(六)、一般朝鮮人ヲシテ日本語ニ習熟セシムルタメ、日本語ヲ以テ官用語トシ、公文ハスベテ日本文ヲ用フベシ。
三、実業教育の普及に力を尽すべし
四、教科書の編纂に重きを措き、総督直隷の機関を設けて之れに従事せしむべし
五、一般朝鮮人のために日本臣民として必要なる徳操を涵養し日常生活に必須なる知識技能を普及せしむるため相当の方法を講ずべし

この時の寺内の談話[20]では、朝鮮の教育方針は漸進主義でいくこと、日本語の普及には賛成であるが、どの範囲で日本語を用いるかを現在考究中であること、儒教主義を採用すること、教員養成や普通教育の普及についても考究中であること、但し朝鮮統治の根底が教育にあることを確信しているため、多額の費用を投じて計画中であることが語られた。寺内の教育方針はその後、漸進主義から急進主義へ、日本語は週当り一二時間、諺文も必修科目として採用といった具合に変化していく[21]。これに対し帝国教育会は寺内との二度目の会談で、「元来諺文は日清戦争以来一般教育に採用せるものにて、其以前は悉く漢文を用ひたるものなれば諺文の根抵《ママ》は比較的薄弱な

り、故に此際断然日本語を採用する方寧ろ得策なるべし[22]」と諺文の不採用を提案したのである。

ところで、帝国教育会の建議文には朝鮮教育調査委員会メンバーのうち、誰の思想が反映されたのであろうか。それはおそらく三土忠造と澤柳政太郎であろう。次に両者の言説を追いながらそれぞれの朝鮮観、教育思想を明らかにしてゆきたい。

(三)　三土忠造の朝鮮教育観

はじめに、三土忠造の韓国時代の職務と朝鮮教育方針について簡単に振り返っておきたい。三土の渡韓は一九〇六年（明治三九）六月のこと、前任の幣原坦が教科書編纂作業の遅滞などを理由に統監伊藤博文から更迭されたことに伴う人事であった。当時の韓国は、第二次日韓協約の締結に伴い統監府が開庁し、日本の主導権下で諸制度の改革が行なわれていた。教育改革は九月から模範教育という名の日本モデルの教育が普通学校で展開されることになっており、三土はそのためのカリキュラムの編成や教科書の編纂を命じられていた。

当時の三土の教育方針をよく示しているものに、一九〇八年六月二〇日に行なわれた官立普通学校職員会席上における演説[23]がある。この演説は、三土編成のカリキュラム及び教科書に寄せられた三つの疑問点、①カリキュラムに地理と歴史がないのは何故か、②日語を初学年より課す必要があるのか、③漢文読本が難解なのではないかに対して三土本人が答えたものである。三土は①について、日本や欧米諸国に倣ってできるだけ少ない教科目でカリキュラムを構成すべきであり、地理や歴史は読本の内容に含めて教授し、当初は理科もその予定であったが、迷信を信じるなど韓国人の非文明的な生活態度を改めるために、独立した教科とする必要があると判断したと述べた。②については、「韓国人として日語を解すると否とは生存競争上に顕に利害関係有り。即ち日語を解する者は官吏としても枢要にして有力なる地位に陞るを得べく、商業を営むも亦利害を贏し易く、官界及民間諸会社即官民間に職業を得るのに至大の便益あり」と日本語の実利的な面を強調して、カリキュラムに日本語を位置づける正当性を強調した。また、日本語は最低でも週当り六時間は必要であると主張し、日本語を教えることに対する「外国魂の注入」ではないかという批判にも、国語も同時間数教えるのだから支障はないと断言していた。③については、漢文は韓国において数百年来、学問のすべてと見なされてきたため、カリキュラムに漢文を組み入れなければ、保護者が納得せず、学生を獲得できないという事情により設置したのであると述べていた。実際には、近い将来、自然に陶汰されていく教科と見なしており、重要視してはいなかったのである。むしろ三土は、近代的な道徳観に基づく修身の必要性を説いており、『漢文読本』にあるような孔孟の儒教的な道徳観は時代錯誤も甚だしいと述べていた。

三土は僅か二年で韓国を去り日本で政治家の道を歩むわけであるが、その後も帝国教育会のメンバーとして朝鮮の教育問題への発言を続けていた。例えば、併合直後の談話では、朝鮮の教育状況について述べた後、教科書の改訂と教員養成について以下のように述べている。

> 而して今後の教育は教科書を全然改定するの要あり、従来の教科書には未だ韓国といふ考へが余程残り居れるを以て今後は更に日本国民として教ゆべき教科書に改造せざる可からず。又学校に於ける朝鮮語教授も之を廃止するの要ある可く、漢学の教授も廃止する方或は宜しからん、斯くして之に代ふるに日本語の教授を以てし之に多くの利便を与ふれば彼等も亦進んで自ら日本語を学ぶに至らん、或は日本官吏は朝鮮語を学ぶ可しと論ずる者あるも、かの英国人が其領土印度に於て印度語を学ばざるが如く日本人も亦同一の態度に出でん事を要す
>
> 小学校教員養成の師範学校は現下京城に一校あるのみなるが、這は更に二三校を増設して多くの教員を養

成し次で日本に同化せしめざる可からず。其他簡易なる実業学校徒弟学校を設くるの必要あるべく、又高等学校即ち中学校も或は必要に応じて之を増加せざる可からざるも、大学は別に之を設くるの必要を感ぜざる可く、大学教育の志望者は宜しく日本々土に来りて之を受しけむ可し云々(24)

傍線部から読み取れるのは、朝鮮語や漢文を廃止し日本語の時間数を増やすこと、中等教育機関は実業系を中心に設置し、高等教育は日本で受ければよいとする方針である。特に前者は、三土の韓国時代からの主張であった。当時は時機尚早と判断し実現できなかったものを、併合を機に大胆に発言している。

さらに、『教育界』九巻一二号（明治四三年一〇月）に論説「朝鮮人の教育」を発表し、道徳教育の必要性、国語（日本語）の普及と漢文・諺文の廃止、実業教育の重視を柱とする植民地下の朝鮮教育方針を述べた。まず、儒教と漢文、それに道徳教育の問題について、儒教はもともと孔孟の教えである「支那の主義」であったが、日本ではそれを皇室に直結する思想に置換している。しかし、併合後間もない朝鮮民衆にこれを浸透させるのは無理なので、道徳教育を行なって個々人の人間性を高めることが先決であると説いている。「日本臣民」の前に「世界の個人」の育成を目指している。これに関連して漢文は、「今日では新教育の効果を段々父兄が認めて来たから、漢文を普通学校から取去つても子供を学校に寄越さぬと云ふことはあるまいと思ふ」と、漢文を廃止すべき時期が到来したと判断したことが窺える。また国語（日本語）の普及については、「朝鮮が日本の領土になり、朝鮮人が日本帝国の臣民となった以上は之を一日も早く同化しなければならぬ、同化する方法手段としては日本語を成るべく広くなるべく早く、普及させる方法を講じなければならぬ、それには学校で教へるものを総て日本語で教へる、其の他社会に於ても日本語を解する者は何かに付けて便宜を得ると云ふ風に幾分か仕向けて行くことが必要であると思ふ」と急進論を述べている。因みに、三土は韓国の国字である「諺文（ハングル）」についても廃止論を唱えている。これは学校で諺文を教えれば、これまで普及していなかった諺文が新たに普及することになり、日本語と同時展開で混乱を来すなどの理由を挙げている。また、実業教育については、労働することを卑しむ弊風を除去するためにも奨励することが必要であると述べていた。

三土忠造は統監府期の日本人学務官僚であるが、他の学務官僚とは性格を異にしていた。例えば幣原坦は韓国の文化に大変興味を持ち、時代的な限界や誤認識はあったにしろ、韓国の教師や子どもたち、庶民に思いを致す文章を書き残している。しかし、韓国赴任を政治家になるためのステップとしか考えていなかった三土は、カリキュラムの編成や教科書編纂の仕事で業績を上げると、衆議院選挙に出馬のため二年足らずで韓国を去っていく。三土に職務を離れたところでの韓国への関心はなく、効率のよい統治を行なうための教育政策を考案することが重要であった。そのため統監府期から日本語の利便性を強調し、徹底した日本語の普及を目指す急進論を展開したのである。帝国教育会の朝鮮教育調査委員会では、韓国に未練を残して帰国した幣原坦が欧米諸国の植民地教育視察に出かけ、建議文の作成に参加することができず、急進的な三土の朝鮮観、教育思想が反映されることになったのである。

(四)　澤柳政太郎の朝鮮教育観

澤柳政太郎の朝鮮教育に対する認識は、大正期を通じて深められていくようである。よく知られているのは、一九二二年（大正一〇）に朝鮮教育令の改正にあたり設置された朝鮮臨時教育調査会のメンバーとなって「内鮮共学」を提唱したことであろう。第一次朝鮮教育令に際しては、帝国教育会の主力メンバー、日本教育界を代表する一人としての発言を求められたに過ぎない。澤柳自身も「余は、朝鮮の地理も余りよくは知らず、歴史に就いても詳しい事を知ってゐる訳でないから、朝鮮問題について彼此れ云ふ事は出来ない、現在の朝鮮の状態が如何になつて居るかと云ふ事も、新聞や雑誌で見る位のもので、之れを明確に知悉してゐるもので無いから、総てが想像に止つてゐる、随つて朝鮮人の教育に就いても徹底した議論は出来ない、又さう意見もない…[25]」と吐露しているように、澤柳自身が内包する問題として朝鮮教育が語られたのではなく、時事問題として澤柳の発言が求められたということである。しかしながら、澤柳の発言が日本の教育界に与える影響は大きく、帝国教育会の建議文にもそれが反映されたとみることができる。そこでここでは、併合前後に発表された次の三点の言説を取り上げ、澤柳の朝鮮観と教育思想をみていきたい。

まず、一九一〇年（明治四三）九月の『一橋会雑誌』第六二号に掲載された小文「韓国併合所感」がある。まさに併合直後の所感であるが、このなかで澤柳が主張しているのは、日本人と朝鮮人は「容貌骨格」、「言語」、「語脈語法」からいっても「同種」であること、これまで朝鮮は日本にとって「禍根」であったが、「茲に永く禍根は除去され、東洋平和の基礎堅く成り、朝鮮人も亦我等在来の日本人と共に、叡聖文武皇帝陛下の治下にありて共に文明の慶に頼らんとす。慶すべく喜ぶべきなり」と、これまでの関係を一新し朝鮮と共に歩むことは喜ばしいことであるという点である。しかし、朝鮮の統治、とりわけ「精神上の融合」は今後の大問題であるから、国民が自覚を持たなければならないと続けている。さらに「我等は朝鮮人を以て之を我が同胞となし、之を扶掖誘導せさるべからざるは論なし」と「島国根性」を捨て「大国民の気風」を持つべきであると締め括っている。これは、高等商業学校学生への新学年初頭の訓示であるが、日本と朝鮮の関係を日鮮同祖論の文脈で説明し併合を祝福しながらも、日本人の使命について言及した緊張感の漂う文章になっている。

次いで一〇月、『帝国教育』再興二〇号誌上に「朝鮮教育は日本語普及に全力を傾注すべし」を発表した。ここには、朝鮮の教育に対する認識と今後の方針が具体的に述べられている。

教育は一日も忽せにすべきでない、大方針の決するまでの一時的方針は無くてはならぬ。一時的方針は、根本的方針を決するにつきて妨害とならぬもので、しかも当面の急務とすべき点に定めねばなるまい。此の見解によるときは、当分の間日本語普及に全力を注いで、一気呵成に、此の基礎的であると同時に、永久的であるところの教育をしとげるがよいと思ふ。国民統一の為めには法律制度の統一も必要である。風俗習慣の統一も必要である。併し何よりも必要なるは言語文字の統一である。日本語の普及は即ち日本思想の普及である。第二期の教育の方便であると同時に、直接絶対の価値をも具へてをる。されば、今日の六十四校位に満足せず、数多の公立小学校を増設せしめ、日本文の教科書にて、日本語を用ひて教授せしむべし。官公文書も日本文を以て認めしむべし。必要に応じて数多の日本語学校が興るであらう。之れには補助金を下附し、保護を与へ、十分に奨励すべし。一般家庭に普及せしめむためには補習教育、夜学教育、等に於いて日本語を教授せしめ、尚、彼の国に流行する家庭小説の類を日本文に翻訳して廉価に販売せしむべし、十年十五年に期せば、雞林の野を化して、日本語国とせんこと、決して難きにあらざるべしと思はれる。

最初に「大方針の決するまで」とあるのは、おそらく朝鮮教育令の制定を指しており、それまでの間、根本的な方針とは矛盾しない急務と思われる点、具体的には日本語の普及に方針を求めている。そして方法としては、公立学校の増設と日本文の教科書を用いて日本語で教授すること、日語学校の保護と奨励などをあげている。また、日本語教育は「一気呵成に」行なわれることが望ましいと述べ、急進的な教育政策の展開を目指している点が特徴である。

澤柳には他に、京城で発行されていた雑誌『朝鮮』三六号（明治四四年二月）に「鮮人教育と国語問題」と題する論説がある。前記の言説と重複する部分は省略するが、このなかで澤柳は国語（日本語）普及の理由を詳しく述べている。結論からいうと、朝鮮教育の方針は、「朝鮮人が日本人を、日本人が朝鮮人を理解した暁に於て初めて確立するものである」から、国語を普及して日本人と朝鮮人の意思の疎通が充分できるようになる一〇年後、一五年後を待つべきであるという意見である。そのための国語普及急進論であり、実業教育や精神教育、高等教育、専門教育はそれから考案すべきことであると、国語の普及だけを目的とする他者との違いを明言していた。

結局のところ、澤柳の朝鮮教育方針は、コミュニケーションの手段としての徹底的な日本語の普及にあった。しかし、この当時の澤柳は、朝鮮問題を深く研究したこともなく、ましてや朝鮮人児童を具体的にイメージすることはできなかったと考えられる。澤柳にとっての関心事は、併合によって日本が世界的に孤立しないことと日本の発展にあったようで、そういった視座からの朝鮮教育問題への発言であった。論説「朝鮮教育は日本語普及に全力を傾注すべし」では、大方針が決定するまでの一時的方針として日本語の普及を位置づけている。大方針を朝鮮教育令の制定と読めば、一年余りの当座の方針と考えられるが、「鮮人教育と国語問題」では、朝鮮教育の方針は、日本人と朝鮮人が意思の疎通を充分にできるようになってから立てるべきであるとして、具体的な数字として一〇年、一五年と挙げていた。

さて、帝国教育会の建議文は、朝鮮教育令の第二条「教育ハ教育ニ関スル勅語ノ旨趣ニ基キ忠良ナル国民ヲ育成スルコトヲ本義トス」や第五条「普通教育ハ普通ノ知識技能ヲ授ケ特ニ国民タルノ性格ヲ涵養シ国語ヲ普及スルコトヲ目的トス」で採用された感が強い。当時、統監府期からの日本人学務官僚は、一九〇八年にピークを迎えた朝鮮民衆による教育救国運動を目の当たりにして、日本の一方的な教育政策が受け入れられないことを実感していた。仮に朝鮮人を「順良」な国民とすることは可能でも「忠良」な国民を目指すことは至難の業であるという報告さえ行なわれていた。漢文や朝鮮語、儒教主義などできるだけ旧来のものを採用して、急激な変化を避けることに努力していたのである。しかし日本では、朝鮮の実情を知らない日本の教育家たちが急進論を展開していた。急進論の特徴は、日本語の普及を軸に同化教育を進めることであったが、帝国教育会の建議がそれを代表する形になった。そして、それが朝鮮教育の方針を規定する朝鮮教育令の綱領の部分で、総督寺内正毅によって部分的に採用されることになったとみられる。

四、朝鮮教育令条文の決定

ここでもう一度、朝鮮教育令の綱領から、その核となる教育方針を示した第二条から第五条の条文を取り上げておきたい。

第二条　教育ハ教育ニ関スル勅語ノ旨趣ニ基キ忠良ナル国民ヲ育成スルコトヲ本義トス

第三条　教育ハ時勢及民度ニ適合セシムルコトヲ期スヘシ

第四条　教育ハ之ヲ大別シテ普通教育、実業教育及専門教育トス

第五条　普通教育ハ普通ノ知識技能ヲ授ケ特ニ国民タルノ性格ヲ涵養シ国語ヲ普及スルコトヲ目的トス

まず第二条であるが、ここで注目されるのは、学務官僚による草案の段階ではどこにも見られなかった「教育ハ教育ニ関スル勅語ノ旨趣ニ基キ」の文言が挿入されている点である。これは、帝国教育会が寺内総督に提出した建議文の第一項目に「教育勅語の聖旨を普及し」とあることから、この建議が参酌された可能性が高い。同じ

く第二条の「忠良ナル国民」の文言についてみると、一九一〇年九月の「㊙教化意見書」では、同化は無理であるが「順良ナル教化」は可能であると述べられていたにもかかわらず、最終的には「忠良」に落ち着いている。

次に第三条の「教育ハ時勢及民度ニ適合セシムルコト」であるが、これに関しては学務局長関屋貞三郎の回顧録[26]に記録がある。それによると、「朝鮮における教育は、時勢および民度に適合することを期すべし」という部分は、関屋が総督に提出した「朝鮮教育に関する意見書」のなかの文言を寺内が採用したものであるという。関屋は一度、法令中には相応しくない文言であると反対したものの、「自分で書いて置いて、それが入れられないことはないぢゃないか」と寺内に押し切られたとも書いている。関屋の「朝鮮教育に関する意見書」は特定できていないが、関屋の寺内宛の書簡のなかに[27]「学制案御決裁ヲ受ケ欣居候」、「御下令ニ本き訂正せし部分別紙之通有之候」という一文があり、草案の往復が行なわれたことを物語っている。

この第二条と第三条は一対として解釈され、朝鮮人も日本人と同じように教育勅語の旨趣に基づく「忠良ナル国民」となったわけであるが、朝鮮は「時勢」が遅れ、朝鮮人は「民度」が低いため、日本人より劣位に置かれているのだという見方、さらには朝鮮人を「忠良ナル国民」とするのは建前で、実際には日本人と同様に教育する気などないのだという見方があった。とりわけ、朝鮮の実情を知らない日本の教育家を中心に、朝鮮教育令の制定以前から、朝鮮人は教育する価値があるのか、教育勅語を理解することができるのか、朝鮮人を教育するなら日本語を以って即座に行なうべきであるといったさまざまな議論が浮上しており、関屋をはじめ総督府の学務官僚は困惑と不快感を示していた。例えば、関屋は次のように述べている。

第一に、日本人の中より、朝鮮及朝鮮人を忠実に研究する人を今少し多く出したいものである。それが為には、親しく朝鮮の内地に入り込んで、朝鮮人の風俗慣習を研究する必要もあるであらう。朝鮮の古文書を読み、朝鮮の歴史を取り調ぶるも大切であらう、殊に、朝鮮語其物を研究し、朝鮮語を運用しながら、彼等を指導するといふ様なる親切がなくてはならぬ。是等の関係をば一切抜きにして、日本の教育論者が机上に朝鮮教育論を組み立つる如きは、賛成出来ぬ次第である。(28)

ところで、関屋が時勢と民度という言葉を選んだ背景に、第二条と抱き合わせにして差別と同化の植民地教育の基本原理を明文化しようという発想があったのかどうかは疑問である。むしろ、朝鮮の教育の実情、例えば統監府期の模範教育の推進状況であるとか、私立学校の教育救国運動の動静などを勘案しながら、偶発的に選び出されたものとさえ見受けられる。仮に第二条が帝国教育会をはじめとする日本教育界の、さらには日本政府の目指す朝鮮教育方針であるとするなら、第三条は朝鮮の実情を把握している学務官僚の、それが無理であることへの意思表示であるとは読めないだろうか。結果的に第三条は朝鮮人教育の差別化を規定する根拠となっていく。

次に第四条であるが、朝鮮における教育の範囲を普通教育、実業教育、専門教育とすることは、公布の直前に決まったものとみられる。一九一一年七月一二日に内務部に回覧された「㊙朝鮮教育令制定ノ件(29)」には、「新学制ニ於テハ教育ノ大本ヲ分テ普通教育、師範教育、実業教育トナシ」とあり、師範教育が文字の上から消され、専門教育が追加される書き込みがある。また、専門教育については「時勢ノ進歩ト民力ノ発展ニ伴ヒ其ノ必要ニ応シテ徐ロニ之カ施設ヲ図ルヘク」と、すぐには実施する見込みのないことが暗示されている。付け加えると、この文書はもともと「㊙朝鮮学校令制定ノ件」となっており、文中も含めて「学校」が文字の上から消されており「教育」に書き改められていた。

最後に第五条をみると、ここでは普通教育について、国民としての性格を涵養することと、国語を普及することの二つの目的が挙げられている。このうち国語の普及は朝鮮において最優先される課題であった。関屋も、この点に関しては「国語は実に国民精神の宿る所にして教育の基礎をなすもの」で、内地人と朝鮮人の「感情の融和」や「思想の交換」に必要なだけでなく、「忠実順良なる国民的性格を涵養し、依て以て朝鮮同化の実を挙ぐるに須要欠くべからざるもの」と認識している。そして、その普及方法については、「現代国語、発音学、言語学、外国語教授法」などを研究すると同時に、「国語科以外の教科の教授に於ても、一面国語教授の念を忘却せずして常に正確なる国語を使用し之を反復練習せしむる等の方法を講じ学校生活を国語化せしめんことを図るべき」[30]と述べている。国語の普及については帝国教育会の建議にも見られ、一致した方針であった。また、国語の普及に付随する問題として、朝鮮語と漢文の取扱いに関する議論がある。これは朝鮮教育関係者の間でも意見の分かれるところであったが、朝鮮を知らない内地の教育家には朝鮮語及び漢文の廃止を主張する傾向があり、総督府の学務官僚の間では継続するものと考えられていた。また、教育政策を浸透させるという文脈においてではあるが、教育関係者が朝鮮語を学習し、朝鮮人と意志の疎通を図ることを望んでいたのである。

最後に、関屋貞三郎が朝鮮教育令の公布直後に行なった、公立普通学校の新任教監に対する訓示[31]から、朝鮮教育令公布の主旨を読み取っておくことにする。朝鮮教育令が公布されたのは八月二三日であるが、この時、関屋は、同月七日から京城で行なわれていた新任教監の講習会に参席していた。講習会最終日の二六日、まだ朝鮮教育令の条文が掲載された「官報」も届いていないなか、関屋は「朝鮮教育令に就きて」と題して次のような訓示を行なっている。まず、教育令発布の主旨はいろいろあるけれども、「朝鮮人の教育と云ふ点に付いて総督府は大いに力を用ゐて居ることを明にする」ことが大きな理由であるという。これは内地で、政治家や学者が朝鮮に教育の必要はないなどといった発言をしているが、総督府としては一切そのようなことを考えてはいないことを言明したものであった。次に学校の種類や系統を明確にしたことも挙げている。

また、注意すべき事項としては、「教育に関する　勅語の旨趣に基き忠良なる国民を養成」することについて、「教育の本義に至つては内地も朝鮮も異なる筈はな」く、「教育の結果と云ふものは同様でなければならぬ」わけであるが、朝鮮の場合、人情風俗が異なっているために「余程其の方法を考へなければ完全の結果を得ることは蓋し至難」であろうと推察し、結果的に「自然に拠らしむる」しかないと述べている。一方、「時勢及民度に適合せしむることを期すべし」に関する注意としては、内地において教育経験が豊富であっても、それが事情の異なる朝鮮では通用しない場合がある。時勢よりも進みすぎたり遅れすぎたりすることをやって、民度に適さないことのないように教育の運用者は注意しなければならないというものであった。また、それぞれの学校は完結型の教育・訓練を行なう機関であって、例えば、「普通学校は高等普通学校の予備校」、「ボンヤリ教えて置けばよろしい」などと考えるのは誤りであると述べている。また、普通学校の卒業生に対して人物や財産を顧みずに進学を勧めるようなことがあってはならないとも警告している。

さて、この訓示からは非常に慎重な態度が感じられる。まず、総督府は朝鮮の教育について真剣に考えていることを表明し、「忠良なる国民の育成」は無理せず自然に任せて行なえばよいという。「時勢と民度」には充分配慮して、それぞれの教育機関で完結型の教育を行なうように指示している。先にも少し述べたが、朝鮮の時勢が遅れ民度が低いのではなく、むしろ朝鮮の時勢は教育救国運動などで盛り上がり、民度も予想以上に高かったのではないだろうか。日本の政治家や学者が主張するような「忠良なる国民の育成」などは不可能であり、それを熟知していた当局者が「時勢及民度に適合せしむることを期すべし」という如何ようにも解釈できる便利な文言を用いて、結局は朝鮮の教育は漸進主義でいくことを説明したように思えてならないのである。

寺内正毅略年譜

嘉永五（一八五二）年　山口藩士宇多田正輔の三男として周防国吉敷郡平川村に誕生。幼名は寿三郎。

安政六（一八五九）年　宮野村の寺内勘右衛門（母方の祖父）の養子となり家督を相続。
＊産土神社の神官亦野静馬の寺子屋で読み書きを習う。
＊村儒山野井源兵衛に漢文を習う。
＊宮野二壁神社の大宮司高橋直修（彦・樹？）に師事し漢学を学ぶ。
＊大楽源太郎に師事し文武を修める。
元治元（一八六四）年　多治比隊（長州藩御楯隊の支隊）に入隊。実戦（長州戦争）に参加する。

明治二（一八六九）年　五稜郭等の戦闘に参加。大村益次郎に功績を認められる。大阪の兵学寮に入学。

明治四（一八七一）年　兵学寮卒業後、八月陸軍歩兵少尉に、一一月陸軍歩兵中尉に任官。

明治六（一八七三）年　陸軍戸山学校に入学。翌年卒業。

明治八（一八七五）年　陸軍士官学校創設に伴い、生徒司令副官に任官。

明治一〇（一八七七）年　西南戦争に歩兵大尉として従軍。田原坂の激戦で右腕の機能を失う。復職。

明治一五（一八八二）年　閑院宮のフランス留学随行を拝命。翌年、公使館付の駐在武官となる。

明治一九（一八八六）年　帰国。陸軍大臣官房副長、陸軍大臣秘書官、戸山学校次長等に就任。

明治二〇（一八八七）年　陸軍歩兵大佐、士官学校校長に就任。

明治二七（一八九四）年　日清戦争時、運輸事務通信を担当。陸軍少将に任官。

明治三一（一八九八）年　初代教育総監に就任。陸軍中将に任官。

明治三三（一九〇〇）年　陸軍参謀本部次長に就任。

明治三五（一九〇二）年　陸軍大臣に就任。

明治三九（一九〇六）年　陸軍大将に親任。

明治四〇（一九〇七）年　満韓巡視に出発（五月中旬～六月中旬）。子爵となる。

明治四三（一九一〇）年　韓国統監を兼任。初代朝鮮総督に就任。

明治四四（一九一一）年　伯爵となる。陸軍大臣辞任。

大正五（一九一六）年　元帥の称号を授与。内閣総理大臣に就任。

大正七（一九一八）年　寺内内閣総辞職。

大正八（一九一九）年　大磯にて病没。

出典　鵜崎熊吉『寺内正毅論　得意の人　失意の人』東亜堂書房、一九一二
黒田甲子郎編『元帥寺内伯爵公』元帥寺内伯爵電機編纂所、一九二〇
寺内正毅公一〇〇年祭実行委員会『寺内正毅小伝』一九六八　他

関屋貞三郎略年譜

明治八（一八七五）年　栃木県御厨村に旧松本藩士で漢方医の関屋良純の長男として誕生。

明治二三（一八八八）年頃　上京し、神田の予備校で学ぶ。その後、一高、帝大へ進学。

明治三二（一八九九）年　東京帝国大学法科卒業。

明治三三（一九〇〇）年　台湾総督府参事官に就任。

明治三六（一九〇三）年　華族女学校出身でクリスチャンの長田キヌと結婚。

明治三九（一九〇六）年　関東州民政部庶務課長に就任。
明治四〇（一九〇七）年　佐賀県内務部長、鹿児島県内務部長を歴任。
明治四三（一九一〇）年　朝鮮総督府内務部学務局長
大正八（一九一九）年　静岡県知事に就任。
大正一〇（一九二〇）年　官内庁次官に就任。
昭和八（一九三三）年　貴族院議員に勅撰。
昭和二一（一九四六）年　枢密顧問官に就任。
昭和二五（一九五〇）年　病没。

出典：吉川弘文館『国史大事典』『人事興信録』第一一版　他
「総督府の人物」、『朝鮮及満州』七一号、大正二年六月。

注

（１）寺内の生涯を伝える資料は各種ある。なかでも、①中野正剛「寺内正毅伯」、『八面鋒-朝野之政治家-』、博文館、明治四四年（一九一一）、②朝比奈知泉編「寺内正毅伯」、『明治功臣録黄の巻』、明治功臣録刊行会、大正四年（一九一五）、③黒田甲子郎編『元帥寺内伯爵伝』、元帥寺内伯爵伝記編纂所、大正九年（一九二〇）、④片倉藤次郎「伯爵寺内正毅元帥」、『父子寺内元帥』、アジア青年社、昭和一九年（一九四四）、⑤松下芳男「寺内正毅長派軍閥の三代将軍」、『日本の軍閥像』、原書房、昭和四四年（一九六九）、⑥読売新聞山口支局編「寺内正毅」、『七人の宰相』、条例出版、昭和五六年（一九八一）などが詳しい。

（２）鵜崎熊吉『寺内正毅論　得意の人失意の人』、東亜堂書房、一九一二年。

（３）山本四郎編『寺内正毅日記』、京都女子大学、一九八〇年。

（4）「陸相の満韓教育談」、『教育時論』八〇二号、明治四〇年七月二五日。
（5）朝鮮総督府『総督訓示集』大正二年一〇月。
（6）関屋友彦氏（関屋貞三郎次男）談。
（7）寺内正毅文書「石田新太郎書簡　大正四年一二月一九日付」（国会図書館憲政資料室所蔵）。
（8）「総督府の人物」、『朝鮮及満洲』七一号、大正二年六月三日。
（9）「寺内総督と其属領」『朝鮮及満洲』、一〇六号、大正五年五月一日。
（10）関屋貞三郎「朝鮮教育の方針と日韓併合の真義」、『朝鮮教育研究会雑誌』二〇号、大正六年五月。
（11）関屋貞三郎「併合直後に於ける学制の改革」、『朝鮮統治の回顧と批判』、朝鮮新聞社、昭和一一年。
（12）（11）に同じ。
（13）関屋貞三郎文書「戦ふ朝鮮を凝視して」、（国会図書館憲政資料室所蔵）
（14）（11）に同じ。
（15）『公文類聚』学事門所収「朝鮮教育関係主要事項」三五編、一九一一年、巻一七。政一三　勅令二二九「朝鮮教育令ヲ定ム」一二枚。
（16）『史料集成』六九巻所収。『史料集成』の編者の一人、阿部洋氏によると、これらの文書類は福岡県八女市にある隈本家の蔵の柳行李に長い間埋もれていたものであるという。詳しくは、「図書新聞」第二〇六三号、一九九一年七月二七日、阿部洋「感慨無量の集成」に掲載。
（17）「朝鮮教育方針」、『教育時論』九一九号、明治四三年一〇月二五日。
（18）「教育会と朝鮮教育」、『教育時論』九二六号、明治四四年一月五日。
（19）「帝国教育会と朝鮮教育」、『教育時論』九三〇号、明治四四年二月一五日。
（20）「朝鮮教育と総督」、『教育時論』九三四号、明治四四年三月二五日。
（21）「朝鮮の日本語教授」、『教育時論』九三七号、明治四四年四月二五日。

(22) 「朝鮮と日本語」、『教育実験界』二七巻九号、明治四四年五月五日。
(23) 高橋濱吉『朝鮮教育史考』、帝国地方行政学会朝鮮本部、一九二七年、一六六〜一七六頁、(『史料集成』第二七巻所収)。
(24) 「朝鮮の小学教員」、『教育時論』九一五号、明治四三年九月一五日。
(25) 「鮮人教育と国語問題」、『朝鮮』三六号、明治四四年二月。
(26) (11)に同じ。
(27) 寺内正毅文書、(国会図書館憲政資料室所蔵)。
(28) 伊藤寒水「対面録(其三其四)関屋貞三郎君」、『教育研究』八六号、明治四四年五月一日。
(29) 大韓民国独立記念館所蔵文書。この資料の閲覧では、韓国独立運動史研究所の鄭濟愚氏にお世話になった。ここに記して謝意を捧げたい。
(30) 関屋貞三郎「小学校及普通学校の教育上特に注意すべき事項」、『朝鮮彙報』、大正五年三月。
(31) 朝鮮総督府学務局『普通学校教監講習会講演集』、明治四四年一二月、一四〜一二二頁。

結び

日本の高度経済成長と時を同じくして成長した私たちの世代は、躍進する「大国」日本の姿を見ながら育ったような気がする。「戦争」を題材にした書物やテレビ番組に触れる機会はあったけれども、それは被害者日本の姿であり、その悲惨さはその後の復興ぶりを強調する役割さえ果たしていた。しかし、いつの頃からだろうか、戦争を伝える状況は少しずつ異なってきた。それは日本の加害者的な側面がクローズアップされるようになったことである。「南京大虐殺」や「従軍慰安婦」、「強制連行」の実態が史料の発掘などにより明らかになってきたこともその一例である。もし、日本が他のアジア地域との協調や友好を本気で考えているのなら、このような史実を客観的に捉え、次の世代へ伝えていくことは不可欠である。また、そうした態度が過去への反省にも繋がっていくのだと考えている。

この研究は、そういったいささか大きな目的の「はじめの一歩」として、植民地教育の出発点を解明することを目的の一つにしてきた。三五年間にわたる朝鮮における植民地教育は、誰によってどのように始められたのかを丁寧にみておきたいと考えたのである。また、教育学研究である以上、私たちの今後の生き方に何らかの示唆を与えるような研究でありたいとも考えていた。それは、私たち日本人に染み付いている意識無意識の歪んだ

「朝鮮」観を払拭することができないだろうという問いや、国家の謝罪も当然のことながら、私たちは個人のレベルで何をどう反省したらいいのだろうかという問いへと連なっている。

方法的には、日本人学務官僚の活動を中心に教育政策の展開を考察すると同時に、それぞれの官僚の出自や朝鮮観・教育観にも触れていった。このような人物を通して政策の展開をみることにはいくつかの批判を受けてきた。例えば、政治家や学者の思想を取り上げるならわかるが官僚に思想などあるのか、官僚の一人一人がどのような人物であれ、それが朝鮮の教育政策にどう反映されたというのか、また「観」というのは流動的なものでそれを実証するのは困難なのではないか、さらには歴史認識が甘いのではないかと問われることもあった。方法的に未熟な点は自覚しているが、先に枠組みを作ってしまってそこに実証しやすい史実をあてはめていく手法にも疑問があり、施行された制度や政策の研究が重要なことは承知しながらも、むしろ不安定で不確かな人間の歩みを一試論として描きたかった。そこに、今生きている私たちとの接点を見出せるのではないかと考えているからである。

この研究が対象とした統監府期から併合直後の時期は、日本政府による対韓施政方針はあったものの、政策の細部においては担当官僚の朝鮮観や教育観が反映される余地が充分にあったことはみてきたとおりである。それぞれの人物の経歴や学識・思想が、どの程度、政策に反映したかは実証し難い部分ではあるけれども、「韓国教育改良案」に反映された幣原の朝鮮観・教育観には、漢学の素養のある父に育てられ、韓国の文化に畏敬の念を持っていた幣原のバックグラウンドが無関係とは言えないであろう。寺内正毅にしてもそうである。総督自らが朝鮮教育令の制定に直接関与し、草案に赤ペンをもって訂正を入れていったのは、軍人でありながらも長い間、軍の教育職にあった寺内の、さらにはその細心な性状が無関係であったとはやはり言えないと思う。「観」を扱うのは確かに難しいが、何の予備知識もない朝鮮に学制を敷くにあたって、日本の制度を参酌しながら朝鮮に適応させた制度を創設していくには、担当者の「観」にたよるしかなかったであろう。この研究では、学務官僚が韓国の教育の近代化に貢献したなどというつもりは毛頭ない。また、日本帝国主義批判と直結させて満足するつもりもない。ただ、植民地教育体系の形成過程を実証性を以って書き記し、なおかつ、その形成に携わった人物の朝鮮観・教育観を検討することによって、私たちの今後の在り方に何らかの示唆が与えられるのではないかと思って始めた研究であった。

ここで、この研究から得た知見について、その概要を述べておきたい。

日本が韓国の教育行政に本格的に関わっていくのは、一九〇五年二月に幣原坦が韓国学政参与官として学部入りしてからである。これは一九〇四年八月の第一次日韓協約の締結で、顧問政治が開始されたことによるもので、学部顧問として幣原坦が選ばれたわけである。幣原が学政参与官の任にあったのは僅かに一年と四ヶ月であるが、この間に幣原は、日本政府宛に「韓国教育改良案」とその進捗状況を記録した数点の報告書を提出している。改良案には、韓国教育方針とその方法が述べられている。幣原が方針として掲げたのは、次の五点である。

第一　将来韓国ガ帝国ノ保護国トシテ万般ノ施設改良ヲナスニ適当ナル教育ヲ施スヲ以テ旨トス

第二　善良ニシテ平和ナル美性ヲ涵養セシメンコト

第三　日本語ノ普及

第四　儒教ヲ破壊セズシテ而モ新智識ヲ一般ニ開発ス

第五　学制ハ繁縟ヲ避ケ課程ハ卑近ナラシム

この方針の根底には、「諸事簡易ト利用トヲ要求セラル、韓国ニアリテ国民ノ教育的向上心ヲ助長センニハ成ルヘク速成ノ行路ヲ取ルヲ便トスベキ也」という韓国教育に対する認識があった。また幣原が方法として用いたのは「簡易」、「利用」、「速成」を旨とする初等教育及び実業教育の普及であり、伝達用語としての日本語の普及であった。これら改良案に示された事項は、後の対朝鮮植民地教育支配の青写真ともなったのである。

幣原が教科書編纂事業の遅滞を理由に更迭された後、学部には学政参与官の後任として三土忠造が、統監府からは嘱託として俵孫一が入り、韓国の教育行政に参画するようになった。一九〇五年一一月の第二次日韓協約による韓国保護国化、一九〇六年二月の統監府の設置により、韓国政府内の日本人顧問の権限がより強力になっていった時期である。三土忠造、及び俵孫一が先導した教育改革は、日本の教育面における韓国植民地化への土台造りを為していた。大筋では幣原坦の韓国教育改良案を踏襲し、初等教育機関である普通学校の拡張、あらゆる場面における日本語の普及、中等教育機関としての実業学校の開始といった三本柱を立てて行なわれた。

諸政策についてみると、カリキュラムに日語を、教科書は日語読本の編纂から、普通学校に各々一名の日本人教監を配置、といった具合に日本主導型の政策であった。注目すべきは普通学校だけでなく、学部所管のどの学校においても、日語が重用されたことである。さらに修身や体育にも力が注がれていた。それは当時の韓国の社会状況に鑑み、衛生的で道徳心に富んだ、規律正しい人間像が求められたためである。修身も日語同様、学部所管のあらゆる学校、外国語学校や実業学校にも位置付けられた。幣原坦の韓国人子弟観と、普通学校教監の報告に表れた韓国人子弟観は酷似しており、伝達手段として日語を重用することも、修身を重視することも政策の継続と認められる。ところが、実業教育に関しては幣原の計画とは方向がずれてきた。幣原の計画では、実業教育はあくまでも農・商・工を通じて殖産興業を目指すものであり、実際に日本から招聘した人材も技術者であった。しかし、この時期の実業学校は、普通学校卒業者の受け入れ先であり、教育内容は農業、若しくは後に朝鮮総督府の一大事業となる土地測量員の養成であった。そして本来の実業教育は、農商工部所管の農林学校や工業伝習所、学部所管ではあるが私立の善隣商業学校に移管されるのである。また、学部所管の中等教育機関（実業学校・中学校・外国語学校など）の卒業生をみると、その就職先は官庁や学部所管学校であり、親日派の官吏を養成する機関としての役割も果たしていたことになる。要するに、日本人学務官僚が先導した教育改革は、日本が将来、韓国を植民地化するための準備政策となっていったのである。幣原坦の時代と比較すると、三土忠造・俵孫一の時代は、植民地化に向けての教育政策が、より強硬に、より巧みに、展開された時期と言える。

一九〇八年以後、日本人官僚が先導した学部の教育政策は、教育救国運動を標的にした弾圧政策へと傾斜していく。学部の模範教育の推進、言い換えれば日本の韓国植民地化に抵抗する「障害物」を取り潰すことが目的であった。一九〇七年七月の次官政治の開始は、学部内の日本人官僚数を過半数にまで増員させた。幣原や三土の時代が政策推進の時代とすると、一九〇八年以降は取締りの時代ということになろう。三土の後任、隈本繁吉と小田省吾は学校視察や教科書検閲など、私立学校における教育取締りのための実務に終始したのである。一方、教育救国運動は安昌浩・尹致昊・李昇薫といった民族の指導者が核となって展開していった。学会と私立学校の設立が教育救国運動の双璧とされるが、両者は相互に連動する形で、一体となって運動を進めたのである。例えば学会の機関誌に掲載された論文を私立学校が教材として使用したり、学会主催の運動会に私立学校が参加した。そして、その誌面や運動会の場を舞台として愛国啓蒙活動を行なったのである。学校教育の場面においては、教科書が民族精神を昂揚させる道具となっていた。日に日に勢力を増す教育救国運動を学部は野放しにはできなかった。弾圧方法には法的な取締りと、教科書検閲や学校視察といった内容に対する取締りがあった。しかし実際のところ、学部が制定した諸法令は、私立学校の設立認可請願を義務づけたり、学部大臣の権限を明示するといった、管理上の利便を目的にした統制のための法令であり、教育内容に対する取締りも予算不足と人手不足で、視察も検閲も停滞気味であった。最終的に教育救国運動は、統監府の強大な権限と圧力で鎮圧されていく。法的側面からいえば、新聞紙法や保安法・出版法で、政治団体と見做した学会・私立学校の活動に弾圧を加え、教育内容の面では各地の憲兵・警察が圧力をかけた。そして諸政策の背後には軍隊の発動権をもった統監府の存在があったのである。

韓国併合は、統監府期の日本人学務官僚による教育政策を一気に進展させることになった。日本人学務官僚による教育政策とは、換言すれば日本の朝鮮植民地化に向けての教育政策であり、併合直前には朝鮮民衆の激しい抵抗運動に直面していたのである。併合により朝鮮が完全に日本の支配下に置かれると、もはや躊躇することは何もなく、日本の対朝鮮教育方針に基いて直進すればよい状態となった。日本の対朝鮮教育方針を明文化した「朝鮮教育令」は、併合の一年後に制定、公布された。この条文の決定と関係者のかかわりの経緯をみてきたわけであるが、朝鮮人を即座に「忠良ナル国民」に育成しようとしたのは、帝国教育会に代表される日本国内の見解であり、総督府の学務官僚は「順良」なら可能であろうが、「忠良」は無理であるという消極的な見解を示したのであった。これは長らく朝鮮において教育に従事してきた者の判断であった。しかしながら、朝鮮教育令が採用したのは「忠良ナル国民ノ育成」であり、統治目標をより高次に掲げることになった。朝鮮に施行される教育は、普通教育、実業教育、専門教育となり、専門教育は「時勢と民度」により据え置かれることとなった。これらの教育を通して推進されたのは日本語の普及である。普通学校の教育課程では週当り一〇時間が配置された。これらの教育方針は、概ね統監府期からの教育政策の延長線上にあったが、ここに至って、この後三五年間の植民地教育支配の礎が形成されたのであった。

さて次に、本書でとりあげた日本人学務官僚について触れておきたい。総督の寺内正毅を除くと、幣原坦・三土忠造・俵孫一・隈本繁吉・小田省吾・関屋貞三郎の六名の朝鮮観や教育観、その活動についてみてきたわけであるが、彼らを無個性な官僚として一括りにするのは、やはり乱暴に思える。彼らに共通するのは、誕生後間もない日本の近代教育制度の下で学び、三土を除く五名が最終的には帝大を卒業し官僚への道を歩んでいる点である。俵と関屋が法科出身の内務官僚、幣原・隈本・小田が史学出身の学者であり、日本では中学校の校長を務めた教育者であった。

彼らの朝鮮との関わり方は、ひとりひとり非常に異なっている。最も淡白だったのが三土忠造であろう。本文中でも述べたが、三土にとっての韓国は政界入りの一つのステップに過ぎなかった。教科書編纂作業を通して、その能力を発揮するところに目的があった。俵孫一と隈本繁吉は実務型の官僚でその職務を勤勉にこなしていった。小田は学者肌の官僚で、学部での教科書編纂・取締りの傍らで朝鮮史研究に没頭していった。敗戦までの三八年間を朝鮮の地で過ごしている。朝鮮への思いを機会あるごとに吐露していたのが幣原坦と関屋貞三郎であった。この二人に共通するのは、日本人も朝鮮語を学ぶべきであると考え、朝鮮の人々に親しみを感じていた点であり、彼等の朝鮮観や活動から示唆を受けることは多い。というのは、「善意」や「良心」のなかにある盲点を見極めていくという点においてである。

話は少し飛躍するが、教育の場面において「教える」側は「教わる」側に良かれと思い、さまざまな知識をさまざまな方法で伝達する。その内容も方法も教える側が決定している。この時、教わる側がそれを望んでいるかどうかは問題にならない。教える側と教わる側に信頼関係が成立していない場合、教わる側に発言の機会がない場合、それは強制になる。結果的に教わる側に何らかの力がつけば、それでよいということにはならないであろう。

しかしながら植民地下の朝鮮において、目の前にいる児童が日本語を習得することによって就職ができ裕福になれるとしたら、それがその児童の幸福に繋がると信じて、その方向へと誘導することはなかっただろうか。この時「善意」から出たこの行動に罪の意識を感じる人間は少ないだろう。そこに盲点がある。朝鮮に対する植民地教育の最大の罪は、朝鮮の人々が自らが選択した方法で自己実現する道を奪ってしまったことにあると思う。可能性の芽を摘み取り、ある決められた方向にしか伸びていかれないように、その道を封じたことである。そして、この盲点は当時の官僚に固有のものなのではなく、状況は異なるにせよ、現在の私たちが相変わらず同じ過ちを繰り返しているように思えてならない。これは、他者への理解、異質なものとの共生という点とも結びついて、今後私たちが抱えていかなければいけない課題なのではないだろうか。

あとがき

「朝鮮」との出会いは、序のなかで述べたように、中学の時だった。高校では、高史明氏の「失われた私の朝鮮を求めて」(『彼方に光を求めて』、筑摩書房)を読んで、身も心も硬直するような、心臓を鷲づかみにされたような衝撃をうけている。読書でこのような体験をするのは初めてだった。大学の時、中学・高校・大学と偶然にも同じ道を歩んだ先輩が、「在日」を生きることの難しさについて、人間に対する深い洞察力を以って語ってくれた。このように私のなかで「朝鮮」はいつも身近にあった。「朝鮮」をとおして、人間の在り方について考えてきたような気がする。人は優越感からも劣等感からも解放されて、自由に生きることはできないものだろうか。この私の漠然とした思いをかたちになるように導いてくださったのは大学の学部時代の指導教授、野里房代先生だった。

大学時代は、自分自身のなかにある優越感や劣等感と向き合わなくてはいけないという思いから、書物からの学びよりも、経験からの学びを選んだ。二部(夜間部)に在籍していたこともあって、意識的にさまざまな職種のアルバイトを経験した。アルバイトだけでなく、福井県にある光道園での障害教育実習、軽度の知的障害をもった小学生の家庭教師も経験した。とりわけこの二つの経験からは、自分とは異質な他者を理解することの難しさを学んだ。卒論のテーマはやはり「朝鮮」だった。その後、日本人の「朝鮮」に対する偏見がどこからくるものなのか、植民地教育のはじまりがどうなっていたのかという興味・関心に引き摺られながら今日に至っている。

研究者になるなどとは思ってもいなかった。況してや、研究成果を刊行する機会に恵まれるなど思いも寄らなかった。至らないところが多々あることは承知している。ご批判やご叱正をいただけるものなら、それを今後へのエネルギーにしていきたいと思っている。実証は難しく、研究は楽しい。今の正直な思いである。

著者紹介

佐藤由美（さとう　ゆみ）

1962年　東京都生まれ
1994年　青山学院大学大学院文学研究科教育学専攻博士後期課程修了
現在　青山学院大学・拓殖大学非常勤講師
専攻　教育学・日韓近代教育史
主要論文・共編著
「旧韓末の教科書政策の展開」（『アジア教育史研究』創刊号、1992年）
「韓国の近代教育制度の成立と日本―日本人学務官僚による「普通学校令」の制定をめぐって―」（『日本の教育史学』第39集、1996年）
「「併合」前後の教育ジャーナリズム界における朝鮮教育論」（『アジア教育史研究』第6号、1997年）
近代アジア教育史研究会編『近代日本のアジア教育認識・目録篇』（龍溪書舎、1995年、共編）
近代アジア教育史研究会編『近代日本のアジア教育認識・資料篇〔韓国の部〕―所収記事目録・解題―』（龍溪書舎、1999年、共編著）

植民地教育政策の研究［朝鮮・1905―1911］

2000年2月25日第1刷　発行　　定価9,000円（＋税）

検印廃止

著者　佐藤由美
発行者　北村正光
発行所　株式会社　龍溪書舎
〒173―0027　東京都板橋区南町43―4―103
TEL03（3554）8045（代）　振替00130-1-76123
FAX03（3554）8444

ISBN4-8447-8493-5

©Yumi Sato Printed in Japan 2000

印刷　勝美印刷
製本　高橋製本

主要人名索引

ク

ケ

コ

サ

シ

ス

セ

ソ

タ

チ

ツ

テ

ト

ナ

ネ

ノ

ハ

ヒ

フ

ホ

マ

ミ

メ

ヤ

ユ

リ

77, 113, 131, 140, 141, 183, 229, 240, 250, 262
李昇薫（イスンフン）
197, 198, 199, 201, 203, 211, 215, 218, 235
李鐘浩（イジョンホ）…………207, 234
李址鎔（イジヨン）………………18, 66
李敦修（イトンス）…………………184
李晩奎（イマンギュ）…………133, 184
李敏應（イミンウン）………………184
李文赫（イムンカク）………………132
李炳善（イビョンソン）……………132
劉漢鳳（リュハンボン）……………184
梁啓超……………………………200, 210
李溶植（イヨンシク）………………155

ロ

呂準（ヨジュン）……………………199

ワ

渡瀬常吉…………………………38, 41, 247

学校・団体・機関名等索引

ア

イ

オ

カ

キ

ク

ケ

コ

サ

シ

ス

セ

タ

チ

テ

ト

ナ

ニ

ノ

ハ

ホ

メ

ラ

レ

法令名等索引

カ

キ

ク

コ

シ

ソ

タ

チ

ト

ニ

ノ

フ

ホ

ヤ